珞珈问道文丛

教育部人文社会科学重点研究基地重大项目
"传媒生态变革与新闻传媒发展体制和
机制研究"（项目编号：11JJD86003）的阶段性成果之一；
武汉大学哲学社会科学优势和特色学术领域"广告与媒介经济研究"资助

传媒改革
观察与思考
MEDIA TRANSFORMATION
Observation & Reflection

强月新 著

社会科学文献出版社
SOCIAL SCIENCES ACADEMIC PRESS (CHINA)

珞珈问道文丛编委会

总策划　石义彬　单　波
主　编　单　波
编　委　（按姓氏笔画为序）
　　　　　　石义彬　吴爱军　罗以澄　单　波　强月新

总　序

呈现在读者诸君面前的这套丛书，是一群常年耕耘于珞珈山的同仁奉献的心得之作。这些性情各异、风格有别、思想多元的君子从未想过建构什么学派，而是一任自己的思想与现实问题共舞，就像珞珈山上空自由飞翔的小鸟。他们看上去各有各的玩物之心，玩山玩水玩媒介，可在内心深处都隐藏着"志于道"的情怀，试图在珞珈山寻求安身立命之所。于是，这些心得之作便有了一个内在的主题：珞珈问道。

珞珈山并非什么名山，亦非挺拔、奇绝的高山，所依之东湖也没有什么响亮的名头，留在古代诗人吟唱中的，也就剩下"只说西湖在帝都，武昌新又说东湖"的普通诗句。在一般人眼里，东湖美则美矣，只是相较于西湖"文胜质"的冶艳，便只能称其为"质胜文"的粗犷了。居于此地的人大概看上了一种山水相依的静美，陶醉于"山得水而活，得木而华，得烟云而秀媚"的物外桃园之境。此山原名罗家山，又称落驾山，听上去有些落俗，隐含一点小家子气，外加一点迷恋权贵的味道。让人称奇的是，在首批来此任教的28名教授中，深通佛心的闻一多先生不仅看山似一尊佛像，还把这落俗之名听成了"珞珈"的谐音，遂将此山改名为珞珈山。珞珈之名源自梵文"Potalaka"，译为"普陀洛迦、补怛罗迦、布怛落伽"，乃佛教"观自在菩萨往来其间"的道场。当时的师生特别认同新山名，仿佛通过它赋予的想象，看到了入世与出世、此岸与彼岸之间的通道。从此，珞珈山收敛起粗俗之气，融自然美与人文美于一体，而变得文质彬彬了。

以学术为业的人们在这里与三教九流比邻而居，谈笑有鸿儒，往来亦有白丁，接地气之风不期而养成。身居陋室，心游八仞，"无丝竹之乱耳，无案牍之劳形"，专注于理性的世界，如切如磋，如琢如磨，遂成问道之传统。薪火相传之际，文、法、理、工、农、医的学科架构铺展开来，蔚为大观，"问道"渐成珞珈人的存在之道：面向万事万物的真道或本源，探寻它的虚静无为而又复杂多变的特征，同时追寻形而上的终极价值，成就自强、弘毅、求是、拓新的人生。问道者身处波光粼粼、小山相连的山水校园，偏偏喜吟"荡荡东湖，巍巍珞珈"，看上去有些夸张，实际上潜意识里内涵一种精神自由舒展的自我期许。珞珈山水校园表现的就是这种精神的舒展：校园建筑是中西合璧的，映衬着融汇中西的学术志趣；校内绿荫如盖（植物达到151科738种），春桃秋桂，夏榴冬梅，更兼有百鸟吟歌（鸟类亦有28科118种之多），标示着多元并包的学术风格。

此山此水，仁智合一，乐山乐水者皆可寻得归宿。登高望远，明理致知，可谓山水相依藏真情，鸟语花香皆禅意。

谢天谢地，我们有缘聚集在这块修身养性的宝地，让一切烦恼与困苦消解于珞珈问道的过程之中，让我们的新闻传播研究涵泳于多学科的思想海洋。

1983年，正值中国新闻改革如火如荼之时，新闻传播人才的短缺、老化与非专业化、非国际化等问题凸显，武汉大学应时之需，毅然开拓新闻传播教育领域。学校把我们从文学、哲学、史学、经济学、外国文学等多领域调配过来，加上少量从外面引进的新闻传播学者，组成了一支新闻传播教育的"杂牌军"。最初，我们这支队伍的杂色与不入流是如此明显，以致并不被人看好，我们也一度陷入迷茫。好在我们可以冷静下来，寻找突破口，发现重新起步的中国新闻传播学的发展并不充分，不仅理性能力不足、超越性与创造性匮乏、视野狭窄、诠释力很弱，而且还感染上"抽象与僵化"的痼疾。所谓抽象只不过是对狭小经验范围内的事情做貌似科学的定义，所谓僵化则是把学术话语简化为意识形态话语。审时度势，我们意识到，只有突破这种局面，新闻传播学科才可以自立，研究者才有出路。幸运的是，学科交叉的优势发挥了作用：我们可以通过马克思主义意识形态学说批判新闻传播领域的异化现象，重新思考新闻传播的基本原理；可以运用"历史向世界历史转变"的整体史观重新建构新闻传播史；可以透过现代化理论重新诠释新闻专业主义和新闻实践；可以导入结构主义理论、接受美学、社会心理学、批评性话语分析理论，拓展新闻思维的空间，可以借助比较文化学、比较政治学、比较哲学、比较经济学等视野，开创中西新闻比较研究。随着学术的积累，大文化视野中的新闻传播研究便成了同业诸君所认同的一个特点。直到今天，我们都保持着在开放的视野中开展新闻传播研究的习惯，以抵抗思想的衰败与老化。

当然，只停留于书斋的抵抗是无力的，还必须把目光投射到现实，以问题意识突破新闻传播研究的樊篱。我们的问题大致可以概括为三类：第一类是"新闻为何存在，新闻如何存在"，它综合了行为主义和人文主义的问题，以此对抗教条化的研究；第二类是"传播为什么不自由，传播如何自由"，它充分吸纳马克思主义和西方马克思主义的问题，以此解构功利主义研究的单向性；第三类是"传媒产业与文化产业如何表现创造性"，它以创造思维为导向，面向创意的世界，消解概念化、模式化的研究。问题总是具体化为现实的难题、疑问与话题，它使我们更深地介入到中国传媒的发展过程，让媒介发展的理性贯通于中国社会文化发展和全球化发展的现实，追求新闻传播学科的理论创新与方法创新。我们顺着这些问题不停地问，不停地想，积累成三大特色领域：新闻传媒发展与新闻传播理论创新、媒介化社会与跨文化传播以及广告与媒介经营管理。收录在这套文丛里的大致可以呈现我们在探索中留下的这些痕迹。

珞珈问道三十年，所留下的终究是一个梦，既有庄周梦蝶的欣喜与洒脱，也有蝶梦庄周的失落与羁绊，到头来得到印证的还是夫子所言："学然后知不足，教然后知困。"因此，我们为自己留下这些习作，作为下一个三十年自反与自强的依据。

珞珈山上痴蝴蝶，犹梦大道翩翩飞。我们是一群钟情于珞珈山的君子，尽管春天让我们伤感过，夏天让我们难受过，秋天让我们失望过，冬天让我们迷茫过，可我们还是选择了这块诗性、理性、佛性的栖居之地。这是说也说不清楚的情感和缘分，读者诸君只有在每位作者的书稿中慢慢体会了。

是为序。

单　波
甲午春于珞珈山

自序
传媒改革：观察与思考

1978年，中国传媒开始走上改革之路。从"事业单位"到"事业单位、企业化管理"再到传媒集团化、产业化，是传媒改革体制层面的表征；从承认传媒产品的商品属性到传媒市场的兴起再到传媒竞争的加剧，是传媒改革经营层面的缩影；从民生新闻的兴起到新闻策划的强化再到融合新闻的出现，是传媒改革内容生产层面的反映。在改革的旗帜下，传媒上演了一幕幕风生水起的活剧，为我们展示着一道道亮丽的风景线。改革是传媒已经发生变革的驱动器，也是传媒将要发生变革的路径指示。

恰逢其会。我和大家一样，有幸成为这场传媒"千年未有之变局"的见证者、参与者、观察者和思考者。作为80级的大学生，我的学习和工作时间与传媒改革叠加，完整地见证了传媒改革带来的发展"神话"：大学毕业后，我先后在新华社广西分社、湖北分社做过记者，在湖北分社时参与创办并主持过《湖北经济报》的日常工作，亲历过报社的报道创新和经营改革；1996年我调入武汉大学新闻与传播学院，从事新闻教学与研究工作，主要角色转变为传媒改革的观察者和思考者。呈现在读者诸君面前的这本小书，就是我观察和思考的结晶。

对传媒改革实践进行考察是研究中国传媒改革的起点，也是我观察和思考的立足点。只有立足于传媒改革实践经验的观察和阐释，继而经由理论的抽象和提升，才能保证我们的研究是中国经验基础上的研究，从而具有一定的针对性和现实性。我对传媒改革的观察和思考主要集中在内容生产与经营管理两个方面，本书正是根据这两个研究重点来进行结构安排，即将内容生产方面的研究纳入"新闻实务"板块，而将经营管理方面的研究归入"媒介经济"板块。

在内容生产方面，我以解决实际问题为主旨，围绕传媒发展过程中出现的新现象和新问题进行观察和思考。这些思考涉及新闻评论的价值取向、慈善新闻的呈现、新闻来源失实的法律责任、网络信息噪声和网站新闻编辑对策、电视栏目的品牌形象构建、党报改版理念的更新、政府信息公开等问题，思考对象既包括传统媒体，也涉及以互联网为代表的新媒体。如《理论阐释、实践拓展与机制保障——推进"走转改"常态化的三个向度》是对中央提出的"走转改"活动进行思考的成果。我认为，"走转改"活动自开展以来取得了阶段性成果，但也面临新情况和新问题。如何深化"走转改"活动并使之常态化，成为摆在学界和业界面前的现实问题。在我看来，要实现"走转改"活动的常态化应从理论阐释、实践拓展与长效机制三个向度入手。这三个向度是深化"走转改"活动的关键，其中，理论阐释为"走转改"活动的常态化提供理论指导；实践拓展从广度与深度上实现"走转改"活动在媒体实践环节的延伸；长效机制则为保持"走转改"活动的持续性提供制度保障。而《我国财经报道的现状、问题与思考》是我对我国财经报道进行观察和思考后所形成的一系列成果。这一系列成果从财经报道这一概念的广义和狭义，宏观、中观、微观等方面入手。在厘清概念基本内涵的基础上，文章以1992年邓小平南方谈话和2001年中国加入世贸组织为界，将改革开放以来我国财经报道划分为经济新闻的重振时期、狭义财经新闻盛行时期和新兴财经报道时期三个时期，并总结了不同时期的特点和当前财经报道在题材、视野、写作方面的具体状况及其面临的选题、角度以及表达的先天不足，报道风格缺乏易读性和可读性，记者缺乏独立的思维和推断过程等问题。最后，我对当前比较盛行的预测性财经报道进行了专题思考。预测性财经报道所涉及的题材范围非常广，并与民众关注点密切相关，且其表现手法趋向成熟化和多样化，但同时，预测性财经报道缺乏必要的连续性，媒体和记者缺乏反思意识，尤其缺乏科学的预测方法。在此现状下，我国媒体应进一步改革媒介观念，从媒介发展战略的高度重视预测性财经报道，注重记者综合素质的提升，建设优质的专家智库，与专业预测机构建立合作机制，建立健全跟踪报道机制，以充分发挥预测性财经报道的准确性、科学性和指导性。

竞争和合作是我讨论媒介经营管理相关现象和问题的基本框架。我坚持认为，只有从历史的探寻中才能把握我国媒体竞争和融合的基本轨迹，挖掘我国媒体演变的内在逻辑。因此，关于媒介经营管理方面的思考，我对新时期报业竞争的历史阶段进行了划分，对内地传媒经济研究的整体状况进行了理论概述和量化分析，并对我国传媒竞合的动因和现状及问题进行了分析。其中，《我国报纸发行30年的历史变革与发展趋势》一文对报纸发行所历经的渠道、机制、经营和理念四个方面的巨大变革进行了总结，提出了改革开放以来我国报纸发行理念的嬗变大致经历了三个阶段及其特点，即"派发"理念阶段（从改革开放初期到20世纪80年代中期）、"推销"理念阶段（20世纪80年代中期至21世纪初）、"营销"理念阶段（21世纪初以来）。我认为，报纸发行理念的嬗变总体上朝着市场化、社会化、产业化三个方向变化和发展，而我国报纸发行的未来发展重点就是解决发行渠道的整合问题。通过整合当前报纸发行网络，以提高发行渠道的整体运营能力，构建起以"第三方物流"为基本特征的现代化报纸发行体系。只有在历时的梳理和总结的基础上展开的共时性研究，才能让我们准确把握当下的研究问题，赋予共时性研究以历史视野。因此，在进行历史发展轨迹的描述和总结的基础上，我进而对我国传媒市场特征进行经济学分析，对传媒价格串谋、媒介成本的转嫁、传媒联动的竞合价值和传媒整合等媒介经济领域的核心问题进行了探索。多种研究范式并存是国内外尤其是西方学者研究传媒竞争现象的现实特征。《中国传媒产业间的广告资源竞争：基于生态位理论的实证分析》认为，在生态学范式下，"竞争"被界定为传媒资源使用的相似性，这有助于解释在传统传媒竞争分析中研究者无法回答的相关问题。以美国传媒学者约翰·迪米克和阿兰·阿尔巴朗等为代表的研究者，主要聚焦于微观层面，采用量化实证的方法对传媒竞争和传媒经济现象予以生态学的考察。传媒竞争是一个多层面的复杂现象和过程，生态学范式的传媒竞争研究，应在多个资源维度实施产业内外的多层次分析。在理论框架的运用上，我们可采用理论生态学、组织生态学、产业组织研究等领域的分析工具。因此，传媒竞争研究的生态学路径有助于拓展传媒生态学的研究对象与视野，积累、发展与创新传媒生态学理论。

上述内容均已公开发表过，收入本书时基本按发表的时间顺序呈现。时过境迁，其中有些思考已不再契合当前传媒改革的实际情况，但考虑到这部分内容记录和展现了中国传媒的改革历程，也记录了作者观察和思考的轨迹，因此，收录本书时还是保持了原貌，未作修改。特别需要说明的是，这些成果有一些是我和我这些年指导的硕士生和博士生共同完成的，对他们付出的智慧表示感谢！由于公开发表时均已署名，此处就不一一致谢了！感谢在校的博士生刘莲莲、袁满为本书的编辑出版作出的贡献！我深知，由于个人能力水平的局限，书中一定存在诸多不足之处，恳请读者给予批评指正！

目 录

一 新闻实务

新时期新闻评论的价值取向 …………………………………… 003
精心打造电视栏目的品牌形象 ………………………………… 008
网络信息噪声及网站新闻编辑对策 …………………………… 013
从新闻来源失实看媒体承担的有限法律责任 ………………… 018
"互动性"理论观照下的我国政府网站建设 ………………… 026
我国当前传媒与公共领域问题研究现状与反思 ……………… 037
中国公共新闻活动的实践辨析 ………………………………… 048
我国新闻学定量研究的回顾与前瞻 …………………………… 058
台湾公共新闻学:"乌托邦"式的幻象 ……………………… 067
慈善新闻的呈现状况分析 ……………………………………… 078
论政府信息公开对大众传媒的建构性影响 …………………… 088
中国广播电视规制的历史检视及其改革路径 ………………… 102
我国财经报道的现状、问题与思考(上) …………………… 110
我国财经报道的现状、问题与思考(中) …………………… 121
我国财经报道的现状、问题与思考(下) …………………… 129
强化精品意识　提升报道质量 ………………………………… 136
理论阐释、实践拓展与机制保障 ……………………………… 142
新世纪以来国内新闻评论研究的回顾与展望 ………………… 154

"我是建设者"新闻理论实践的机制分析 …………………………………… 167
强化改版创新意识　增强省级党报舆论引导力 ………………………… 180

二　媒介经济

新时期报业竞争阶段论 ………………………………………………… 189
传媒市场特征的经济学分析 …………………………………………… 197
传媒价格串谋初探 ……………………………………………………… 204
我国传媒经济研究的量化分析 ………………………………………… 212
媒介成本在构建和谐经济中的转嫁分析 ……………………………… 219
2007年我国传媒资本运营回顾与展望 ………………………………… 228
我国报纸发行30年的历史变革与发展趋势 …………………………… 240
中国传媒产业间的广告资源竞争：基于生态位理论的实证分析 …… 249
传媒联动的竞合价值与趋向探析 ……………………………………… 265
传媒整合：传媒集团内部的协同合作 ………………………………… 273
新闻传媒与和谐社会经济发展的共生关系 …………………………… 284
2009年中国内地传媒经济研究概述 …………………………………… 294
传媒竞合：动因、现状及问题 ………………………………………… 302

二

新闻实务

新时期新闻评论的价值取向*

——兼评《湖北日报》"新世纪展望"系列述评

新闻评论（包括述评）作为媒介常用的一种以发表意见为主而有别于一般新闻报道的新闻体裁，历来在我国的报刊史上占有十分重要的地位。尤其进入新时期后，经过"拨乱反正"的党报新闻评论，无论在议题的设置上，还是在说理的态度与方法上，或者是在文风的表现上，都较以往有了长足的进步，其传达政策、引导舆论、释疑解惑、激浊扬清的"旗帜与灵魂"的作用也发挥得更充分、更有效了。但是，在这一历史表象的背后，我们也要看到，新时期的党报评论工作遇到了前所未有的挑战。首先，随着改革开放的不断深入，特别是在当前实现经济体制与经济增长方式两个根本性转变的社会大变革时期，在计划经济向市场经济"转型"过程中，新旧问题总是交汇碰撞，人们的思想和社会矛盾表现得异常复杂，出现许多斑驳繁杂、光怪陆离的社会"怪胎"。有些事情，积重难返；有些事情，风起苹末；有些事情，似是而非；有些事情，又往往令人困惑丛生、百思不解。这都给党报评论的"说话"（说什么，怎么说）设置了"难关"。其次，随着媒介市场的繁荣，竞争的日益激烈，特别是高新技术带来的"网络传播"的冲击波，如电子论坛的出现与普及，各种意见性信息（评论）传播的速度越来越快，数量也越来越大。如何抢夺新闻市场的"先机"，掌握舆论的主动权，对党报评论来说无疑是一种沉重的"压力"。最后，当前受众的心理已经发生了明显的变化，读者在阅读报刊言论时，再也不是传统意义上的被动接收者，他们会用比以往任何时候都更为挑剔的眼光，审视着来自报刊的言论。读者的这一变化，自然对党报评论的"质量"提出了更高的要求。

---

* 发表于《新闻前哨》2001年第2期。

面对新时期的新形势、新变化、新情况，如何重新定位新闻评论的价值取向？如何奉献给读者内容与形式完善统一的言论作品？这是需要每一个党报评论员认真思考并且努力实践的问题。《湖北日报》在20世纪末重头推出了"新世纪展望"系列述评（一组5篇，见该报12月22日、23日、25日、28日、29日头版），应该说，在这方面做出了令人欣慰的、十分有益的探索。

一　新时期新闻评论的选题取向应从单纯的"眼光朝上"转变为"眼光朝下、上下结合"

所谓新闻评论的选题，就是选择和确定什么议题的问题。不论是就一篇评论写作而言，还是就一段时间评论写作的计划而言，选题都是新闻评论写作的第一步，也是最重要的一步。所谓新闻评论的选题取向"眼光朝上"，就是说，新闻评论的选题单纯局限于中央、地方的有关文件，领导的讲话或指示，或者有关会议的决定，也就是局限于政策的宣传贯彻上，而对实际工作，对社会生活中读者的关注点、关注度不予考虑或考虑较少。这种"眼光朝上"的新闻评论选题取向，在过去计划经济时期是比较盛行的，也起到过一定的作用，这是毋庸置疑的。对此，即使在今天我们也不能轻易地否定。但是，选题取向局限于此，则存在明显的不足。这是因为，一方面，任何政策的产生与实施，都是离不开社会实际，离不开群众的，是"从群众中来"，并且要"到群众中去"；另一方面，在今天市场经济时代，新闻市场已经进入"买方"市场，读者获取信息的渠道、能力和主体意识大大增强。单纯"眼光朝上"，而不顾读者"是否"关注的评论选题，是难以抢夺读者的"眼球"，难以获得读者的青睐的。因此，只有那些"领导重视、群众关心"，"上下共识"的重大新闻事件或普遍关注的问题，才是我们党报评论的最佳选题。《湖北日报》的这一组述评，分别论及WTO、农业、光谷、信息化、旅游经济，这些选题应该说都是湖北省上下各界关注度很高的"热门"话题，是今天社会上绷得最紧的"那根弦"，谁触动了这根弦，就会赢得最大的反响。这样的选题，读者会认同，领导会满意，编辑部也会高兴。

二 新时期新闻评论的立论重点应从"宣传灌输为主"转变为"启发引导为主"

新闻评论的立论,或称立意,是指新闻评论的基本观点和看法,它是评论所要表达的内容。在过去计划经济时期,国家对经济生活乃至整个社会生活进行自上而下的指令性安排,这就在某种程度上决定了党报新闻评论的内容、立论方式不可避免地打上如下痕迹:完全从传者的角度看待问题;有意无意地把报纸上的新闻评论等同于"上级文件";评论写作满足于做政策的"收发室""传达室"。应该说,传达党的路线、方针、政策,迅速地让广大群众了解和掌握,并变为他们的实践,是我国党报新闻评论的优良传统,也是它的神圣使命和义不容辞的责任。但是新闻评论毕竟不能等同于文件、政策本身,它只是一种新闻体裁,有着自身的规律。新闻评论要想达到预期的社会效益,就不仅要考虑传者,也要考虑受众;它不仅要告诉人们"是什么""怎样做",更重要的是告诉人们"为什么""如何看"。也就是说,新时期新闻评论的立论重点或方式,应从"宣传灌输为主"转变为"启发引导为主"。

《湖北日报》"新世纪展望"系列之一《WTO 我们时刻准备着》,围绕着怎样看待我国即将加入世界贸易组织展开论述,政策性不可谓不强,但全文四个部分"为何要进这道门""得与失""知识外溢效应与赶超效应""'引进来'与'走出去'",分别论述了入世的必要性、得与失及具体做法,处处就事论理,引人思考、给人启发、催人奋进,丝毫没有那种硬性的"宣传灌输"的味道。相信每一位读者看过之后都会得出这样的结论。

三 新时期新闻评论的论证方法应从一般地讲大道理转变为摆事实、讲道理

新闻评论当然是要讲道理的,但离开事实的道理是空洞的道理,是说教,不能让读者信服。列宁向来主张"从最简单的、众所周知的材料出发,用简单易懂的推论或恰当的例子来说明从这些材料得出的主要结论,启发肯动脑筋

的读者不断地去思考更深一层的问题"。① 事实为什么具有这么大的力量？因为任何道理都是从具体的事实中抽象出来的，理在事中。摆出事实，就等于让读者也经历了这个抽象的过程，就更容易取得他们的认同。在摆事实的基础上展开论述，可以说是《湖北日报》这组系列述评非常明显的共同特征。在《农业重新认识粮棉油》这篇评论中，第一部分"粮棉油怎么了"，为了说明"种植粮棉油，让人直发愁，忙碌大半年，最后没得赚"这一分论点，作者摆出了一系列论据（事实），其中既有种粮户的收支情况，也有种棉户的收支情况；既有最新的具体事实，也有概括性的背景材料、统计数字，显得很有说服力。也许正因为这一组以述评形式出现的评论提供了大量的新闻事实，所以它们都署名"本报记者"而非"本报评论员"。正文的字体没有变化，这也是这组述评的"亮点"所在。

四 新时期新闻评论的语言表达应从"平铺直议"向"灵活生动"转变

语言是思想的物质外壳，新闻评论的选题、立论、论证最终都要通过语言表达出来。没有一定的语言表达技巧，闪光的思想也会黯然失色，这一点在媒介竞争日趋激烈的新时期，越来越多地表现在论述性新闻体裁的写作上。这一组系列述评篇幅都不短，但读起来并没有冗长、啰嗦之感，这除了与文章的思想内容有关外，恐怕也是与作者具有较强的语言驾驭能力分不开的。这里仅从三方面做简要分析。

其一，平等交流的态度。平等地对待读者，还是居高临下地"说教"，可以说是评论员能否赢得读者的关键。《湖北日报》这组评论，完全没有我们以往在一些长篇评论里经常见到的那种"板着面孔"教育人的姿态，而给人的总体感觉是一种朋友间的、同志似的、和风细雨的思想交流。这里仅举一例："而体制，更是制约旅游业发展的'瓶颈'。一些景区景点，政出多门，文物部门管一块，旅游部门管一块，地方行政管一块，有的地方统战部门还管着一

---

① 转引自邵华泽著《同研究生谈新闻评论》，人民日报出版社，1999，第141页。

块。部门之间又难免不发生扯皮拉筋的事,这就常常弄得'戏'没法唱。"（见述评《之五》）这里触及的问题虽然很尖锐,但字里行间没有一点"火药味",而是在心平气和地介绍情况中引发、启迪读者去思考,去辨析。

其二,富于情感的笔调。文贵情真,写新闻评论也应如此。如果我们在晓之以理的同时,又能做到动之以情,那么新闻评论的传播效果就会事半功倍。请看以下例子。

"面对这道门,我们张望,我们争取,时间长达10多年。在就要跨入这道门的时候,我们禁不住还要自问:准备好了吗?"（见述评《之一》）

"'武汉·中国光谷'还是个婴儿,但它呱呱坠地时的第一声啼哭,就似黄钟大吕,震惊全国,震动世界。"（见述评《之三》）

读了这些生动形象又富有"亲和力"的语言,你能不为之动情,不为之震撼吗?!

其三,理性思辨的色彩。所谓理性思辨的色彩,就是说新闻在评述过程中通过对具体事物、具体问题的分析,上升到对事物发展一般规律的揭示,并用简练、精警的语言（警句）概括出来。可以说,警句是精湛的思想内容与精妙语言艺术的结合,是一篇论述文的闪光点,也是评论员的毕生追求。在这一组述评中,我们不时可以见到这种闪光的警句。如下。

"我们失去的,将是旧体制的锁链;我们得到的,将是新机制的活力。"（见述评《之一》）

"价值实现,是人才流动的万古不变的规律。当价位被低估时,他就想离开;当价值得到合理评估时,他就会留下;当价值最大化实现时,他会竭尽全力地工作,包括作出必要的牺牲。"（见述评《之三》）

"国民素质不能跨越'数码鸿沟',国民经济怎能跨越'数码鸿沟'?!"（见述评《之四》）

这些精练警策的语句,自然贴切,意蕴深隽,既让人回味无穷,又引人深思远虑,大大增强了评论的穿透力。

以上几点,都是这组系列述评的特色所在,是很值得称道的。我们期待着《湖北日报》涌现出更多的类似"新世纪展望"这样优秀的新闻作品。

精心打造电视栏目的品牌形象*
——解读《财智时代》

《财智时代》是湖北卫视 2000 年 4 月隆重推出的一档财经类谈话节目。一年多来,《财智时代》以其独特的栏目定位、精心的节目制作、出色的品牌宣传,在国内电视节目群雄纷争的"战国"时代异军突起,成为万紫千红的电视百花园里的一枝奇葩,吸引了越来越多的观众,受到业内专家和同行的一致好评。解读《财智时代》的成功运作,对于电视人如何打造节目的品牌形象,进一步办好电视节目,无疑有着十分积极的现实意义。

解读之一:栏目定位的独特个性

栏目定位的个性化,是电视媒介从"广播"走向"窄播"的必然要求,也是在电视竞争日趋激烈的今天,栏目制胜的根本之道。电视栏目的定位是个综合的概念,它一般包括栏目的选题与内容的确定、制播方式和风格的选择以及目标观众群的规定等方面。

(一)栏目内容——锁定"财智"

知识经济时代,是一个用才智博取财富的时代。随着社会主义市场经济体制的建立和逐步完善,人们原有的生存境遇和社会地位不断被重新"洗牌"、重新建构,如何挣钱、如何用智慧博取财富已成为新经济时代人们不得不面对的一大重要问题。《财智时代》将节目的触角敏锐地延伸到知识经济的宏大背景中,选择"财智"的集中体现者——企业界成功人士作为栏目主人公,展

---

* 发表于《当代电视》2001 年第 12 期。

现他们的创业经历、人生感悟、人格魅力，让他们畅谈世界经济的风云变幻、企业发展的成败得失、经营理念的胜负优劣。应该说，这一节目内容的定位是准确而独特的。说它准确，是因为它拨动了当今时代和观众心目中"绷得最紧的那根弦"——财智；栏目的选材、议题的设置具有广泛的社会关注度和"可议性"，容易形成强烈的"舆论场"。说它独特，是因为这档节目所确定的主要目标受众群，是那些致富"成功"或者渴望"成功"的社会精英层。这一目标受众群是市场经济环境里社会的主流人群，然而由于这一人群文化素质较高，一般又属于专业人士，因此往往容易被众多电视媒体所"遗忘"或者"敬而远之"。《财智时代》以这一社会精英人群为节目的收视主体，是独具慧眼的，从而也显示了其不同凡响的胆识。

（二）栏目形式——追求创新与变化

《财智时代》独特的内容定位，需要有独特的栏目制播形式（栏目类型）相匹配。《财智时代》栏目形式的特色，集中体现在节目方式的创新和节目形式的变化多样之中。

在我国，关注社会问题的谈话节目早已有之，娱乐类的谈话节目也不少，但鲜有专门关注经济这一专业话题的大型演播厅谈话节目。像《财智时代》这样在演播厅的录制现场云集主持人、主人公嘉宾、特邀嘉宾以及百余名现场观众的经济类谈话栏目，可以说是开了我国电视节目的先河。这种形式，虽然并不是真正的现场直播，而是直播式的录播，但它将一个完整的、一气呵成的纪实现场置于观众面前：没有排练，没有背台词，没有一次次的"重来"；不同意见的即时交锋，几方语势的碰撞变化，话题的陡转起承和情绪气氛的渐积递增。这样，自然让观众产生身临其境、参与其中的"真实"感觉。尤其是节目中的谈话内容，也不像其他节目那样有着预先的"事无巨细"的周到设计，而是让节目尽可能地遵循话语本身的脉络，忠实、完整地把客观事件传达给观众，从而最大可能地唤起观众的期待与探知欲望。应该说《财智时代》这一节目形式是富有创造性的，它使节目特点更加鲜明，话语优势更加突出，观众对节目的青睐也就在情理之中了。

与此同时，为了避免一般谈话类节目容易出现的"你问我答"的单调乏味，《财智时代》在节目的展开上，还十分注重层次感，增强互动性。《财智时代》

30分钟的节目里，大致分为"看一看""问一问""听一听""议一议"四个板块，每个板块都注重调动不同方面的人物进行参与，以促使节目主题层层展开。

（三）栏目风格：理性与综艺的融合

栏目风格是特定的栏目内容和表现技巧在节目中的综合体现。《财智时代》独特的内容和形式结合后产生的一个必然结果，就是风格上的理性色彩与综艺色彩交融合一。在《财智时代》的节目里，既不乏财经名流的高谈阔论，也有普通观众的对话交流；既有非常前卫的新经济名词和观点，如 ERP（企业、资源、规划三个英文单词的缩写）、PDA（掌上电脑）、风险投资等等，也有对它们通俗的说明、解释和比喻。把神秘的企业明星平民化、把高深的经济问题通俗化、把节目的思想深度与娱乐色彩融为一体，成为《财智时代》栏目风格的一种追求。

通常情况下，人们会认为经济类谈话节目属于阳春白雪，不具备娱乐性。《财智时代》的总策划之一景高地同志认为："《财智时代》的主要收视群体具有较高的文化素质，在他们眼中，《财智时代》不仅具备解惑功能，具备思想深度，还能成为他们欣赏的审美对象，感受到精神愉悦，娱乐性便由此产生；而《财智时代》在解除商界人物神秘性，化解经济话题沉重性的努力中，使得一般观众群也不至于认为《财智时代》特别深奥，让他们看得懂，喜欢看。"

解读之二：精心策划与制作

一般来说，栏目的定位属于观念的范畴，比较抽象，重在创意；节目的策划与制作则属于务实的范畴，比较具体，重在落实。独特的栏目定位能否在节目策划与制作中得到完美的体现，是每一个栏目制作者必须解决的问题。《财智时代》目前已推出的几十期节目，应该说比较好地体现了栏目创意的宗旨：把节目办成为观众量身定做的有关智慧和财富的文化商品。

（一）主人公嘉宾选择

对于电视谈话类节目而言，主人公嘉宾选择是节目成功的基础。从不同行业、不同地区，甚至不同国家的商界名人、业界大腕、知识精英的名单中，我们可以看到《财智时代》在主人公嘉宾选择上做出的努力。这些企业明星、商战英雄中，既有国有企业的老总，也有民营高科技企业的总裁；既有连锁业的巨头，也有咨询业的高手。他们是一群头上闪着光环、富有传奇色彩的成功人士，是搏击在商海里的佼佼者。他们所面临的问题，他们的创业历程，他们对人生的感悟，他们用智慧博取财富的故事，又具有很强的代表性，对观众、对那些正在淘金或者梦想淘金的人们无疑具有极大的启发性，是一种难以抗拒的"诱惑"。精心选择这些主人公嘉宾，正是节目最具新闻价值的一大"亮点"所在。

（二）话题设定

《财智时代》的每一期节目都围绕一个话题（主题）展开，这一话题既在栏目宗旨的视野观照之内，又根据不同的主人公嘉宾而各具特色。总的来讲，《财智时代》节目设定的话题，都是受到广泛关注的社会经济热点问题，具有很强的前沿性和穿透力。

一系列既热门又具品位的话题的设置，无疑是《财智时代》栏目赢得观众、留住观众的又一大"奥秘"所在。

（三）制作精致

一个节目的成功运作往往需要宏观、微观等多方面的协调与配合，仅有定位这一宏观思路正确，而缺少与此相适应的微观操作，便可能使宏观设想和策划都流于"纸上谈兵"，节目是难逃失败命运的。为了确保《财智时代》的制作和播出质量，节目组不仅汇集了国内一流的财经界策划高手，而且还精心挑选、组织了一支高水平的电视拍摄及编辑队伍。从片头设计的画面、音响等电视语言的运用，从结构安排、细节捕捉、镜头运动、造型处理到节奏把握等等，都精心制作、精心包装，从而使每一期节目都力求做到赏心悦目，流畅，好看，富有观赏性。

精品栏目，黄金强档，是《财智时代》自觉的追求，也是电视观众对《财智时代》制播质量的总体评价。

解读之三：品牌形象的自我宣传

"皇帝的女儿不愁嫁"，在电视业已经成为过去的回忆。在竞争日趋激烈的今天，电视节目作为一种文化商品，必须注重自我包装和自我宣传，它们也是栏目成功运作的不可或缺的组成部分。《财智时代》创办伊始，就以年薪50万元面向全国招聘节目主持人为切入点，隆重推出了一场品牌自我宣传的重头戏。

2000年12月12日，《中国经营报》以半版篇幅刊发一则广告：湖北卫视《财智时代》以年薪50万元面向全国招聘主持人。此则广告同时在湖北卫视及互联网上广为传播，在全国迅速掀起了一场"财智冲击波"。

50万元年薪招聘主持人，既是《财智时代》自身发展的需要，也是一件很有新闻价值的事情，必然会受到众多媒体的关注。其一，用50万元年薪招聘这一举措在全国媒体中属于"第一个"，且又是涉及热门而敏感的主持人这一特殊行业。其二，财经类谈话节目，要求主持人既懂经济，又懂电视媒体；既有优雅的外在形象、风度气质，又有良好的语言表达能力，应对自如；既能与顶尖级企业家平等对话，显出学者风范，又能深入浅出，不失机智幽默等等，这些对象性因素对观众具有很强的悬念感。《财智时代》从这里切入打造品牌，应该说是一种很有眼光的选择。

经过一年多的精心打造，经过一系列"造势"宣传活动，《财智时代》如今已声名远播，不仅成为许多观众翘首期待的节目，更成为企业家们心仪的对话平台，国内许多顶尖级明星企业家，如今都表示希望做客《财智时代》。《财智时代》成了名副其实的"财经名流的思维俱乐部，白领阶层的洗脑泰山会"。

总之，《财智时代》的品牌营造战略是成功的。衷心祝愿湖北卫视在媒介市场竞争中，抓住机遇，有效地实施品牌战略，成功地塑造出更多具有品牌效应的品牌形象。

网络信息噪声及网站新闻编辑对策*

众所周知，互联网的发展使人们获取新闻信息的能力大大增强，但在获取新闻信息的能力增强的同时，人们制造噪声与信息垃圾的能力也得到增强。正是这种噪声在很大程度上削弱了网络新闻媒体有效的新闻信息服务。网络用户（或称网络受众）所面临的问题就是：网上的信息越来越多，而信息的浓度却越来越低，对其的消化吸收也越来越困难。

"过多的选择等于没有选择。"从表面上看，网络信息的丰富多彩给人们造成了一种"信息饱和"的假象，然而在这些令人眼花缭乱的信息中，很多都是无效信息。这里涉及一个有关"信噪比"的问题。所谓信噪比（signal-to-noise ratio）在技术上是指电缆中指定点的有用信息和无用噪声之间的比率，用于衡量信号质量。网络用户并不是整天都"泡"在网上的（某些专业人士或"网虫"除外），而且受众之所以青睐于在互联网上寻求新闻就是因为它速度快、传播信息迅速。而现在，对于那些时间较为有限、兴趣不太广泛或对新闻的指向性偏高的受众来说，当他们在浩如烟海的网络信息中寻找自己感兴趣的新闻时，很显然就会受到各种各样的困扰。这些困扰既来自于网络本身绝对信息数量的庞大，又来自于与之相伴而生的各式各样的信息噪声，比如电子商务信息、广告信息以及技术层面的干扰。这不仅仅表现为在显示屏前等待的时间偏长，或者是为烦琐复杂的界面所干扰，更重要的是，目前的网络受众还根本没做好抵抗信息噪声的心理准备，而这些噪声潜移默化的影响却已经产生。这对于那些已经有一定的新闻接收倾向的受众来说，无疑是在增加他们接收上的难度。试想，一个每天只愿意花很少的时间来阅读有关新闻的人怎么可能不对以下这些景象感到困惑呢？在显示屏面前等待计算机运行很长时间后，才看到一个实际上他根本不需要的 Flash 动画在页面上慢吞吞地生成；收到不请自

---

* 发表于《武汉大学学报》（人文科学版）2002 年第 5 期。本文第二作者是硕士生邓敏。

来的垃圾邮件或在线通知；面对信息种类和总量百倍于自己需求的 Web 页面……对于无处不在、形态各异的广告、图片、标语、字幕，目前的个性化技术根本不可能使受众完全躲开它们。尽管网络受众现阶段可以根据自己的需要按主题订阅电子邮件，参与新闻组（News Group）等，但这些仍然是受众所不能控制的。

对传统媒介而言，尽管交互手段较差，并且也没有很多的个性化的技术手段，但把关人的作用，更重要的则是传统媒介本身的特点，使得信息精练性和纯度要远远大于网络媒介的总体情况。从一个广义的视角来看，对一个阅读报纸的人和一个在网上冲浪的人来说，他们获取的信息数量远远不能相比，并且很显然是后者占上风；而从阅读质量的比较上来看，胜负却是未知数。因为就认知而言：①接收信息太多容易形成记忆上诸内容之间的相互抑制；②从选择看，过多的信息导致选择的困难甚至冲突；③从认知程度看，一个读少量信息的人，或许能够更加深刻地理解并思索新闻本身。

互联网上信息噪声的增多，究其原因，可分为以下几点：①信息垃圾膨胀的速度远比精品快，这是由两者的生产效率所决定的。信息精品的生产需要倾注极大的心血，因此不会因信息技术的大发展而有大增长，而信息垃圾则会因信息技术的提高以成百上千倍的速度递增产生。②精品的社会自然筛选机制大大弱化。资料拷贝、存储成本的大幅度降低，使人们将不再精心挑选有价值的信息精品妥善保存，这势必导致保存资料的信息含量下降，人们在使用中要花费更多的时间来挑选。③不必要的细节无节制地增加。今天，过多的资料来自于计算机的自动化，这些系统往往以提供更多的细节为荣，但过多的细节往往会干扰人们认识事物的总体感觉。④感性资料的过度膨胀挤占了理性思考的时间。人类的理性思考主要通过语言、文字、符号、概念来进行，然而新技术则鼓励人们享受更多的感性资料服务，如图像、声音、影像等。因此，在这种情况下，如何制造出高浓度的信息产品，缓解信息噪声带来的压力，提高信息服务的实际效率，是网站新闻编辑必须面对的现实问题。

在网络普及、用户自我查询能力日益增强的今天，网络用户更需要导航式服务、信息内容深加工服务及一切用户个人查询难以实现的网上服务。因此，网站新闻编辑必须考虑在全球资源实现共享的大环境下，在用户需求内容发生变化的情况下,该提供怎样有特色的服务以吸引用户,并挖掘用户的潜在需求。

第一,精品化。互联网用最快最方便的手段,提供了信息传播的无限可能性,让受众去做无限可能的自由选择。而最终在这种无限自由选择和竞争的机制中占上风,靠的就是高质量、高品牌的产品。如前所述,互联网在给人们创造了无限获取信息的能力的同时,也带来了巨大的信息噪声。在表面信息饱和的同时,人们不得不面对另一类型的信息缺乏,即大量信息混乱所造成的信息缺乏。重复的、低水平的网上垃圾会占据人们大部分的上网时间,人们依然找不到有价值的东西。新闻网站发展的规律告诉我们:对今后的网站新闻起决定作用的将是质量而不是数量,是深度而不是面面俱到,是系统有序而不是名目繁多。我们知道,在产品供应短缺的时代,数量是最重要的。但在产品泛滥的时代,产品的质量和品牌才是最重要的。因此,有实力的新闻网站将会集中更多的人力、更大的物力和财力资源来推行精品战略,认真地制作精品。

第二,专业化。粗而广的信息服务会是最先被淘汰的,因为这种泛化的内容在网上很容易得到,但又不能给用户以很大的帮助。实际上,任何有价值的信息总是与专业知识分不开的,专业知识财富是构成服务价值的主要基础,行业知识的差距则是保护本项业务抵御竞争的围墙。因此,网络新闻媒体要想提高其服务质量并赢得市场,办法之一就是使自己的服务专业化,将目标集中到自己熟悉的业务领域中,集中到特定的用户群上,利用专业的技术优势来进行服务,通过专业化来提高服务的深度和质量,以达到更好的效果。可以说,走专业化道路是新闻网站生存与发展的基础。

目前,我国国内的新闻网站可大致分为三类。一类是 2000 年崛起的传统媒体网站,如人民网、千龙网、东方网等;一类是商业网站的新闻中心,如新浪、搜狐等;还有一类则是一些财经、体育等专业垂直网站。2000 年鲨威体坛被 Tom.com 以 2000 万美元收购,这本身便说明了这种细分的专题新闻网站的潜力所在。2000 年 1 月 17 日,经国务院新闻办批准的国内第一家从事新闻刊载业务的行业新闻网——中国电力新闻网正式开通。其功能主要定位于网上原创电力新闻的发布中心、电力行业和国家电力公司形象宣传的窗口、电力企业信息资讯的实用大全,同时兼顾电子商务和网上服务。业内人士预言,类似的以行业信息为基础的专业新闻网站有望大量出现,成为中国媒体网站中的重要力量。

第三,分层化。互联网的发展,使得一大批新闻网站不断诞生并发展壮大起来,但网络新闻服务覆盖面很多,任何一个新闻网站都难以承担所有的网络新闻服务。因此,新闻网站的分层化趋势日益明显。2000年12月18日开始,人民网开始由综合网站向集团网站发展,其下拥有中国地方新闻联报网、人民健康网、人民书城、体育在线、人民导航及我的中国网六大专题子网。很显然,人民网此举的目的在于对信息和服务对象按层次进行细分,以满足受众对"窄播"的需要。人民网主任编辑杨武军认为,"集团网站通过对各子站鲜明的定位,将网络信息服务对象进行更专业化的市场划分,为今后有针对性的服务与商业运作于辟了广阔空间。各子站间互相关联又彼此独立,既能形成整体规模优势,又具有独立伸展空间,能更好地适应激烈的市场竞争及不断专业化的网民需求。"

第四,个性化。随着互联网的高速发展,网络用户被笼罩在巨大的信息网络之中,并由此而具备充分的获取信息的能力。此时,用户对信息的需求将更具针对性,更为个性化。而提高信息服务的针对性或个性化,关键的一点在于即时与用户进行信息交流,在多次的交流过程中挖掘用户的真正需求并充分提供个性化的服务,而互联网的交互性为这一点提供了很大的便利。在发展过程中,只有那些具有鲜明个性、形成自己独特风格的网站才能获取较高的点击率,赢得发展空间。如人民网,号称自己具有最权威的政府信息。《中国日报》网站宣称自己是"最大、最权威、最有影响的关于中国信息的英文网",服务于海外人士投资中国和中国各地招商引资。东方网自称是"上海新闻在网络上最权威的声音"。千龙网更宣称"一览首都新闻,只要上千龙网"。无论这些网站是否真正做到其宣称的那样,它们着重个性化服务的这一特点很值得其他新闻网站学习。

参考文献

[1] 彼得·戴森:《英汉双解网络词典》,电子工业出版社,2000。

［2］杜骏飞：《网络新闻学》，中国广播电视出版社，2001。
［3］《我们与受众互联——媒体网站工作者工作、生活状态调查》，《中国记者》2001年第1期。
［4］托马斯·鲍德温等：《大汇流：整合媒介、信息与传播》，华夏出版社，2000。
［5］罗杰·菲德勒：《媒介形态变化：认识新媒介》，华夏出版社，2000。

从新闻来源失实看媒体承担的有限法律责任*

一 新闻来源与新闻来源失实

"新闻来源一般是指新闻事实的来源和依据。"① 获取新闻来源的途径有多种。从获取新闻来源的途径来看,新闻来源有直接和间接之分。记者亲身经历或现场参与所获得的新闻源属于直接新闻来源,由记者当场直接获得,真实性强,可信度最高。然而,很多时候记者并非亲身经历现场,他们获得的往往都是间接的二手材料,是事后通过当事者或相关的部门了解到的,也具有一定的实证性和可靠性。

从新闻侵权的法律责任的归责来看,则有主动新闻源和被动新闻源之分。主动新闻源是指为发表而积极主动地向新闻单位或记者提供新闻事实材料(这种材料包括口头叙述和书面文字)的组织或个人。被动的新闻源是指不以发表为目的,通过记者的采访而消极被动地提供新闻事实依据的组织或个人,或者是不知道面向的是新闻机构也不希望所提供的内容发表的新闻提供者。

新闻记者在获取新闻线索的过程中经常会遇到新闻来源失实的现象,具体而言主要有以下几种情况:首先是主动新闻源失实,比如1998年3月24日,《羊城体育》报发表肖晓的一篇文章,题目是"'首尾'之战场外音",该文报道广州松日主场迎战大连万达队的主裁判陆俊收了客队人民币20万元现金。此消息是由松日俱乐部的一位负责人提供的。此言一出,舆论哗然。陆俊状告《羊城体育》报,最终,报社由于没有履行核实新闻来源所提供消息的真实性

---

* 发表于《武汉大学学报》(人文科学版) 2004年第3期。本文第二作者是硕士生陈静。
① 乔思文、陈绚:《关于侵权主体的若干思考》,《中国人民大学学报》1995年第6期,第67页。

的义务而败诉。其次是被动新闻源失实。新闻源的提供者或单位出于某种原因而提供了虚假不实的消息。除此之外，无论是主动新闻源还是被动新闻源提供的消息如果还没有经过权威机构认真审核或者消息的本身就是不实的（例如谣言、迷信）而被媒体擅自发表的，也往往会造成新闻报道失实。

二　新闻来源失实与媒体承担的有限责任

新闻来源是进行新闻报道的第一环节，如果在这个环节中发生了过错，就不可避免地会对新闻报道产生很大的影响。新闻报道一旦采用了新闻来源提供的不实的信息，造成了不良的社会影响，就会让媒体卷入一系列法律纠纷中。在这类的新闻纠纷中，新闻媒体往往要承担全部的法律责任。而实际上，新闻媒体只应该承担一部分法律责任，也就是说媒体应承担的法律责任是有限的。原因如下。

（一）新闻信息传播过程的本身存在极大的不确定性

从传播学的角度来看，新闻信息传播的过程是从新闻信息源发出信息开始的。在大多数情况下，由于记者没有时间、资源、途径深入了解每一个信息源，独立确认事实，所以通常是通过引用可靠的新闻源来建立事实。传播者的新闻信息的加工制作过程也是由不确定向确定、由零散向有序转化的过程。传播过程中新闻来源是存在较大的不确定性的，传播者在采集信息的同时经常会受到一定程度的干扰，传播者也要通过采集、选择、加工制作，对信息进行把关和过滤，控制信息的流量和走向，确保信息的客观、准确。而新闻传播是一个多级的、完整的信息传输过程，是一个有机的社会信息交流系统，在其传播过程中的每一级中，都会受到各种因素的影响，受到各方面的干扰，在不同的时候它们担负着不同的任务。因此，新闻信息传播的过程本身就是一个不断确定信息的过程，在这个过程里有非人为的客观因素时常制约着信息传播的准确度和真实度。因此，媒体在进行信息的搜集和传播中存在某些偏差是不可避免的，在新闻报道失实产生侵权后媒体是不应当承担全部责任的。

（二）新闻真实不等同于客观真实，也不能在新闻审判时用法律真实的标准来要求新闻真实

"新闻真实是指，新闻报道必须如实反映事物的原貌，它表现为一个认识过程。"① 事实的发展完结时，报道的真实性也才能够全部展现出来，新闻报道的真实度是通过新闻事实的进展体现出来的，既表现为具体的新闻细节的真实可信，也表现为整个新闻事实完整、准确的存在。一般情况下，记者并不是以复写来再现事实而是以理解的模式介绍事实，因此记者报道新闻时不免会渗透自己的主观印象，而客观事物是先于意识存在，不以人的意识为转移的。所谓的客观真实是指事实和规律不以人的主观意识为转移，在人的意识之外而独立存在，又能被人的意识所认识的一种真实。这种真实不受主观干扰、不受人的意识左右而独立自存，但可以被人的意识认识。显然，新闻真实与客观真实是不同的。首先，从马克思主义"主客合一"的实践论的观点来看，新闻真实是对客观真实的主体再现，新闻报道要实现主观和客观的统一。"新闻报道要符合客观存在的事实，仅仅是强调了主观对于客观本来就有的肯定性关系，但是并不说明新闻真实就是客观性，或者存在于新闻事实之中。新闻的创造活动是主客合一的关系而不是排斥客体的主观想象。新闻的客观性不再是被动地依照事实去检验事实的分析理性，而是贯穿着主体间的理性互动和实践内容综合的理性。"② 其次，记者对变动着的客观世界的认识也需要一段时间，掌握事实也需要一定的阶段和过程，并不一定是要完全复写整个新闻事实。最后，新闻的运作规律决定了新闻真实并不完全等同于客观真实。新闻是通过记者这一富有思想意识的"人"来报道的，新闻报道要求很强的真实性，也不能完全不渗透记者本身的情感体验，因而也就无法完全做到纯客观的报道。很多情况下，媒体在新闻采访过程中，特别是在进行新闻调查时，有些客观事实往往早已发生，记者仅仅是在报道事后了解的情况，而且不同的人掌握的材料不同，提供材料的动机不同，很难做到对事实做出完全客观的认识和判断。即使一些现场报

---

① 刘建明：《宏观新闻学》，中国人民大学出版社，2000，第257～274页。
② 单波：《重建新闻客观性原理》，《现代传播》1999年第1期，第28～30页。

道，报道者往往也难以一时看到事件的全貌，其做出的判断也未必与客观存在完全相符。

"所谓法律真实是指从法律意义上来看是真实存在的东西，这个真实存在就是证明原发案件事实的证据，以及由证据组织起来的具有法律意义的事实。没有证据的真实在法律上是毫无意义的。"① 而新闻真实却不一定要求有实在的证据，通常情况下，记者在采访中受到客观条件的制约也不一定都能从新闻来源中找到确实的证据。"法律意义上的真实是对新闻真实的一种延伸，报道的事实都必须按照法律和政策的要求进行适当的过滤和技术上的处理，有些事实尽管是真实的，但是不作技术上的调整和变动，就会和有关法律相抵触。"②

从法律上讲，在"新闻失实"名誉侵权诉讼中，如果对新闻失实的判断仅仅从法律真实的认识规律出发，甚至将法律真实等同于新闻真实，而不顾新闻真实的特性，或者将新闻真实与法律真实混为一谈，都是不符合事物认识的规律的。新闻官司审判实践中容易出现将新闻真实与法律真实混为一谈，以法律真实的标准要求新闻真实，从而不恰当地判决媒体承担侵权责任。法律上是应该对新闻报道的真实标准从宽把握的。新闻媒体无法在每一件新闻事实中都能找到合法的证据，也不具备完全的采访时机去获得证据。总之，从新闻报道活动的规律来看，新闻源和新闻报道并不能做到完全法律意义上的真实，因此，在新闻报道失实后，追究媒体的侵权责任时不得不考虑到新闻事业传播活动规律，也不能把新闻真实简单地等同于法律意义上的真实，不能在新闻失实后立即认定为是媒体的责任。

（三）媒体对新闻来源实施审核有一定的客观局限性

被告的媒体大多是被诉"新闻失实"侵害名誉权，而很多被法院认定为"新闻失实"的案件中，媒体都因被认定"未尽到审查职责"而被判决承担侵

---

① 邹学荣：《论客观真实与法律真实在审判实践中的地位和作用》，《西南师范大学学报》2003年第1期，第53页。
② 陈明华：《新闻真实·法律真实·客观真实——漫谈记者的法律义务》，《兰州学刊》2002年第4期，第92页。

权的责任。在被控新闻失实的案件中,当然确实有一些媒体是没有尽到审核的责任。但是,要想完全做到审核合格是不可能的,任何一家新闻机构都无法保证所报道的新闻事实与客观事实是完全一致的。在大多数情况下,媒体在新闻产生侵权后果时应承担的责任是有限的。原因如下。

(1)新闻机构对于新闻来源的审查通常是通过编辑部的主要负责人来把关的。针对新闻来源的审查,编辑不可能去直接接触或者对新闻事件进行深入的考察,很多情况下,新闻来源是十分复杂的,媒体的"审查"也是很难进行的。再者,新闻必须讲究时效性,编辑部不可能亲自实地考证每一篇稿件的真实性。因此,一般的稿件都由记者自身把握好真实度。其中特别具有新闻价值的稿件才会由记者深入采访,编辑亲自审定。

(2)一般新闻提供的信息,新闻机构和记者都负有核实之责,对于其中可能存在差错还是应该预见的。但如果是党政机关、公检法机关以及其他权威部门,它们提供的消息,以及处理决定、判决等,不仅具有较高的权威性,有的还具有法律效力,新闻机构不需要也不可能再去作调查核实,若有差错或者情况发生变化,新闻机构是不可能预见的,不应承担责任。因此,审稿是新闻机构调查核实的最后环节,不能要求新闻机构经过审稿还能预见新闻仍有差错。

(3)读者来信和文章转载是最容易引起新闻"失实"侵权纠纷的,编辑部在审查时也较为慎重,若反映的问题较重要,一般都需要审查核实作者身份并根据来信者、来稿人所提供的有关证据材料对其来信来稿的真实性进行必要的确认。但是,转载的文章作品由于牵涉的单位和个人比较复杂,很难鉴别内容的真实性。

(四)新闻源也必须承担一部分的法律责任

新闻源是指向作品的作者提供新闻素材和事实情节的单位和个人。这首先就不可避免地要涉及新闻侵权的两个主体:新闻源和新闻媒体。由于新闻源向媒体提供了不实信息而使新闻报道失实的侵权案件中,在国外新闻源是要承担一定责任的,但在我国以往的审判实践中很少被提及。对于新闻源的侵权主体地位,可以根据具体情况比照新闻媒体和新闻作者新闻侵权的确定方法加以确认。1998 年 8 月 31 日，在最高人民法院关于名誉侵权审判所做出的最新司法解释中，新闻源的民事责任已经得到了确认。当然，新闻源也只是多个共同侵权行为的主体之一，并不是其所提供素材及事实情节最终成为作品的决定者，也无法预知侵权作品向公众传播的范围，在共同侵权人内部按过错分担责任时，只应承担相应的部分责任。

新闻源提供新闻线索和新闻素材时，往往随意性较大。接受新闻来源的记者则很难掌握法律上认可的证据，而且考虑到新闻工作的特殊情况，记者也难以在法庭上举证。所以，很多时候媒体无可奈何地承担了全部的侵权责任。目前，关于新闻源的法律责任问题，最高人民法院于 1993 年 8 月发布的《关于审理名誉权案件若干问题的解答》对新闻源的侵权责任进行了司法解释，明确了积极新闻源和消极新闻源，以及权威新闻源（国家机关）和一般新闻源（国家机关之外的公民和其他组织）的划分。对积极主动向新闻机构、记者提供情况的，因其提供的事实材料失实引起名誉侵权，该新闻源应承担责任；对所谓的消极新闻源，明知自己是在接受采访的情况下发表的言论，自然应该负责。因新闻源提供的材料被公开，或者声明所提供材料不得公开而被新闻媒体公开，因公开的材料不实而造成名誉权之损害，或者作者的报道没有忠实新闻源反映提供的情况而出现新闻侵权，该新闻源不承担新闻损害名誉权之责任，而应由作者承担新闻名誉侵权责任（如新闻单位有过错，也应承担责任）；但这种责任是因为传播过错，而不纯粹是新闻的过错。当然，在这种情况下，该新闻源并非绝对不承担责任，其向第三者散布有关他人的不实言论构成名誉侵权，同样也应该承担责任，只是这种责任为普通的名誉侵权责任，而不是新闻侵权意义上的责任。权威新闻源发表或者提供的新闻事实发生侵权，新闻源也应作为侵权主体而承担法律责任，而不是仅仅将整个责任归于新闻媒体。

三　媒体应如何避免新闻来源失实造成的新闻侵权纠纷

媒体及其从业者既要维护新闻的真实性和保持新闻价值，又要保护自身的权益，避免卷入因新闻失实而造成的新闻纠纷，就要在新闻活动中具备应当有的法律意识，只要用事实说话、有理有据，就能避免新闻纠纷。

首先，新闻工作者要有事实意识：从一开始新闻工作者在选择新闻来源时，由于没有足够的时间、资源和途径深入了解每一个信息源，独立确认事实，记者通常是通过引用可靠新闻源来建立事实，特别是一些经过其他媒体的反复报道，已经确认了的新闻信息。其次，不能将新闻源的真实可靠等同于新闻事实的真实可靠。在法制社会里，新闻记者不能将"有人提供"作为不实的充分依据，而必须从法律的角度去认识他人提供的事实。尤其是批评性报道和新闻中作为反衬的事实材料，除权威部门提供的意见和材料外，新闻工作者和新闻单位有义务对于未经核实的材料予以多方的证实。录像资料可以作为证据使用。① 很重要的一点就是新闻报道要掌握平衡原则，国外有许多报道都是在未能判明新闻来源真实的情况下，把多方面新闻线索都公布出来，为了显示平衡、独立和公正，记者在报道中经常会用对比报道的手法，把符合媒体自身价值观的报道放在突出的位置。在没有正式结论的报道中，特别是在案件的审理中，应尽量报道当事人双方对事实的陈述，包括相关的不同看法。

另外，新闻工作者要有责任意识：一方面，记者要善于自我保护；媒体不要发表未经核实的自由撰稿人的稿件、举报材料、读者来信等，尽量采用本报记者采写、经当事人许可的录音的稿件；要注意保护好采访记录、录音录像、照片、发稿签等资料，一旦发生诉讼，以做证据使用；稿件中要注意措辞。另一方面，根据我国新闻实践和新闻官司审判实践的现状，要使媒体摆脱尴尬，不致民众言论自由权利和舆论监督功能丧失，同时也使公民的人格权得到应有的保护，必须实行文责自负，让言论行为主体对自己的言论的真实性完全负责，而不必要求媒体对言论行为主体言论的失实承担责任。这不仅符合权利义务相一致这一法律原则，而且也是由媒体作为舆论传播工具的性质决定的。尤其要注意的就是新闻报道实施新闻来源审核的同时要适度地交代新闻来源。对于不愿意公布姓名的消息提供者，新闻机构应予以保护。"意大利宪法规定，记者要高度重视核定消息来源提供的消息，以便保证传播给大众的信息的可靠性。新闻信息必须有出处，以便维护新闻的客观真实性。如果提供者要求匿

---

① 王军：《新闻工作者与法律》，中国广播电视出版社，2001，第121~136页。

名，记者就一定要注意保守行业机密，而且也应该将消息来源要求匿名的实情告诉大众。"① 除此以外，记者决不能承诺提供信息人任何其他条件，或者受其压迫而表达或扣压有新闻价值事实的报道。

最后，西方发达国家司法判定新闻不构成名誉侵权所遵循的"三公原则"也是值得我们新闻媒体学习和借鉴的：报道是为了社会公共利益的目的；报道内容系公众关心的公共事项且有事实根据；报道对象系国家公职人员或知名人士。媒体在报道关乎民众生计和社会公共利益、公众关心的事实和现象，在维护民众的知情权的同时应保护自身的合法权益。

---

① 宋克明：《英美新闻法制与管理》，中国民主法制出版社，1998，第 67~89 页。

"互动性"理论观照下的我国政府网站建设[*]

一 政府网站的概念及其在我国的发展与不足

政府网站，或称政府门户网站，是政府出资、由专业网站护理人员开发、维护，目的是使政府的工作信息化、透明化的一种职能型网站。政府不仅可在网站上公布政府新闻、政策，甚至可在网站上实施行政行为，如可让公民网上交税，网上办理营业执照、护照等。[①] 政府网站的主要功能体现在两个方面：一是信息发布和反馈，实现政府信息化，提高政府信息传输效率和水平，如新闻、文件、法规、规划等公共信息的发布；二是政府网上服务，可转变政府职能，提高政府工作效率和服务水平，包括网上办公、政府反馈、电子数据库、便民服务、相关链接等。

我国自1999年实施"政府上网工程"以来，政府门户网站建设取得了快速发展。据不完全统计，当前各类政府网站总数已超过1万个；至2005年底，96.1%的部委单位拥有网站，94.9%的地级政府拥有网站（具体数据可参见图1）。政府网站作为企业和社会公众获取政府信息和服务的主要渠道，具有显著意义。政府网站强调"以服务为主线"，与中央所强调的"立党为公、执政为民"的宗旨吻合，也符合温家宝总理所倡导的建设"透明、服务、民主"型政府的要求。有些学者以研究证实，在短短数年之内，我国政府门户网站建设快速发展，已成为政府部门向全社会提供高效优质、透明规范和全方位管理

---

[*] 发表于《武汉大学学报》（人文科学版）2007年第3期。本文第二作者是博士生、湖北大学新闻与传播系讲师张明新。

[①] 宋克明：《英美新闻法制与管理》，中国民主法制出版社，1998，第67~89页。

和服务的新平台，取得了良好社会效益。当前，各省市政府的门户网站建设，是电子政务的重要组成部分。尽管如此，我国政府网站的建设仍然不尽如人意，主要不足之处是其互动性功能的缺失。譬如，相关专业人士认为，当前政府网站的建设显然还处于初级阶段，还只是一个信息发布平台，其互动性、应用性有待加强；还有论者认为，政府门户网站增强互动性的形式主要有政府信箱、在线解答、电子邮件订阅、论坛和留言板、网上调查五种。

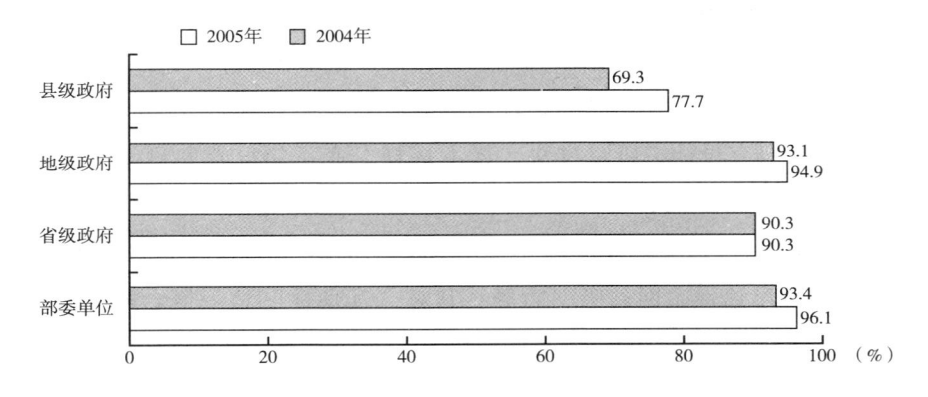

	2005年	2004年
县级政府	69.3	77.7
地级政府	93.1	94.9
省级政府	90.3	90.3
部委单位	93.4	96.1

图1　2004与2005年我国各级政府网站拥有状况

资料来源：赛迪顾问股份有限公司中国信息化绩效评估中心，2005；赛迪顾问股份有限公司电子政务咨询事业部，2004。

再如陆敬筠等（2004）根据所建构的五个政府网站发展功能模型（即静态网页、信息发布、信息交互、业务处理、个性化服务）所涵盖的18个功能指标，面向大陆31个省市自治区和直辖市随机抽取166个地级和副省级城市政府网站，发现几乎所有政府网站皆已具备信息发布能力，一半左右的网站实现了信息交互，而只有极少数具有业务处理能力（即互动能力的实际体现）；其研究还发现，地区经济差异是影响政府网站建设的直接原因。

二　"互动性"概念的引入

当前，国内外已有关于政府网站的研究，这些研究大多集中于政府信息化建设、电子政务、网站评价等方面，鲜有以传播学角度切入。在国外如Kristin（1997）、CyPRG（2001）等建立了较完善的电子政务评价指标体系，Rowena

(2000)、West(2001)等改进了政府网站的调查方法。具体如 West(2001)对美国联邦和州政府网站的分析发现,使用互联网查看公共信息的公民占93%、提供良好的公众服务的政府网站占25%、提供个人隐私保护的公众服务的政府网站占28%。在国内,朱庆华等(2003)研究南京市政府网站信息资源建设中存在的问题及解决方案、刘焕成等(2004)分析省级政府网站建设中的问题及对策、刘兴宇等(2004)探讨了政府网站的综合评价方法、张鹏刚等(2005)分析我国西部地区政府网站的建设水平、胡广伟等(2004)和王雪华等(2006)构建了政府网站的评价指标体系。

除此之外,有关政府网站互动性现象的研究(如王丽芳,2005;樊宇雄,2006等),从研究设计、研究方法、样本选择、变量的设置和测量等角度来看,其系统性和科学性皆显不足。其中,最有争议的是核心概念"互动性"之概念定义和操作定义。如李靖华等(2005)的研究中有服务的可通入性、互动性、内容可达性、网站吸引力等,其对"互动性"这一概念的考察指标为管理员 E-mail、在线信箱、常见问题解答、网上调查,此种操作化方法与传播学研究中有关"互动性"探讨的经典文献差异极大。

三 "互动性"研究的理论与实证

(一)网络传播"互动性"的理论

"互动性"(interactivity)并非在互联网兴起之后才产生的新概念,传播过程中的互动现象大量发生于面对面的人际传播、小组传播及组织传播中。在互联网所拥有的各种优势中,互动性被认为是最为显著的特征(Morris & Ogan, 1996; Rafaeli & Sudweeks, 1997)。尽管是互联网研究领域的热点话题,且有关互动性的研究愈来愈多,但其一个致命的弱点在于,已有文献对"互动性"这一概念的表述和定义颇为含混。对此,Liu & Shrum(2002,p.53)曾指出:"每个人对什么是互动性都有自己的理解,但这些想法很少达成一致。"如有学者认为,互动是个人或组织间不受时空限制直接交流的工具(Blattberg & Deighton, 1991);再如,Steuer(1992)认为互动性是用户能够修改媒介内容与形式的程度；Berthon，Pitt & Watson（1996）强调，互动所指的是在超越时空的情形下个人或组织可与其同伴直接相互交流的便利，诸如此类。三位知名学者 Walther，Gay & Hancock（2005）在回顾10年来传播和技术学者对互联网的研究时，在综合了多位学者研究成果的基础上认为，"在互联网等新媒介技术勃兴的背景下，'互动性'的概念主要指传播的双方在扮演讯息的发送者和接收者上角色可互换及相互影响的程度。"互联网上的互动有多种类型。个人与网站之间可被称为"机器互动"（Steuer，1992），此种互动使得用户自由控制网站所呈现的信息，如以何种顺序浏览、浏览多长时间等（Ariely，2000；Bezjian-Avery，Calder & Iacobucci，1998）。也有研究将互联网上的互动分为如下两种：人与讯息的互动；人与人的互动。在人与讯息互动的情形下，用户可选择、搜索、编辑、调整媒介所呈现的信息的形式和内容。已有的研究文献采用如下描述来表达此种互动，如"用户对信息内容和形式的影响"（user influence on the form and content）（Lombard and Snyder-Duch，2001）、"用户对不同水平信息的选择"（choice over several levels of information）（Cook，1994）、"用户对信息形式和内容的更改"（modifying the form and content）（Steuer，1992）等。

一般而言，将"互动性"概念化主要有两种方法："功能性观点"（functional view）与"应变观点"（contingency view）。前者强调网站在结构上与用户的互动，如 E-mail 链接、聊天室和多媒体功能，关注于网站的功能特性。与之相对的后者强调用户个体的体验，专注于用户互动性的认知和情感的结果。不少研究对互动性的定义采纳了功能性观点，即网站具有的互动特性愈多，则互动性愈高（如电子邮件链接、聊天室和多媒体功能）；互动性仅被解释为一种为用户与网络界面间进行对话与信息交换的界面能力，其基本思路是通过鉴定不同传播技术的一系列区别来描述互动性，考察媒介或技术是不是互动的（Bretz，1938；Durlay，1987；Hanssen，Jankowski & Etienne，1996；Heeter，1989）。本研究所采纳的将"互动性"概念操作化的方法，即是功能性的观点。应变观点强调用户个体的体验，关注为用户"实时修改媒介形式和内容"的程度（Steuer，1992），传播过程的参与者在相互交流中拥有的控制力以及角色变换的程度。互联网研究领域的知名学者 Rafaeli

(1988, p. 111)将"互动性"概念化为"描述在一系列传播交换过程中,任何第三次(或更迟)的传递与前一次甚至更前的交换传递的关联程度"。这是一种信息应变的思路,即后来的信息多大程度地取决于先前的信息被特别加以强调。

(二)网络传播"互动性"的实证

本研究所要采纳和借鉴的是美国学者 Heeter(1989)、Paul(2001)、Massey & Levy(1998)等人所构建的互联网"互动性"的理论框架。其中,Heeter(1989)构建了网络传播"互动性"的第一个基本维度——"用户所需付出之努力"(effort users must exert),Massey & Levy(1998)改进和创新了互联网站互动性的分析方法,Paul(2001)则在 Heeter 维度的基础上构建了网络传播"互动性"的第二个基本维度"制作者所需付出之努力"(effort producers must exert),并借助前人的研究将其操作化。

Heeter(1989)检视并整合了此前有关电脑中介传播过程中的互动情形,为研究互联网上的互动性提供了一个具有可操作性的理论框架。她确立了表达互联网互动性的维度——"用户所需付出之努力"。该维度被定义为"为了获取相关信息,媒介系统的用户所必须付出的努力"。Paisley(1983)认为,互动是一个介于媒介用户和媒介系统这两端之间的连续统,在其一端,受众(即用户)仅仅简单地浏览和阅读媒介系统所提供的信息,而在另一端,受众谨慎选择自己所需的信息并思索。由此,用户所付出的努力愈多,媒介(系统)的互动性愈强。在 Heeter(1989)所提出的表达网络互动性的6个指标之中,下述3个体现了"用户所需付出之努力"的维度,这种将此维度操作化的方法曾为 Paul(2001)探索灾难性新闻发布网站所采纳。

(1)内容之多样性。此一指标考察网站为用户所提供的信息的丰富程度,一般而言,网站应为用户提供包括事件新闻、广告、娱乐、各种经济和商业资讯等在内的多种信息。网站的内容愈是多样,表明其互动程度愈强。

(2)添加信息的便利性。如上述"用户对信息内容和形式的更改"所论及的,该指标关注用户通过与媒介的互动从而对信息内容所产生影响的程度。

用户在网站上添加信息愈便利,则网站的互动性愈强。

(3) 人际交流的便捷性。互联网为用户在线上实施交流提供了各种便利,尽管这种交流与面对面的人际交流有所不同,尤其是,此种交流有可能是非同步的,但其无疑增强了网站的互动性。显然,网站上诸如在线讨论、聊天室交流、实时交互等促进人际交流便捷性的程度愈高,则网站交互性愈强。

综上所述,对互联网站"互动性"的操作化方法可归纳如下(见表1)。

表1 互联网站"互动性"概念的实证操作

维度	变量	变量之概念与操作定义
用户所需付出之努力	网站内容之多样性	网站为用户所提供的信息的丰富程度,一般应有事件新闻、广告、娱乐、资讯等,内容愈多样则其互动性愈强。
	添加信息的便利性	用户通过与媒介的互动而对信息内容产生影响的程度。用户添加信息愈便利则网站的互动性愈强。
	人际交流的便捷性	用户在线上相互交流的便利程度。如在线讨论、聊天室交流、实时交互。
制作者所需付出之努力	信息使用监测	关注媒介系统对其用户使用的监测程度。譬如采纳网站计数器、网络调查等手段。
	对用户的回应	网站对用户回应的积极性。在网页上放置 E-mail 然后可以对用户的电子邮件予以回复。
	网站导航设计	为了降低用户在网站上搜索、阅读、发布信息多付出的努力。如搜索引擎、菜单栏、网站地图等。
	信息更新意识	更新网页信息的速度。网站所有者的信息更新意识与努力愈强,则网站的互动性愈强。

Paul(2001)指出,尽管互联网作为新兴的媒介为用户快速获取信息提供了便利,但至于这种便利能否实现还得取决于网站的设计者和制作者。因此,与"用户所需付出之努力"相对,互联网互动性的第二个基本维度,即"制作者所需付出之努力",得以浮现出来。此维度关注网站制作者通过所付出的努力降低用户所付出的努力,从而提高网站的互动性。在检视灾难性新闻发布网站的互动性时,Paul(2001)采用了分别由 Heeter(1989)、Rafaeli(1988)、Massey & Levy(1998)等所构建的4个指标。这些指标分别如下。

(1) 信息使用监测。关注媒介系统对其用户使用的监测程度,譬如采纳网站计数器、网络调查等手段。这些手段的使用应有助于网站的设计者和制作者有意识地努力改善网站和网页的设计和制作。

（2）对用户的回应。如同人际传播过程中的双方对对方的积极回应一般，网站的设计者和制作者在网页上放置 E-mail，然后可对用户的电子邮件予以回复。这是网站的所有者对其用户所付出的努力。

（3）网站导航设计。为降低用户在网站上搜索、阅读、发布信息多付出的努力，网站上的搜索引擎、菜单栏、网站地图等皆对此有所助益。

（4）信息更新意识。如同新闻网站一样，政府网站需不断更新网页上的信息，从而节省用户的时间和精力，使其获取最新信息和获得最大满足。网站所有者的信息更新意识愈强，则网站的互动性愈高。

当然，有必要指出的是，随着互联网功能的不断丰富多样，用户将在网上获得类型更多的服务。与此同时，表 1 中所列举的"变量"将会不断增多，而"变量之概念与操作定义"亦会发生相应改变。

四 政府网站"互动性"探讨的一个研究设计

上文通过对"互动性"研究的相关概念、理论与实证操作的归纳与综合，便可对政府网站的"互动性"作切实的评价。此处本文根据研究者长期以来的经验观察，并参照赛迪顾问股份有限公司中国信息化绩效评估中心（2006）所发布的《2005 年中国政府网站绩效评估报告（节选）》中提供的资料，对 2005 年政府网站绩效评价排名前 10（分别包括部委、省级、地级和县级）的政府门户网站进行详尽分析，为今后的同类研究提供一个可供借鉴和操作的研究设计，使其在本研究基础上做深入探讨。

（一）选样及分析单元

当前我国各类政府网站总数已超过 1 万个，故对政府网站"互动性"的分析，有必要选取其中有代表性的网站。具体而言，可选择不同行政级别的政府网站，如部委单位、省级、地级、县级等，也可分别在不同地区选择，还可选择经相关调查表明为建设较好的政府门户等。采用多阶段抽样、系统抽样或判断抽样的方法，颇为可行。这样选择的优点在于，可使所分析的网站数量较少，同时也可兼顾不同级别及所处不同地域的政府网站。在既有不少研究（如朱庆华等，2003；刘焕成等，2004；刘兴宇等，2004；张鹏刚等，2005；胡广伟等，2004；王雪华等，2006）中，此优势并未得到体现。

由于网站主页为用户提供了大量信息，且网页制作者为其内层网页提供了众多链接，用户往往根据对主页的印象来决定是否继续浏览和访问。由此，与Massey & Levy（1998）和Paul（2001）等人的研究类似，本文建议，分析单元的选取，可选择各政府门户网站的主页。研究所需采集的数据，可通过对所分析的政府网站的主页的各变量实施编码而获得。

（二）研究变量及测量

为在整体上衡量各政府网站的互动性，有必要建立"网站互动性总分值"（Website total interactivity score）这一指标。该分值由所考察的两个基本维度，即"用户所需付出之努力"和"制作者所需付出之努力"的各个次维度的具体分值加总而得来。根据前述将"互动性"概念化的功能性观点，对于"互动性"的两个基本维度，其各个指标的测量方法为所分析的网站上是否呈现了各次维度所表达的诸种表现网站互动性的技术特征，如表2所示。

表2 政府门户网站"互动性"概念的一个实证操作范例

维度	变量	测量方法
用户所需付出之努力	网站内容之多样性	政务公示、事件新闻、商业信息、生活资讯、娱乐信息、广告资讯、公共服务信息、民情舆论信息
	添加信息的便利性	电子公告牌、在线调查
	人际交流的便捷性	聊天室（网上论坛）、虚拟咨询
制作者所需付出之努力	信息使用监测	网站计数器（用户统计）
	对用户的回应	潜在回应（电子邮箱）、实际回应
	网站导航设计	搜索引擎、网站地图
	信息更新意识	更新日期、更新速度

具体而言，对"网站内容之多样性"，可考察网站上是否呈现了常见类型的信息，譬如政务公示、事件新闻、商业信息、生活资讯、娱乐信息、广告资

讯、公共服务信息、民情舆论信息等；对"添加信息的便利性"，可将其操作化为网站上电子公告牌、在线调查的有无；对"人际交流的便捷性"，考察网站上在线聊天室、虚拟咨询（在线咨询）的存在与否。

对"信息使用监测"，可将其操作化为网站访问计数，即用户统计的有无；至于"对用户的回应"，将其进一步细分为"回应用户的可能性"和"对用户的实际回应"，前者考察网站是否为用户提供了可回应的电子邮箱，后者则可通过向该网站发送一个标准化的电子邮件之后，该网站是否在特定时间内（如一周）回复了该邮件来进行考察；"网站导航设计"被操作化为网站地图和网站搜索引擎的有无；"信息更新意识"被操作化为网站是否在页面清晰标注了页面的最近更新日期，以及实际更新速度的快慢。

上述各变量的具体测量，可能包括一个或多个二分的次级变量，譬如"人际交流的便捷性"，考察网站上在线聊天室与虚拟咨询的存在与否，而"网站内容之多样性"则关注到8个次级变量。最终每个次级变量的属性皆仅为"0"和"1"两种，但若我们规定每个变量的最大值为1，则各变量的测量结果可能以小数形式体现。譬如，某一政府网站的主页上有网站搜索引擎（1），但没有网站地图（0），那么该网站在"网站导航设计"这一变量上的测量结果为0.50（1/2）；再如，某政府网站除了民情舆论信息（0）之外其他内容皆有，其"网站内容之多样性"这一变量的测量值为0.875（7/8）；若某网站没有用户统计信息，则"信息使用监测"的测量值为0。

将以上所有变量的测量结果加总即为"网站互动性总分值"，其最大值可能为7。测量的信度可采用下文所述方法操作。至于测量的效度，可根据"单项与总和相关效度分析"，来判断各个变量与次级变量是否对"网站互动性总分值"有足够贡献。一般来说，单项测量与总和分值的相关系数愈大、显著程度越高，其测量的内容效度也越高。原则上，弱相关（$r < 0.30$）应不能在可接受的范围内。

（三）编码及数据分析

作为内容分析，对政府门户网站主页的探讨需采纳系统、严格的编码程序。在正式编码实施之前，研究者应与所有编码者做良好沟通，并以编码操作指南为基础对编码者予以多次培训。在预研究的结果较为理想的情形下方可启动正式编码程序。编码完成之后,为确保编码的准确性,有必要对所有变量编码的信度予以检验。为此,可引入独立编码者(independent coder),以Krippendorf a值检验编码者间的相互同意度(Wimmer & Dominick,2003)。如编码员间信度值(inter-coder reliability)的一致性达到 0.75,甚至 0.80 及以上,则基本可被接受。如在这一阈值之下,应有必要考虑更换编码者重复编码过程。最终所得数据的分析和整理,可采用 SPSS for Windows、SAS 等相关统计软件进行。

编码的具体实施时间可选择在某年某一具体月份,尽管这相当于一个具体的静态时点,但并不会对最终结论有太大影响。因为既有研究(Li,1998)已表明,在美国即使是全国性大报,其网站的外在形态亦不随时间而有较大改变,故即使在不同时点上的研究,亦能产生信度较高的结果。同时,Li(1998)的研究还揭示,对报纸网站的研究,即使抽取数量较少的网站,也对最终结果影响不大。由此我们有较为充足的信心认为,对政府网站的研究也可遵循类似规则,研究的结论应可确保相当的科学性。

五 结语

近 10 多年来,政府门户网站在世界各国飞速发展,我国亦不例外。当前,学术界对政府网站的探讨,大多囿于电子政务、信息化建设等领域,而鲜有以传播学、心理学、社会学等学科视角切入。本文试图以传播研究领域"互动性"理论检视当前我国政府网站之发展现状,为考察其互动程度提供一个可操作化的设计架构。在这一基础上,还可探讨政府网站的互动性与政府行政级别、地区经济水平、政府办事效率、部门领导方式等变量间的关系,并预测其发展趋势,从实践上为我国各级政府网站的建设提供具有可操作性的建议。

"互动性"作为互联网上最显著的传播机制,尽管被业内外人士频频提及,亦得到相当程度之认可,但其本身作为一个结构相对疏松的概念,理应受到研究者更多关注,尤其应注意对其予以操作化和理论探索层面的分析。本文的理论意义在于,研究者努力尝试构建科学合理的、适用于分析政府网站

"互动性"的概念结构和操作化定义,以推进人们关于互联网"互动性"传播机制的进一步认知和理解。

参考文献

[1] 胡广伟、仲伟俊、梅姝娥:《我国政府网站建设现状研究》,《情报学报》2004年第5期。
[2] 李靖华、廖煊长:《浙江政府网站评测分析》,《科学学研究》2005年第2期。
[3] 刘焕成、燕惠兰:《我国省级政府网站建设现状分析》,《情报科学》2004年第2期。
[4] 刘兴宇、王彤:《政府网站综合评价方法》,《情报科学》2004年第1期。
[5] 陆敬筠、仲伟俊、梅姝娥:《中国政府网站功能建设现状的实证分析》,《科学学与技术管理》2004年第10期。
[6] 张鹏刚、胡平:《西部地区政府网站建设水平分析》,《情报科学》2005年第9期。

我国当前传媒与公共领域问题研究现状与反思[*]

"公共领域"是德国学者哈贝马斯1961年出版的《公共领域的结构转型》一书的核心概念。由于各种原因,直到该书出版30年之后的20世纪90年代,汉语学界才开始对它进行系统研究。今天,对于"公共领域"的研究已经跨越了学科界限,"公共领域"成为包括哲学、历史学、社会学、教育学、法学、政治学等多门学科的共同关注对象。其中,新闻传播学者从特定的研究视角出发,主要关注传媒在"公共领域"中的作用以及构建中国传媒公共领域的前景、路径选择等问题,形成了一定的研究规模,并取得了一定的成果,但同时也存在一些偏差。

一 学界主要关注的几个基本问题

1. 对传媒在公共领域中作用的分析

展江是汉语学界较早关注传媒在公共领域中的作用这一问题的传播学者之一。在《哈贝马斯的"公共领域"理论与传媒》一文中,他首先梳理了哈贝马斯在《公共领域的结构转型》中有关传媒与公共领域问题的相关论述,发现在哈贝马斯那里,正是传媒功能的弱化导致了资产阶级公共领域的结构转型。反观中国实际,他指出,在大力发展社会主义民主和法制,推进市场经济发展的情境下,公共领域作为一个有待实现的目标,是很有研究和借鉴意义的。① 有学者则

---

* 发表于《西南交通大学学报》(社会科学版)2007年第8卷第6期(2007年12月)。本文第一作者是博士生余建清。

① 展江:《哈贝马斯的"公共领域"理论与传媒》,《中国青年政治学院学报》2002年第2期,第123~128页。

看到了现代大众传媒在调节国家发展、社会公共生活和公民个人利益方面所起的重要作用,认为大众传媒在公共领域可以形成一种独立的力量,促成政府、社会、公民三者间的互动。① 还有的学者从微观层面上,把传媒在构建公共领域中的具体作用概括为四个方面:意见整合的平台、政治社会化的途径、民主进程的加速器以及传播本义的复归。他指出,大众传媒本是社会走向开放与民主的象征,但是,它从产生的那一天起就开始了异化的过程。传媒的民主功能下降,报纸乃至电视日趋为意识形态所操纵,为统治者利益所控制。重构新闻媒体的公共领域,就是使大众传播向更符合理性的原初的人际传播复归,完成从"大众"向"分众""小众",从"广播"到"窄播"的过渡。这是一种更高意义上的回归。②

中国学者在梳理、肯定哈贝马斯相关论述的时候,也对其部分观点、判断提出了批评和修正。例如,在哈贝马斯看来,公共领域政治功能得以发挥的一个重要前提是传播媒介不受任何利益集团限制而保持其中立性,但是,随着商业组织在大众传播领域的迅速增长,它的性质发生了根本改变:一度是理性辩论、批判特权的论坛成为另一个文化消费的领域,传媒功能的弱化是资产阶级公共领域的结构转型的诱因之一。对此,有的学者指出,哈贝马斯的悲观论断显然低估了受众使用传媒时的批判能力,从而一味把受众看成媒介产品的被动的、消极的消费者,这就很可能"犯了内在主义的错误……它也夸大了大众的被动性以及他们受制于媒体信息消费的程度",而实际上,在面对媒体暴力时,"受众已经具有了警觉或相当的免疫力"③。与此同时,有学者结合新闻事业史的分析,肯定了哈贝马斯在对大众传媒与公共领域关系的论述中所揭示的媒介在资产阶级公共领域发生、发展中扮演的角色,即从作为载体到成为破坏者和操纵工具这一判断。但同时,这位学者也尖锐地批评说,哈贝马斯怀着一种对"18世纪资产阶级政党报刊含情脉脉的留恋",只看到了问题的一个方

---

① 任金州、卞清:《增强公共性和服务性进一步开放"公共话语空间"》,《现代传播》2006年第1期,第44~47页。
② 许剑:《新闻媒体与我国当前公共领域的构建》,《新闻大学》2003(春),第34~38页。
③ 陈丽平:《"公共领域"在传媒时代存在的可能性》,《当代传播》2006年第4期,第34~37页。

面,而他简单否定大众传媒商业化的观点是不恰当的,其实,大众传媒商业化的产生在新闻史上是一个巨大的进步。另外,在哈贝马斯看来,资产阶级公共领域的公众是有批判意识的私人,而大众传媒商业化却使具有批判意识的公众为文化消费的大众所代替。从传播学的角度看,他的这种观点显然夸大了传媒的作用,不自觉地站在媒介中心论的立场上了。[1]

公共舆论是公共领域的核心,其形成、发展与传媒有着重要关系。对此,学者们也给予了一定关注。《大众文化与传媒》一书的著者认为,在公共领域里,市民社会通过公共媒介形成独立的公共舆论。在现代社会中,这种公共媒介主要是报刊、广播和电视等新闻媒体。[2] 公共空间的建立旨在确保公民的民主权利,但是,一个社会要想正常地运行没有舆论监督是不行的。"现代社会的舆论监督主要是通过大众传媒这个渠道来进行的,尽管目前网络和其他通信工具在传播信息方面非常快捷,从传播的效果来看,大众传媒扮演着举足轻重的角色。"[3] 陈力丹先生分析了我国当前舆论监督的现状、性质和所面临的问题。他指出,当下我国的"舆论监督"通常是"媒介监督",而这种媒介监督常常徘徊在公共领域和利益领域之间,在缺少有效监管和惩处的条件下,媒介监督可能成为一种新的话语霸权。[4]

2. 对构建中国传媒公共领域前景的探讨

如果说前面的探讨还主要着眼于理论层次,特别是着重于对哈贝马斯理论进行梳理的话,那么以下的研究则回到了现实的实践层面。在中国当下特殊的历史和现实条件下,能否通过大众传媒来构建中国自己的公共领域,这成为学界探讨的热点问题。也就是在这个问题上,学者们展开了激烈的争论,形成了不同的观点。

其中一种观点看到了"第四媒体"——网络的巨大优势,认为网络是中

---

[1] 刘晓红:《重新理解哈贝马斯对大众传媒与公共领域关系的论述》,《现代传播》2002年第5期,第28~30页。
[2] 陆扬、王毅:《大众文化与传媒》,上海三联书店,2000,第97~103页。
[3] 汪振军:《公共领域、舆论监督与公共知识分子》,《广西社会科学》2004年第7期,第28~30页。
[4] 陈力丹:《论我国舆论监督的性质和存在的问题》,《郑州大学学报》(哲学社会科学版)2003年第4期,第7~10页。

国当下建构公共领域的希望与契机。他们探讨的问题主要集中在网络媒体的特点、运行机制、作用、优势等方面，并出现了一批论文。例如，有学者从哈贝马斯的分析中看到，理想状态的公共领域的特征是机会均等、平等参与和自由讨论，而网络传播的出现无疑为公众舆论提供了新的拓展平台。因为网络中的参与讨论者是"公众"而不是大众，网络具有匿名性、自主性、参与性的特征，从客观上来说，网络具备公共领域最核心的因素——公共性。① 有的学者把网络的特点概括为平等、开放、理性批判、服务（而不是管理）四个方面，认为正是有了这些特点，BBS成了信息时代最有前景的公共领域。② 另外有学者分析了网络的运行机制，认为Internet的网络化模式打破了以往受制于社会阶级和地理区域的人际交往模式，而创造出了全新的人际交往空间和人际关系模式，对现实的公共领域具有解构作用，并构建新的虚拟公共领域。③ 还有的学者将网络媒体与传统媒体进行比较，认为两者的关键区别可以概括为"信源的扩张"，其中信源是指"参与主体"，扩张是指"参与程度"。网络的特点使得其受众作为传播信源既在总体数量上，又在参与深度上得以扩张。④

其他学者从个案研究的角度对以上这些观点给予了佐证。有学者敏锐地捕捉到了现实中一个悖论——一方面是传媒法律意识日益增强，另一方面是司法与传媒间的冲突日渐激烈。他们通过对"刘涌案"的重新解读，剖析出这种悖论产生的原因：大众传媒越来越多地承担了表达民意的责任，在公民权利对抗国家权力之情境下，不断尽自身所能，扩大在中国社会逐渐艰难生长起来的"公共领域"。⑤ 唐大勇、施喆则从虚拟社群的观点分析人民网"强国论坛"BBS版关于"中美撞击事件"的讨论过程，认为"强国论坛"提供了公共参与的可能性，在"中美撞击事件"讨论中存在虚拟社群。在虚拟社

---

① 何盈：《互联网，作为公共领域勃兴的契机》，http：// academic. mediachina. net/academic_ xsjd_ view. jsp? id =991。
② 陈洁：《BBS：中国公共领域的曙光》，《中国青年研究》1999年第5期，第52～54页。
③ 苏晋京：《网络革命与中国公共领域的发育》，《重庆社会科学》2002年第3期，第54～56页。
④ 郑达威：《信源扩张与网络公共领域现状》，《当代传播》2005年第3期，第52～54页。
⑤ 周海燕：《重读刘涌案：公共领域视野中的司法与传媒之争》，《新闻大学》2006（冬），第73～79页。

群中，传播的交互性得到充分的实现。因此，虚拟社群具有拓展网络公共领域的意义。① 更有论者甚至提出，"强国论坛"已不只是虚拟的网络社区，而已经具有现实的公共领域的特征，可监督国家权力并影响国家的公共政策，是"一个公共权力的批判领域"。他进而分析说，在互联网时代"强国论坛"从 8 个方面重构了公共领域：①强国论坛具有公共领域特征。在强国论坛，网民可以自由、公开和理性地讨论普遍利益问题；经过讨论形成公共意见，促进公共权力的合理化。②公共领域前提的重构。③公共领域媒介的重构。④自由、公开和理性讨论机制的重构。⑤讨论主体异质性的重构。⑥自由讨论方式的重构。⑦辩论共识的重构。⑧公共领域功能的转型。②

即便如此，这些乐观的论点还是遭到了"悲观派"学者们的激烈批评。有学者通过对哈贝马斯《公共领域的结构转型》的重新解读，认为哈贝马斯公共领域落实到传媒研究领域，归根结底就是要探讨传媒的管理体制问题。而反观中国的实际，根据中国的新闻体制和新闻事业的特点，基于传媒管理体制的现实，他们得出判断：传媒公共领域很长时间内无法存在。传媒给受众提供表达的空间被监控在有限的范围之内，传媒公共领域的产生缺乏基本的制度土壤。他们还对乐观的学者把构建中国传媒公共领域的希望寄予网络媒体的观点进行了批评，认为"中国的网络媒体无论从宏观的体制上看，还是从微观的操作层面看，都与传统媒体没有本质的区别"③。与此同时，学者们还尖锐地指出，网络的匿名性特点，可能导致人们言论和决策的草率和粗疏，网络上的讨论完全可能是非理性的情感宣泄；而网络世界并不如一般想象，完全是自由而无拘束的匿名环境，通过技术手段，许多原先被认为匿名的个人资料，其实是很容易被暴露出来的。更为严重的是，网络"选择性愈大，同构性也就愈大，不同意见与立场上的冲突也就愈来愈少，与其受到怀疑与批评，网友宁可选择与自己态度、立场相符的场域表达意见，在认同感中肯定自己的价值"。

---

① 唐大勇、施喆：《虚拟社群抑或公共领域》，见邓炘炘《网络传播与新闻媒体》，北京广播学院出版社，2001，第 393～411 页。
② 王君平：《虚拟的网络社区现实的公共领域》，《中国社会科学院研究生院学报》2004 年第 6 期，第 68～74 页。
③ 张志安：《传媒与公共领域——读哈贝马斯〈公共领域的结构转型〉随感》，http：//www.blogchina.com/new/display/121.html。

在网络空间日渐扩张之际,言论与自由却愈益封囿在特定的虚拟社区之中,形成一个没有交集与对话的孤岛。① 此外,有学者还批判了部分乐观派学者所持有的技术主义的立场。他们指出,传媒不能决定公共领域发展的进程。公共领域的形成需要媒体的发展作为条件,而且这是一个必要条件;但是具备了媒介条件之后,还需要政治、经济等一系列的条件。同时,真正决定社会发展进程的不是媒体本身,而是控制媒体的人们。媒体是中性的事物,只是充当传递信息的渠道,不会产生自己的意见,使用媒体的人和掌握媒体的人才真正决定着媒体的发展方向。所以,网络媒体不是公共领域的"救世主"。②

针对"甚嚣尘上"的质疑之声和悲观论调,乐观派学者们给予了坚决的回击与有力的反驳。《大众传媒与公众身份的建构》一文的作者从哈贝马斯的分析中看到了现代社会中被大众传媒影响和统领的公共领域,在结构不断转型的过程中让自身融入国家与社会一体化的进程,已经丧失其中立性原则,成为一个权力的综合体的特点。据此,他批评了那种仅从传媒体制就断定中国传媒公共领域不存在的观点,认为"在中国,大众传媒的公共领域是一个经验的事实,而不是概念的判断和推理"。他进一步分析说,权力综合体的性质、话语空间和交流平台的性质、中介者的性质,所有这一切都在表明大众传媒正是以公共领域的形式而成为社会组织的一个部分的。"中国的大众传媒作为一个公共领域,不是因为它体现着自由主义民主的中立原则,而是因为它体现出权力综合体的性质。"③相比之下,另外一些学者则谨慎得多,他们在承认构建传媒公共领域可能性的前提下小心翼翼地分析了其现状与特点。彭兰通过个案研究认为,从理论上看,"强国论坛"也许拥有了成为公共领域的一些基本条件;但在实践上会出现很多干扰性的因素,也缺乏将理想变成现实的成熟气候。因此,"强国论坛"可以被称作是一种公共话语空间,而不是一种理想的公共领域。④ 有学者

---

① 翟本瑞:《网际网络能否成为公共领域?》,http://academic.mediachina.net/academic_xsjd_view.jsp?id=1563。
② 齐立强:《新媒体条件下公共领域在中国的前景》,《湖南大众传媒职业技术学院学报》2005年第3期,第24~27页。
③ 颜纯钧:《大众传媒与公众身份的建构》,《现代传播》2004年第5期,第23~28页。
④ 彭兰:《强国论坛的多重启示》,见官建文《关注中国,纵论天下:强国论坛这五年》,北京出版社,2004,第137~152页。

则通过对 BBS 和博客的考察，总结出当前我国网络公共领域的现状：①网络公共领域内的参与主体已经初步具备了哈贝马斯定义下的私人属性；②未来参与到网络公共领域内的私人将在数量上和质量上有较大提高；③网民在网上讨论非政治性内容的参与程度要高于政治性内容的参与程度；④信源的继续扩张可能会促使我国的公共权力机关继续采取自上而下的政治体制改革。龚浩群在分析了"9·11"事件在中国所引发的媒介事件后，指出中国的公共领域还处于离散状态，未能形成有效的对话平台，要改变这种状况，需要来自国家和社会的双重努力。①

3. 构建中国传媒公共领域路径选择的探讨

就在以上两派学者争论不休的时候，另外一些学者则采取了更加务实的做法，他们围绕如何构建中国传媒公共领域的问题进行了有益的探讨。在哈贝马斯的"公共领域"概念中，时事性杂志具有最重要的地位，它提供给读者的是可咀嚼回味的东西，可激发其想象力和反思能力的东西，可引导他们追求理想的东西。杂志也不像报纸那样具有强烈的地方色彩并以一国的国民为其"向导"的对象。展江敏锐地看到了这一点，他认为相对于报纸、广播和电视，时事性杂志最具"公共论坛"职能，它们对受众和社会具有强大的影响力。然而令人遗憾的是，相对于报纸、广播和电视而言，中国内地的时事性杂志尚处在很低的发展水平上，不但种类少，而且很少具有全国性的影响力。他进而指出，在中国这样一个正处于社会转型期的人口大国，非常需要涌现一批充当公共论坛、可对社会问题做出深刻分析解释的时事性杂志。② 有的学者则把目光投向了公共电视以及电视新闻改革。公共电视是独立于国家和利益集团之外、为公众服务的电视媒体。在某些国家体制下又叫公共服务电视，它是为了公共利益而提供电视服务的一种电视服务类型，因此，"公共电视是现代传媒条件下建构公共领域的一种理想选择"。他们分析说，公共电视和公共领域在"公共"的外延上是重合的，都是普通大众的话语空间，但是在内涵上各有侧重，公共领域的"公共"侧重的是其批判属性，公共电视的"公共"侧

---

① 龚浩群：《公共领域的双重要求》，见陶东风《文化研究》（第 4 辑），中央编译出版社，2003，第 120~128 页。
② 展江：《传媒评论的范围与任务》，《当代传播》1998 年第 4 期，第 26~29 页。

重的是其服务属性。公共领域是公共电视服务的对象，公共电视从体制和机制上能够较为有效地避免自身受到权力和市场的伤害，是建构公共领域的有效载体。① 有学者从十六届五中全会所提出的"覆盖全社会的比较完备的公共文化服务体系"的要求中，剖析出"公共"和"服务"两个关键词，认为它们在传播理念上体现了大众传媒"公共领域"的两大特点，也是我们当前的电视新闻改革的关键词。他们指出，在我国当前的电视新闻改革中，需要准确把握"公共性"在中国电视新闻媒介公共领域构建中的含义，增强"公共性"对中国电视新闻媒介的要求。同时电视新闻媒体要树立"服务性媒体"观，进一步开放并发挥"公共话语空间"的作用，增强电视新闻舆论监督的力量和力度。在全球化进程中，一方面全球媒体逐步形成，另一方面形形色色的小众传播与小众传媒也正悄然崛起。有学者立足于这样的背景，从在当下中国蓬勃兴起的大众影像运动看到了构建公共领域的希望。在他们看来，一个以影像社区为标志的大众影像的生产和传播，正在构建一个崭新的公共领域。据他们分析，影像社区，主要指以影像为媒介，通过影像的生产、传播而形成一个交流互动的小众化空间。其中的影像作品以其独特的视角、深刻的思考，在一定程度上改善了大众传播中真相信息匮乏的状况，增进了对特定人群生存状态的了解并进而引发人们的思索。影像社区可以被当作公共领域建设的新模态。②

除了传统媒体，新媒体也成为一些学者关注的对象。如前所述，有学者把网络 BBS 看成公共领域建构的途径。在此之外，有的学者还分析了近年来日益兴盛的博客现象。他们通过对"两会"博客与其他博客的比较，指出"两会"博客使公众真正参与到政治的民主化进程中，博客成为公众的武器，人们拿起它来表达政治见解，参与政治生活，对国家和民族的政策走向发出自己的声音，对民意和政治诉求提出自己的看法。它还可能制约权力腐败，影响政府的决策。"两会"博客把精英与草根的对抗转为合作，在一定程度上影响着国家和民族的政治进程。"两会博客称得上是现代技术和民主政治的结合，是目前公共领域最典型的机制。"③

---

① 石长顺、向培凤：《公共电视与公共领域的建构》，《现代传播》2006 年第 5 期，第 118~120 页。
② 韩鸿：《影像社区、公共领域与民主参与》，《新闻大学》2005（秋），第 74~80 页。
③ 蒋艳芳：《两会博客与公共领域的建构》，《青年记者》2006 年第 10 期，第 63~64 页。

二 当前研究中存在的偏差

传媒与公共领域问题的研究在我国传播学界一度达到"热"的程度。我们看到,在这些研究中,既有审慎的理论探讨,也有严密的实证研究;既有对相关理论的系统梳理,更有对中国现实的强烈关注。就取得的成果来看,既有近年来在各类期刊上发表的学术论文,也有各种学术专著、学位论文中的专章讨论;就参与讨论的群体而言,既有高等学校、科研院所的教授、研究员,更有身份普通的硕士生、博士生,甚至还有新闻传媒业务界的一线人士,可以说已经形成了一定的研究规模。但是,这些丝毫不能遮蔽学术界当前研究中存在的问题和偏差。笔者认为,要想进一步推动相关研究,正视这些问题是必需的。

1. 西方中心主义

在已有的研究中,由于部分学者在潜意识中认为中国的近代化就是弱势文化吸纳强势文化并最终被其置换的过程,在前提预设中埋下了西方中心主义的逻辑,即把源自西方的市民社会发展观的实然视为中国近代化道路的应然。这就直接导致了分析手法上的概念套用,即用从西方近代史经验中抽象出来的理念去理解中国的现实,尽力在中国的历史中寻找可以比附西方历史的相似因素。其极端化的结果无非是,要么歪曲中国历史,要么歪曲西式概念。这可以说是汉语学界在公共领域问题研究中存在的"通病"。在传播学的研究中,西方中心主义表现为机械地照搬哈贝马斯资产阶级自由主义公共领域的模式,要么抽取哈贝马斯对于私人组成公众所需要的双重角色的分析,直接从财产和受教育程度来考察我国网络受众作为进入网络公共空间的单个私人主体的社会属性;要么挪用国家和市民社会对立的观念,从传媒管理体制的角度考察建构中国传媒公共领域的可能性。这些论点往往迷失于哈贝马斯对于自由主义公共领域所做的具体描述,而忘记了中国特殊的历史和现实条件。

2. 技术主义

技术主义的倾向使得部分学者为新技术的诞生大声喝彩,让他们在希望的曙光中陷入虚幻的技术乌托邦和对未来前景的盲目乐观之中。在研究中,他们或者为以模拟式电子传播的产生为标志的信息科技革命而喜悦,或者为网络技术的平等、开放而兴奋,或者为网络讨论参与主体的匿名、自主而高兴。这些乐观的观点背后透露出浓厚的夸大新技术好处的色彩。对此,林恩·怀特用一个比喻来批评说:"随着我们对技术史的了解日益增加,我们很清楚,新设备仅仅是为人类打开一扇门,它不会强迫人类走进去。接受还是拒绝一项发明,或者若是接受了,它的含义究竟能实现到什么程度,这些都依赖于当时的社会状况、它的领袖有没有想象力,同时也要看到技术项目本身的性质。"①

3. 媒介中心主义

相较之下,媒介中心主义的论调则带有夸大传媒在公共领域中作用的嫌疑。诚如部分学者所论,中国的大众传媒体现出权力综合体的性质——处于政府与市场的双重张力之中,包含着与公共权力机关、商业资本、社会公众的权力关系。正因为如此,传媒自身还呈现为话语空间和交流平台以及中介者的角色,通过传播过程把自己的受众建构为真正的公众;而建构的方式就是话语的形式——大众传媒通过编码和译码来把受众引入公共领域,受众在对意义的消费中去获取自己的公众身份。大众传媒作为社会的公共领域并不是天生的,而是不断建构的;大众传媒在建构公众的同时,也把自身建构成为公共领域。公共领域的构建似乎只要大众传媒转换功能和结构就能完成。事情果真如此简单吗?姑且不论大众传媒是否真的有能力把受众构建成公众,单单考虑一下在商业逻辑影响下的传媒果真有这样"高觉悟"地把受众建构成公众而不是消费者这一点,就会让我们为传媒的实际功能捏一把汗。另外,现代社会中传媒成为人们了解外部世界的中介者这点不假,但是具有批判意识和批判要求的公众真的能通过传媒建构起来吗?须知传媒的编码只是问题的一个方面,而最重要的还是在于大众如何解码。媒介中心论表现出强烈的理想色彩,在肯定传媒在公共领域中的作用的同时又把这种作用放大了,从这层意义上说,技术主义也有相同的误区。需要指出的是,无论是在哈贝马斯的自由主义公共领域模式

---

① White, Lynn, Jr., *Medieval Technology and Social Change*, London: Clarendon Press, 1962, p. 28.

里，还是在构建中国传媒公共领域的实践中，传媒仅仅是其中的一个部分，它的作用决不能代替或者掩盖其他机制的光芒。

4. 简单化和狭隘化

以上理解上的偏差最终导致了研究中的简单化和狭隘化倾向。"公共领域"本来是内涵丰富的概念，但是汉语学界的传播学者们在运用时常常简化其内涵，将其定义为公共讨论或者提供信息的平台，往往忽视了其历史语境和政治动机，特别是蕴涵于其中的丰富的政治批判意识和批判内涵，对中国现实问题视而不见，缺少有力的批判。能否构建以及如何构建具有批判内涵的公共领域现在尚无定论，但是可以肯定的一点是，失去了批判意识和批判内涵的公共领域既不是学者们心目中的理想的公共领域，也不是处于社会转型期的中国所需要的那种公共领域。

中国公共新闻活动的实践辨析*

公共新闻运动（public journalism 或 civic journalism）是 20 世纪 80 年代末期至 21 世纪初在美国兴起的一场新闻改革运动和政治民主运动。它是一种新闻思想、新闻方法和新闻实践的综合体。美国公共新闻运动的创始人是纽约大学的教授杰伊·罗森和记者梅里特。他们认为：公共新闻的概念起始于对新闻与民主处于危机中的共识。作为对新闻大众哲学进行反思的严肃力量，公共新闻证明了在新闻机构内部存在某种带来活力和具备更新能力的力量。[①]

公共新闻目前尚缺乏一个公认的概念。对此，公共新闻的倡导者认为：对于一个正在兴起的新闻样式，过早地确定其概念无益于其进一步的发展。[②]

尽管如此，杰伊·罗森仍然为公共新闻设定了一个大致的框架：公共新闻学是新闻行业每天都要经历的日常之事而不是偶尔为之的，它要求从业记者：①将人民看作是公民、公共事务的潜在参与者，而非受害者或旁观者；②帮助政治团体解决其出现的问题，而不是仅仅告诉他们问题是什么；③改善公共讨论的氛围，而不是坐视它的恶化；④在我们的关注下，使公共生活变得更好，实现公共生活的目标。如果记者能够找到某种方式来实现上述目的，他们便能及时地恢复公众对于媒体的信心，使日益离散的受众回归媒介，重新树立一种理念，以一种更加坚定的方式来捍卫美国民主，而民主是新闻媒介享受新闻特权和新闻保护的根本所在。[③]

作为一场新闻改革运动，公共新闻运动的发轫一方面是美国国内公共生活

---

* 发表于《当代传播》2008 年第 6 期。本文第二作者是博士生屠晶靓。
① 罗伯特·哈克特著《维系民主？西方政治与新闻客观性》，赵月枝译，清华大学出版社，2005，第 165 页。
② Jay Rosen, "The Action of The Idea: Public Journalism in Built Form," in Theodore L. Glasser (ed.), The Idea of Public Journalism, NY: The Guilford Press, 1999, p. 22、p. 28.
③ Jay Rosen, "The Action of The Idea Public Journalism in Built Form," in Theodore L. Glasser (ed.), The Idea of Public Journalism, NY: The Guilford Press, 1999, p. 22、p. 28.

的危机已经严重影响到民主生活和媒介生态；另一方面，媒介生存特别是中小城市的报纸生存面临严峻的现实经济压力。1993 年，PEW 公共新闻中心建立并筹办了一系列的研讨会；同时，美国各地的新闻界都开展了规模浩大的公共新闻运动，随后公共新闻运动扩散到世界上的许多国家。在中国，新闻界和学术界也开展了对于公共新闻的探索活动。2004 年，蔡雯教授在《国际新闻界》上刊登了一篇介绍美国公共新闻运动的文章，这可以被看作是中国对公共新闻运动的最早介绍。2004 年《南方周末》刊登《从民生新闻到公共新闻》的文章，认为电视节目"1860 新闻眼"正在实践着"从民生新闻到公共新闻"的转向。文章列举了"1860 新闻眼"几次公共新闻的实践活动，如"马能不能上马路？""江苏省公推公选直播""看病例行体检该由谁埋单？""南京公用事业，还有多少价要涨？""国庆长假要不要提前放？"等。"越来越多的公共话题出现在'1860 新闻眼'，参与的市民越来越多，很多话题都被政府列入改革议事日程。"① 2004 年 7 月一篇题为《"南京零距离"对公众话语空间的建构》的文章，也把"南京零距离"同美国的公共新闻运动联系起来，认为"'南京零距离'的公民新闻意义主要体现为自上而下的公共意识正在转化为自下而上的公众话语"②。南京大学教授潘知常撰文《公共新闻：中国电视的第二次革命》。这些文章大都认为中国已经开始了公共新闻的实践活动，公共新闻超越了前一阶段盛行的民生新闻而成为目前国内媒体（尤其是省级卫星电视）新闻改革的重要出路。

一 公共新闻与民生新闻之辨

民生新闻目前也缺乏一个完整的定义。电视民生新闻是 2002 年前后中国省市级卫星台创办的一系列关注普通市民生活状态的电视新闻栏目，它的初始实践者和探索者是江苏卫视的"南京零距离"。因其平民化的视角、娓娓道来的叙事方式受到市民的欢迎，随后电视民生新闻迅速在国内省市级卫星台推广。

---

① http：//www.southcn.com/weekend/culture/200411040026.htm.
② http：//chinese.mediachina.net/index_news_view.jsp？id＝70825.

电视民生新闻实质上是 20 世纪 90 年代中期激烈的都市报竞争在电视媒体上的投影。其所倡导的民生新闻从内容上是更富有互动性（如开通短信平台、鼓励受众参与、提供参与礼品、抽奖，重奖新闻爆料人等）的社会新闻。

中国的都市报、电视民生新闻同美国大众化报业勃兴的背景相似：美国现有的传播机构长期忽视大批民众，最终总会有人设计出新的机构来满足这一需求。① 都市报是在原有传统媒体长期忽视普通民众的话语表达，同时媒体在改革中面临的经济压力增加的背景下诞生的。电视民生新闻的诞生也是因为省市级电视新闻媒体受到来自多方面的生存压力：中央级权威新闻媒体对于新闻资源的垄断，如垄断了重大新闻的采访权、信息发布权等；电视娱乐节目的挤压，即使在同一电视台内部，也存在娱乐节目和新闻栏目的激烈竞争，影响到新闻栏目的收视率；同城纸质新闻媒介对于电视观众资源的抢夺。这就必然要求省市级电视媒体对新闻节目进行改革。电视民生新闻以其声像同步、直观的特点，不同于都市报民生新闻，而且不同于过去电视新闻主要报道会议和领导活动，更多关注的是普通民众的社会生存环境。这就给新诞生的电视民生新闻节目一种新的身份认同。

电视民生新闻在诞生初期，同美国的大众化报纸以及早期的都市报一样，倾向于低俗的、能够迅速抢占大众化市场的报道内容，如凶杀、暴力、色情、耸人听闻的事实。因为当公众第一次接触到一家新的新闻机构时，常常喜欢煽情主义的东西，即为追求轰动而追求轰动。② 在煽情主义新闻的轰炸下，媒体发掘了大批被称为"平民"的读者，这就是民生新闻发展初期它的受众构成 80% 以上为文化程度偏低，收入不高，职业、年龄边缘化的城市中下层平民的原因。早期的"1860 新闻眼"就炮制了不少"骇人听闻"的新闻：百万元年薪招贤才、看电视送汽车、探秘明星私生活等。随着社会影响力的扩大，民生新闻开始吸引不同经济和社会地位的受众如社会中产阶级，于是，民生新闻又

---

① 〔美〕迈克尔·埃默里、埃德温·埃默里、南希·L. 罗伯茨著《美国新闻史：大众传播媒介解释史》，展江译，中国人民大学出版社，2004，第 125 页。

② 〔美〕迈克尔·埃默里、埃德温·埃默里、南希·L. 罗伯茨著《美国新闻史：大众传播媒介解释史》，展江译，中国人民大学出版社，2004，第 125 页。

开始酝酿有别于最初煽情主义新闻的内容改革，如关注社会公共事务，特别是关于政府公共部门的活动，并在这些社会公共事务的报道中，加入了一些受众互动与参与。这些新闻实践活动的进步，果真超越了民生新闻而迈向公共新闻了吗？

实际上，这些实践活动只是对第一阶段民生新闻过多关注社会新闻的一种修正。"民生"是一个具备丰富内涵的概念，孙中山先生在"新三民主义"中定义道："民生就是人民的生活——社会的生存，国民的生计，群众的生命"。他不仅把"民生"理解为人民的生活、群众的谋生之道和维持生命的手段，还把"民生"看作是社会存在和发展的起始点，是国家"建设之首要"，是"政治的中心""历史的重心""经济的重心和种种历史活动的中心"。民生主义的核心是"养民"，即以改善人民谋生之道为核心，力图使人民生活由低层次的"生存需要"向高层次的"安适需要"乃至"繁华需要"发展。所以，在孙中山那里，"民生"一词广泛地包括了牵涉民众生存与发展的各类问题。①

从上述阐释来看，民生新闻所涉及的报道内容是相当广泛的。因此，与其说"南京零距离""1860新闻眼"这类新闻栏目实现了对于民生新闻的超越，毋宁说是实现了对于民生新闻中某一类社会新闻的突破，而仍属民生新闻报道内容的范畴。

更何况，民生新闻与公共新闻也不是一个对立的概念。不存在一个从低级到高级的实现、过渡，乃至超越的逻辑推理；民生新闻不是公共新闻的初始阶段，而公共新闻也不是民生新闻的最终归宿；二者都有自身的适用范围和存在价值，不存在孰优孰劣、孰高孰低的二元对立。民生新闻关注的是普通大众的社会生存状态，更多体现的是普通民众的社会心理，这些是民众日常生活中最真实的状态，无论对国家、社会还是民众都极具意义，媒体在报道中体现的是一种深刻的人文关怀；公共新闻将人们看作是公民，强调媒体力量对于公共生活的介入和引导，塑造公民意识，协调公共生活，提高公众应对社会问题的行为能力，缓和矛盾，化解冲突。这也是媒体对于民众理性精神、民主意识的一

---

① 陈立生：《公共新闻：真的"超越"民生新闻了吗？》，《今传媒》2006年第10期。

种人文关怀。从这点来看，民生新闻与公共新闻不仅没有矛盾的地方，还存在某种精神的契合。

二 美国公共新闻运动与中国媒介生态的现实

公共新闻运动在美国轰轰烈烈地进行了十几年，据 PEW 公共新闻中心统计：从 1994 年到 2001 年，美国大约开展了 600 多次的公共新闻运动。① 公共新闻运动在美国不仅是单纯的媒介业务的改良，它更是一场媒介改革运动和政治民主运动。对于处于转型期的中国以及中国媒体实践，公共新闻的理念无疑是新鲜的、具有吸引力的，但是，美国公共新闻运动可以复制到中国的媒体生态环境中吗？

1. 萌芽状态的中国公民社会（也称市民社会）

公共新闻与公民社会密不可分，美国公共新闻诞生的政治基础就是在民主政治传统催生下形成的高度发达的公民社会。唯有成熟的公民社会才能产生公众，而公众是"公共新闻"的核心概念。②

现代意义上的公民社会起始于资产阶级民主革命。它的一个假设是：国家和社会不是同一个概念，而且二者在很多时候会发生冲突；国家代表的是社会精英阶层的利益，为了避免国家利用政治权力危害个人的利益，便强调在国家统治之外，需要一个独立的社会、一个独立的自主空间来维护个人的私利。托克维尔认为：公民社会和国家具有同等重要的地位。③

公民社会是一个漫长的发展过程，有赖于国家民主的制度性保障、社会民主政治环境的优化以及社会整体公民文化素质及公民意识的提升。英国的公民社会萌生于 12 世纪新兴资产阶级与国王之间的抗争；美国的公民社会从美国独立战争前已经开始酝酿，经过了 300 多年的历史才渐趋成熟。

公民社会需要具备两个最基本的要素：①成熟的市场经济体制。公民社

---

① See "community impact, journalism shifts cited in new civic journalism study", http://www.pewcenter.org/.
② 徐贲：《"公民新闻"和新闻的公共政治意义》，《中国传媒报告》2006 年第 2 期。
③ 托克维尔著《论美国的民主》，董果良译，商务印书馆，1988，第 97 页。

会与市场经济发展相一致,并且是在市场经济体制健全的前提下的产物。美国高度发达的市场经济运转和高度发达的公民社会本身就是契合并相互促进的。②公民社会是与有限政府相适应的公共治理主体。公民社会体现了社会相对于国家统治的自我治理,它的产生也是对政府作用边界的界定。①

这是公共新闻运动诞生于美国的制度性原因。因为具备了成熟的公民社会,所以当媒体发现公众日益丧失参与公共事物的兴趣时会感到恐慌不已;同时当媒体发现真正的公共生活正处于危机之中时会感到这会严重伤害美国的民主,因为公民社会直接对应的就是民主传统和民主追求。

而中国的公民社会在1978年中国实行了改革开放后才逐渐兴起。较之西方国家,中国的公民社会仍处于萌芽的状态:中国的公民社会是一种典型的政府主导型的公民社会,这不同于西方公民社会与国家分离、独自运行的状态。② 而这点与西方公民社会的初衷就是冲突的,公民社会虽然以国家的存在为基础,但公民社会并不包括国家;公民社会需要一套独特的政治制度,它要求限制国家(政府)的行为范围,要求国家受法律的约束,但同时又要求国家能够有效地实施保障公民社会多元性及其必要自由的法律。③

一方面,改革中的中国仍处于全能主义政府的转型过程中,有限政府的理念尚未确立。针对这个问题,葛兰西观察到:"在东方,国家就是一切,公民社会处于原始的、不成型的状态中;在西方,国家与公民社会之间有有序的关系,如果国家开始动摇,公民社会的牢固结构就会立刻表露出来。"④ 另一方面,中国的市场经济制度仍待健全。这些都是公民社会发展所不可缺少的基本要素。

因此,处于萌芽状态中的中国公民社会若想复制在发达的公民社会中萌生的公共新闻(而这种公共新闻学思想即使在美国也在很大程度上被视为一种

---

① 俞可平等:《中国公民社会的制度环境》,北京大学出版社,2006,第202~205、23页。
② 俞可平等:《中国公民社会的制度环境》,北京大学出版社,2006,第202~205、23页。
③ 邓正来、J. 亚历山大:《国家与市民社会:一种社会理论的研究路径》,上海人民出版社,2006,第56页。
④ 〔俄〕安德兰尼克·米格拉尼扬:《俄罗斯现代化与公民社会》,新华出版社,2003,第20页。

新闻理想而缺乏可以操作的模式）本身就带有很大的理想性成分。

这也是中国媒体进行的公共新闻活动陷入单纯的概念模仿和商业化追求的尴尬境地的原因。

2. 商业利益高于公众利益

美国公共新闻实践主要发生于读者范围相对固定并比较单一的中小城市的报纸，而中国的公共新闻活动却发生在省市级的电视媒体。分析这个不同有助于了解中国公共新闻活动萌生并发展的原因。

美国公共新闻运动的诞生一方面来自于媒体的社会责任感：记者愈演愈烈的道德败坏，大众对政治的犬儒主义态度以及公众所关注的事情与官方政治辩论之间的疏离，[①] 这些导致公众政治生活的危机，严重危害了美国的民主；另一方面伴随着众多新媒介的兴起，尤其是电视媒体的普及，据统计，美国人每天平均收看电视节目超过 7 小时，远远超过看报纸的时间。受众阅听习惯的改变威胁到报业的发展，中小城市的报业发展更是如履薄冰。

媒介的社会责任以及媒介面临的生存压力使媒介改革提上日程，这也是在美国热衷于公共新闻实践的往往是中小城市报纸的原因。而全国性的大媒体，如《华盛顿邮报》《纽约时报》《今日美国报》对此并不热心，仅仅认为这是一场致力于提高报纸发行量的争夺战。同样，电视媒体因为所面临的危机没有那么严重，所以对公共新闻的实践也不热心。

而中国的媒介生态环境是，除了中共中央党委机关报《人民日报》以及少数的专业报、行业报或团体报纸，如《经济日报》《工人日报》《解放军报》等，缺乏全国统一发行的日报；而且这些报纸的受众主要为党政机关、行政事业单位的公职人员，报纸虽参与市场竞争，但生存压力小于市场化运作的都市报。另外，异地办报仍在探索阶段，还存在一定的制度性壁垒，这些都为地方报纸的发展提供了较少竞争压力的外部环境。因此，相对于美国地方报业的生存状态，中国报业生存压力较小。同时，报纸从事公共新闻实践需要很高的成本投入，相对于其他媒体如电视、互联网，报纸与受众的互动性差、反

---

① 罗伯特·哈克特著《维系民主？西方政治与新闻客观性》，赵月枝译，清华大学出版社，2005，第 165 页。

馈慢，若进行公共新闻实践需要投入大量的人力、物力。综合对比各种因素，中国报纸缺乏进行公共新闻活动的现实动力。

相对于报纸，中国的电视媒体，尤其是省市级媒体更具备开展公共新闻活动的动力和条件：①大多数电视新闻节目观众收看不需付费，媒介收入多来自于广告。省市级电视媒体不仅面临中央级媒体、其他省市级卫星台的竞争，而且不存在类似报纸的地域壁垒，因此它的竞争压力要大于报纸媒体。②中国电视受众参与公共事务讨论的方式过于单一，使公共新闻流于形式或更多成为媒介赚取商业利益的手段。如"南京零距离"和"1860新闻眼"在有关公共事务的讨论中，受众参与的主要方式是短信互动和拨打热线电话，这些都是付费的参与方式。受众参与一方面有利于提升收视率、赚取人气，另一方面媒体还能与电信运营商合作获得可观的利益分成，在这里，受众参与的方式更多地沦为电信运营商与媒介合谋攫取利益的手段。另外，为了鼓励受众参与，媒介会提供丰厚的奖品，以随机抽选的方式对极少数幸运者进行奖励并以此刺激更多的受众，受众参与更多地带有博彩性质而丧失其主动自愿参与公共生活的高贵品质。在这些实践中，公共新闻更多地成为鼓励受众参与的噱头而脱离了提高公民参与公共事务的原初理想。

3. 公共议题可行性的困惑

关于公共新闻议题的争议也是困扰美国公共新闻运动的主要问题之一。公共新闻的批评者认为：公共新闻过高地估计了社区共识的可能性和可取性，因为它忽略了不同利益与立场之间的冲突程度。而公共新闻的赞同者却认为，最为有力的公共新闻都是围绕着那些有广泛共识的问题。绝大多数的人都会说，地区性犯罪、青少年暴力或儿童贫困是糟糕的事情，就业和社区经济发展是可取的。而要在一些富有争议的问题上取得共识并不容易。①

中国的公共新闻活动也陷入美国公共新闻运动的议题选择的尴尬境地。如"1860新闻眼"津津乐道的议题之一"马能不能上马路？"：某天正午时分，一个男人骑着枣红色的高头大马，在闹市的人行道上得意地溜达。在他身体一

---

① 罗伯特·哈克特著《维系民主·西方政治与新闻客观性》，赵月枝译，清华大学出版社，2005，第165页。

侧的铁栏杆外,是滚滚的车流。警察拦住他,告诉他不能在街上骑马。警察说,《道路交通安全法》规定马车不能上马路。男子振振有词:"可我这是马,它没拉车,你规定了马车不能,可没规定马也不能。"市容部门接到了举报,匆匆赶到现场,声称依照《城市市容和环境卫生管理条例》,"市区内不能养家畜"。骑者反驳:"它不是家畜,我也不让它干活,它是我的宠物。怕它随地大小便,我还给它屁股上戴上了兜兜。"① 针对这个事件,"1860新闻眼"的记者大做文章,采访了相关部门以及法律专家,并设置了一道议题:马究竟能不能上马路?1万多名受众参与了短信投票,其中63%认为不可以,37%认为可以。而这个话题本身就是一个"伪命题",容易陷入"白马非马论"的诡辩逻辑中。对于一个简单的社会新闻,媒体是否有必要将它上升到法律法规甚至是公共空间的高度?

三 结语

公共新闻运动在美国轰轰烈烈发展了几年,但在"9·11"事件之后,伴随着PEW公共新闻中心的关闭(2002年),公共新闻运动进入了蛰伏期。②

作为一场从发生到发展只有十几年的公共新闻运动,它还有太长的路需要探索。作为新闻改革和政治民主运动,无论是在理念还是在实践上,公共新闻运动都是新鲜而不够成熟的,即使是在高度信奉媒介"社会责任"的美国,公共新闻的很多理念也被认为是和商业化媒介运作、整体政治以及社会环境不适应,并且带有太多的理想性成分,缺乏实际操作的可行性。

作为一个正在发生、发展的新兴的新闻理念和新闻实践,正如它的创始人杰伊·罗森所说:"因为它(公共新闻)正在创建中,因此,我也不知道它(公共新闻)到底是什么。"③

---

① http://www.southcn.com/weekend/culture/200411040026.htm.
② 很多人认为,PEW公共新闻中心的关闭(2002年)可以被看作是公共新闻运动的衰落。但笔者个人认为,作为一种新闻思想必然有其符合社会普遍运动的发展规律,如果短暂的间歇被认为是衰落甚至消亡的话,未免是时过早,所以这段时间,在本文中被定为蛰伏期。
③ Jay Rosen, "The Action of The Idea Public Journalism in Built Form," in Theodore L. Glasser (ed.), *The Idea of Public Journalism*, NY: The Guilford Press, 1999, pp. 22, 28.

正因为如此，公共新闻也给不同国家对于公共新闻的实践留下很多想象和发展的空间。毕竟作为意识形态的新闻事业，脱离国家和制度语境的探索显然是不切实际的。

公共新闻最大的意义在于它提出了一种尊重公民权、致力于促进民主的新闻理念。它的目的在于试图打破媒介的话语霸权，让每个族群具有公平地表达、公平接近媒介的权利。

从这个意义来看，中国公共新闻活动的探索虽然不是美国意义的公共新闻，并且中国公共新闻实践更多地带有一厢情愿的含义，但是作为一种实践，中国的公共新闻活动的目的是促使更多的受众参与、进行社会动员、促进民主（虽然在主观上也有出于提高收视率的需求、媒介生存的需要，但没有人会反对媒介应当为自身的媒介利益服务），其结果是，都展开了公民讨论，都着重于公共事务的报道，鼓励人民参与政治的热情，促进政治的透明度和公开化……从这些意义来看，它的价值应当得到肯定，它的实践也应当得到推广。

如同对于真理的追寻一样，虽然中国公共新闻活动的探索有太多幼稚和不尽如人意的地方，但是值得期待的是，它已经苏醒并且始终在追寻。

我国新闻学定量研究的回顾与前瞻*

定性研究和定量研究是科学研究的两种基本方法。所谓定性研究（Qualitative Research）是判断测试各类事物性质属性的研究方法。就新闻学而言，新闻事业的性质、新闻事实的价值、传播者的倾向、新闻和意见的种种性质，都必须用这种方法加以判定。对于定量研究，许多研究者进行了界定。本文先将一些研究者对定量研究的内涵和基本特征的阐述作简要概括。

定量分析是指对客观现象进行数字化的测量，经过数字模式归纳、分析，得出符合客观实际的结论。[①]

新闻学的量化是指把事件、人物、行为、态度等用数字来描述和分析。[②]

定量分析方法是对一定的有代表性数量的新闻现象、新闻实践、某些观点加以分析，力求找出共同点。[③]

在此基础上，笔者综合以上说法，对定量研究做一界定，以方便后文的论述。

新闻学定量研究是指依据一定的有代表性数量的新闻现象、新闻实践、新闻观点，运用科学的测量手段，如调查、实验、模型、表格、统计等，对其进行数字描述和分析，得出符合客观实际的结论的研究方法。

一 新闻学定量研究的发展现状及特点

为了从定量的角度说明问题，本文对自1980年至2001年发表在《现代传播——北京广播学院学报》《新闻与传播研究》《新闻大学》《国际新闻界》《中国广播电视学刊》等刊物上有关新闻学定量研究的文章做了粗疏整理和考

---

* 发表于《现代传播》2003年第4期。本文第二作者是硕士生宋兵。
① 刘春伟：《定性定量分析在新闻中的运用》，《中国广播电视学刊》1997年第1期。
② 转引自刘晓红《精确新闻报道：现状、问题和教育》，《新闻与传播研究》1998年第1期。
③ 朱继东、徐培汀：《系统新闻学研究方法论再探》，《新闻广播电视研究》1984年第6期。

察。本文所谓的新闻学定量研究文章，是指有关新闻学定量研究的介绍、评述、研究和应用，即凡为定量调查或分析类的文章，一般均算在内。同时，由于新闻学和传播学相互交叉、融合，新闻学研究已经过渡到新闻传播学研究阶段，二者更是无法绝对划清界限。因此，这里所谓的新闻学定量研究的文章也包括部分传播学定量研究文章。回顾新时期以来我国新闻学定量研究的发展过程，其现状及特点表现在以下几个方面。

1. 粗具规模，发展较为平稳，主要表现为论文数量增加，相关论文在新闻学研究文章中所占的比重增大

为了统计的方便，本文将 20 世纪 80 年代的新闻学定量研究文章归纳在一起；20 世纪 90 年代 21 世纪初的新闻学定量研究文章则按年份统计，具体年份为 1990～2001 年。由于客观原因，一些资料无法获得，这将在一定程度上影响数据的可靠性。下面是 5 种期刊历年发表的新闻学定量研究文章的数据。

表 1 的数量统计说明，上述这些刊物中的新闻学定量研究文章数量由 20 世纪 80 年代的 17 篇增加至 90 年代以来的 102 篇，增长了 5 倍，文章数量有了较大突破。

表 1　80 年代以来相关刊物中新闻学定量研究文章数量

年份	80 年代	1990	1991	1992	1993	1994	1995	1996	1997	1998	1999	2000	2001
篇数	17	0	5	7	0	9	5	14	12	13	7	11	19

数量的增加意味着关注、接受并开展定量研究的人越来越多。近年来，一些研究者受传播学研究方法的启发，纷纷开展新闻学的定量研究工作。这些研究者大多数素质较高，有的还是新闻传播学术界的核心人物，如陈崇山研究员领导的受众调查及其后一系列的类似的抽样调查，这些研究带动了新闻学的定量研究。他们以极其敏锐的观察能力，从不同的角度对新闻学定量研究的许多问题进行着各个方面的探索，这是我国新闻学定量研究粗具规模和持续发展的主要原因之一。

2. 新闻学定量研究的研究范围有所扩大，关注焦点增多

为了了解学者的研究兴趣、关注焦点，本文对 5 种期刊上发表的新闻学定量研究文章进行了主题分类。为了研究的方便，分类标准没有强求一致。另外，为了满足统计上的排他原则，每篇论文只归入一个类型。虽然本文尽量从论文本身的侧重点与习惯上对这些类别的理解出发，但选择本身难免主观，这也是所有的"归类"的弊端。

每一类别包括以下内容：

方法评价（Methodology），主要是定量研究方法的介绍、评述、探讨；

受众分析（Audience Analysis），包括受众的认知、态度、评价等心理过程，对媒介的使用与满足，弱势群体（Minority）（包括少数民族、女性、儿童）在媒介中的形象及其对媒介的影响；

媒介运作（Press Performance/Communicator Analysis），包括报道内容，以及对新闻从业人员（报社社长，电视台、电台台长，编辑，记者）的研究等；

媒介经营（Media Management and Ownership/Economics of Press），包括媒介的内部管理和外部控制及媒介之间的竞争，新闻事业的改革；

期刊（Periodical），主要包括对各种新闻专业期刊的定量研究分析的文章；

广告、网络及新技术（Advertisement lnternet New Technology）；

新闻价值（News Value），指新闻价值的量化；

传播效果（Media Effect）；

传媒教育（Media Education）。

5种期刊发表的论文分类情况见表2。

从表2可以看出，新时期以来，我国新闻学定量研究几乎涉及新闻学领域里的所有核心内容，既有新闻学理论方面的，如新闻价值的量化问题，也有新闻业务方面的，还有新闻教育方面的，如新闻人才的培养。这说明我国新闻学定量研究的范围有所扩大，研究者的关注焦点较多。

表2 相关刊物中新闻学定量研究文章主题分类

	媒介运作	受众分析	方法评价	媒介经营	广告、网络及新技术	期刊	传播效果	传媒教育	新闻价值
篇数	38	27	17	9	12	5	6	3	2
所占比例(%)	31.9	22.7	14.3	7.6	10.1	4.2	5.0	2.5	1.7

在所归纳的主题中,从论文数量来看,关于媒介运作定量研究的文章明显地占据主流地位。在 119 篇定量研究论文中,研究媒介运作的文章占 31.9%。由此得知,媒介运作是我国新闻学定量化研究的重点和主体。研究受众的定量文章占了 22.7%,研究受众也是学者们的研究兴趣所在,受众调查是带动整个媒体运作的重要一环,大众媒体对受众调查极为重视。

另外值得注意的是新闻价值的定量研究,虽然它只占 1.7%,但它是传统新闻学研究走向定量研究的最佳例证。新闻是有价值的,而价值又是有大有小的。从理论上讲,新闻价值是可以进行定量分析的。这种量化有助于我们更清晰、更深刻地理解、描述和分析新闻价值量的大小及其变化,可以成为高层新闻理论研究的辅助工具。20 世纪 80 年代中期,我国学者范东生进行新闻价值量的研究尝试,提出测量新闻报道价值的数学公式,这一公式体现出报道价值与新闻的显要程度、变动率及受众的关切系数成正比,与报道的相对时效成反比的规律。

3. 定量研究的方法日益丰富、具体

对于新闻学定量研究来说,采用定量方法进行定量分析是最基本的条件。本文对 5 种期刊上的定量研究文章所用的定量方法进行了归类,见表 3(排除了 17 篇对定量方法进行介绍、评述和探讨的文章)。

表 3　相关刊物中定量研究文章所用的定量方法归类

	统计分析	抽样调查	内容分析	数字模型	实验研究
篇数	29	44	25	3	1
所占比例(%)	28.4	43.1	24.5	2.9	1.0

从表 3 的描述来看,采用统计分析、抽样调查的文章较多,分别占 28.4%、43.1%。统计分析、抽样调查和数字模型都属数学方法,三种方法共占 74.4%。这说明数学方法是新闻学定量研究的主要方法。数学方法是"用数学语言表达事物的状态、关系和过程,并加以推导、演算和分析,以形成对问题的解释、判断和预言的方法"[①]。正如马克思所说,任何一个知识部门,

---

① 转引自刘卫东《新闻传播学概念》,天津社会科学出版社,1999,第 20 页。

只有在它的主要标准和基本规律得到数量表现和数学表达之后,才是精密的。

在定量研究中,内容分析的发展趋势令人瞩目。内容分析方法是对新闻媒介所载的新闻内容进行深入、系统分析的方法。通过内容分析既可以对新闻内容有一个明确的了解,又可以由此而推断和描述新闻传播者的行为、预期新闻传播效果等。所以,内容分析是新闻传播研究中一种重要的研究方法。

从本文统计的情况来看,内容分析方法的数量和比例在我国新闻学定量研究中仅低于抽样调查、统计分析,说明内容分析方法已经得到足够的重视。

另外,实验研究方法开始运用于新闻学研究中,不过数量和比例都不如前几种定量方法。实验方法是一种在一定人工设计的条件下,对研究对象进行客观、系统的观察、测量和分析的方法。虽然实验方法在我国新闻学定量研究中运用还极少,但是随着新闻学定量研究的深入开展,会有关于新闻理解的更多的实验研究出现。

纵观新时期新闻学定量研究,其所用的定量方法日益丰富、具体。这些方法具有三个明显的特点:定量性、移植性和综合性。其中,大多数方法都是移植数学、统计学、传播学等学科的方法,把它们应用于新闻学定量研究中;同时,由于新闻学定量研究的复杂性和广泛性,它的有些研究方法本身带有综合性,或者在实际运用中往往需要同时采用几种方法,进行综合研究,才能收到较好的效果。但是不管哪一种,其最显著的共同特征是定量分析。通过较长的时间的研究和广泛应用,这些方法大多数已比较规范和成熟,如抽样调查、统计分析、内容分析,而且它们各有优势,相辅相成,基本形成一个比较完整的定量方法体系。

二 我国新闻学定量研究发展的原因

我国传统的新闻学研究主要依靠思辨的方法,从概念到概念,如研究新闻的党性、阶级性、真实性、指导性等都是靠哲学式的思辨。因此,成果表现方式只是粗糙的定性描述(如以文学描述、哲学思辨形式,对个体新闻实践成就进行总结整理),手段单一落后,技术含量低。在新闻学研究领域,用其他学科如社会学、心理学尤其是数学(统计)的方法进行研究的甚少。同时,由于技术、经费的原因，我国新闻学的研究在比较长的一段时间里偏重定性分析，而忽视定量分析，使一些研究得不到确切的数据做支撑，其可信性和科学性都受到影响。此外，由于"左"的思潮影响，政治与新闻界限不清，长期以来，新闻学术界只强调定性研究而视定量分析为资产阶级的研究方法，这种状况也造成了定量研究在新闻学研究中一定程度上的缺失。

新时期，我国新闻学研究打破了单一的定性分析研究局面，定量研究开始"崭露头角"，并且发挥着日益重要的作用，出现这种情况有着深刻的社会背景和学科背景。

1. 思维方式的转变

在新时期，由于摆脱了线性因果律的认知方法和经验思维的传统模式，研究者把研究置于现代科学思维的轨道上，从而获得了新突破。改革开放以来形成一股"方法热"，文学、社会学、哲学等领域影响了新闻学，并引发了整个社会思维方式的转换。思维方式的变化，引起观念的变化、知识结构的更新，反过来又促使思维方式更加科学化、现代化。新闻学开始从政治本位、宣传本位向新闻本位、学术本位过渡，加上不断东渐的西学的冲击和影响，新闻学研究与过去相比，开始注重选择新的研究方法，20世纪80年代末90年代以来，我国新闻学研究有了一个新的突破，那就是定量研究。定量研究的成果，集中体现于改革开放后中国社会科学院新闻研究所主办的《新闻与传播研究》上。

2. 社会科学科学化趋势的推动和电子计算机技术的支持

随着社会科学研究的不断深化，人们深感社会科学研究越来越借助于用"数据说话"，数据诠释的说服力和真理度在社会科学中的地位和作用明显增强。作为社会科学主要研究对象的人类社会，是一个多变量、多因素、多层次的复杂的动态系统，只用定性分析方法加以研究是不够的。定性分析使社会科学往往停留在对研究对象的推理分析和描述上，其结果往往只能见仁见智，缺乏像自然科学那样的实证性、精确性、普适性和权威性，真伪难以得到验证。因而，影响到人们对社会科学科学性的认可度。人们越来越认识到定量分析在社会科学研究中的必要性和优越性。

当今以电子计算机为核心的现代信息技术的广泛运用，更加速了社会科学定量化趋势的发展。传统的研究社会科学的方法主要是思辨方法，资料数据主要是靠人工收集、整理、分析，不仅工作量大，得出的结果也粗糙、简单。现代社会科学在收集、整理和分析数据资料方面，已经摆脱了手工方式而完全用计算机完成。新闻学研究中常常涉及大量数据资料，如受众调查。如果没有计算机，要对这些资料做定量分析几乎是不可能的。如中国社会科学院新闻研究所于1985年对全国报纸的基本情况进行调查，将数据输入计算机统计分析，并运用现代化技术对全国报纸的基本情况进行定量分析。如果没有计算机的应用，进行这么大规模的调查是不可能的。因此，计算机等新技术的广泛应用，为大规模开展定量研究提供了现实性的支持。

3. 媒介生存、发展的压力为定量研究提供了动机

中国经济进入市场经济阶段以后，媒介竞争日益白热化，任何一种大众传播媒介要想成功地解决自身的生存与发展问题，必须搞清楚自己在整个大众传播市场上究竟处在一种什么位置上，它的运作空间到底有多大。换一种说法，大众传播媒介必须非常重视报纸的发行量、广播的收听率、电视的收视率，必须非常重视读者、听众、观众的兴趣需要。否则，大众传播如果失去受众，也就失去了生存的基础。因此，争夺受众成为大众传媒之间激烈竞争的焦点。正如美国北卡罗来纳大学的一位新闻学教授所说："谁不搞（受众调查——笔者注），谁就没有读者，谁就没有饭吃。"① 然而，在我国，大众传媒对受众兴趣需要的了解，大多依靠主观臆断和合乎逻辑的推理，较少使用定量分析的方法，其得出的结论缺乏科学性、准确性和可信性。大众传媒增强自身竞争力的主要途径是了解、分析自己的媒介产品内容在受众中的关注度。实现这个目的的主要手段是进行严格、科学的受众调查，即根据受众的兴趣、分析的结果有针对性地改进或改变自己提供的媒介产品内容。从这个意义上说，媒体的激烈竞争为定量研究提供了广阔的发展空间。

4. 传播学研究方法的启发

改革开放后，新闻界在引进国外先进技术、管理方法和生产线的同时，也引进了不少传播学理论，传播学的引进立刻引起了我国新闻学界的广泛兴趣。尽管传播学脱胎于美国的政治、经济、社会环境，受到商业利益、政治制度以及研

---

① 引自姜秀珍《新闻统计调查的种类与方法》，《中国新闻学院学报》1998年第1期。

究中的实用主义和实证主义的很大影响,但它的科学性没有被低估。在一定程度上说,传播学给我们带来了不小的震荡。其主要表现是:引进了一些新的观念,提供了新的思维方式,推广了定量分析的方法。大陆新闻学研究意识到定性研究的局限性后,必须寻找新的研究方法弥补它的缺陷。无疑,传播学定量研究方法的引入为新闻学研究提供了切实的帮助。事实上,我国新闻学研究中的某些定量方法借鉴、移植了传播学的研究方法,如内容分析方法、实验方法等。

三 我国新闻学定量研究的趋势

1. 定量分析和定性分析更为有效地结合

在新闻学的实际工作中,人们除了运用定性研究方法,还越来越多地运用定量研究的方法对新闻现象进行考察。定量分析是分析手段之一,它在某种程度上可以弥补定性分析之不足,增加分析结果的妥当性和可信度。但是定量分析不等于分析的全部,它有其运用范围,也有其局限性。"美国化带来的问题是我们的研究方法太单一,致使我们的传播学研究(也可指新闻学研究——笔者注)太单调了。其实,除了定量研究方法之外,还有许多定性研究方法。"[①] 在"刚刚过去的 15~20 年间,定性方法在大众传播研究中的再次兴盛"[②] 证明了定性研究方法的不可或缺。在国外和我国的新闻学研究中,一些学者在运用定量方法时,往往矫枉过正,过分注重甚至堆砌数据,轻视、否定定性方法。这在一定程度上妨碍了新闻学研究的进展。应该说,定性分析和定量分析是互为前提、互为补充的关系。没有对事物一定量的认识就不能进行定性分析,因为事物存在总有一定的量,而在对事物性质总体把握的基础上才能进行定量。这种定量分析又使对事物质的认识更精确、更科学。由此可见,定量研究和定性研究更为有效地结合将是新闻学定量研究的趋势之一。

2. 数学化趋势加强

科学认识的一般规律是这样的:一开始对事物进行定性研究,然后再研究

---

① 袁军、龙耘、韩运荣主编《传播学在中国——传播学者访谈》,北京广播学院出版社,1999,第 152 页。
② 熊兴保:《大众传播研究方法概述》,《现代传播》1994 年第 5 期。

其量的规律性，精确的定量研究使人们能够深入地认识事物的本质。"一切科学研究在原则上都可以用数学来解决有关的问题。只有现在还不能应用的数学，没有原则上不能应用数学的研究领域。"① 因此，马克思指出："一种科学只有在成功地运用数学时，才算达到了真正完善的地步。"目前，无论自然科学、工程与技术科学还是人文与社会科学，都处于数学化过程中，电子计算机的发展更加速了各门科学数学化的趋势。

在我国，用数学方法研究新闻传播规律已经取得了一些成果，但距离"真正完善的地步"还很远。作为衡量新闻传播学理论成熟与否的重要标志，数学方法将在新闻传播领域中得到更加广泛的运用。

3. 团体研究和专业运作加强

我国传统的新闻学研究注重个体经验实践的总结，讲究个人单独操作，研究者不乐于或不善于与他人合作研究，这种思维方式和操作习惯在目前的定量研究中同样存在，许多研究者仍然喜欢独立操作，不善于与他人共同研究。这种状况必然导致新闻学研究视野的狭窄。新闻学定量研究方法的落后以及研究的预期层次低，从而妨碍新闻学研究的整体发展。随着新闻现象的日益丰富，待解决的问题增多，研究者之间合作的可能性和必然性增强。同时，随着计算机收集、处理、分析资料的能力的提高，新闻学定量研究的专业水准也会进一步提升。

4. 应用领域拓展，重视在新闻实践中的应用

传统新闻学的定量研究多集中在传统媒体（报纸、广播、杂志、电视）的行为上。随着互联网的兴起，计算机技术的广泛运用，新闻学定量研究开始涉及网络领域。例如，互联网发展的宏观统计、互联网用户状况调查、互联网的社会影响、网络受众的定量研究等。

新闻学定量研究的问题多是结合实际，针对具体对象，有理有据地进行分析、研究，很少进行思辨、预测，"依据一定的有代表性数量的新闻现象、新闻实践、某些观点并加以分析，力求找出共同点"②。随着中国入世，媒介竞争的加剧，新闻学定量研究将更加"趋利""务实"，注重解决实际问题。

---

① 娄策群、桂学文主编《信息经济学通论》，中国档案出版社，1998。
② 朱继东、徐培汀：《系统新闻学研究方法再探》，《新闻广播电视研究》1984年第6期。

台湾公共新闻学："乌托邦"式的幻象*

——一种媒介生态学的视角

公共新闻运动（Public Journalism 或 Civic Journalism）是20世纪80年代末至21世纪初在美国兴起的一场新闻改革运动和政治民主运动。它是一种新闻思想、新闻方法和新闻实践的综合体。

美国公共新闻运动的创始人是纽约大学的教授杰伊·罗森（Jay Rosen）和记者梅里特（Merrit）。他们认为：公共新闻的概念起始于对新闻与民主处于危机中的共识。作为对新闻大众哲学进行反思的严肃力量，公共新闻证明了在新闻机构内部存在某种带来活力和具备更新能力的力量。[1]

杰伊·罗森为公共新闻设定了一个大致的框架：公共新闻学是新闻行业每天都要经历的日常之事而不是偶尔为之的，它要求从业记者：①将人民看作是公民（Citizen），公共事务的潜在参与者（Potential Participants）而非受害者（Victims）或旁观者（Spectators）。②帮助政治团体解决其出现的问题，而不是仅仅告诉他们问题是什么。③改善公共讨论的氛围，而不是坐视它的恶化。④在我们的关注下，使公共生活变得更好，实现公共生活的目标。如果记者能够找到某种方式来实现上述目的，他们便能及时地恢复公众对于媒体的信心，使日益离散的受众回归媒介，重新树立一种理念，以一种更加坚定的方式来捍卫美国民主，而民主是新闻媒介享受新闻特权和新闻保护的根本所在。[2]

公共新闻学在美国的萌生是多方力量博弈的结果，涉及政治、社会心理、

---

* 发表于《西安电子科技大学学报》（社会科学版）2009年1月第19卷第1期。本文第一作者是博士生屠晶靓。
[1] 罗伯特·哈克特：《维系民主？西方政治与新闻客观性》，赵月枝译，清华大学出版社，2005。
[2] Theodorl L. Glasser, *The Idea of Public Journalism*, NY: The Guilford Press, 1999.

媒介竞争等多方因素。公共新闻学在20世纪末蔓延到国际新闻界，许多国家和地区开展了公共新闻学的理论探讨及业务实践。

从媒介生态学的视角来看：媒介生态包含众多因素，主要有一定时代的政治文化氛围、经济发展水平、身份背景等；某一个特定时代中媒介各构成要素、媒介与媒介之间、媒介与外部环境之间相互关联制约而达到的一种相对平衡的结构。具体操作上它由媒介内生态和媒介外生态构成，前者包括同质媒介与异质媒介之间由于竞合而形成的一种相对平衡的媒介结构；后者包括影响媒体运营发展的社会系统中的政治、经济、社会心理、政党控制等多方外在力量。

公共新闻学在21世纪初期蔓延到台湾社会，引起了学界和业界的广泛兴趣和讨论，这实际上是多重复杂的社会因素在媒体环境中的折射。因此，本文以媒介生态理论为观察视角，探析公共新闻学在台湾社会中的发展状况。

一 公共新闻理念于台湾本地化的可能性

自1960年后，台湾开始了现代化、都市化和工业化的进程；20世纪70年代，台湾民主化运动勃兴；90年代，第一任民选地方政府诞生并实现了政党更替。从政治表现上看，台湾社会实行的是代议制民主；经济表现上，台湾社会虽然近十年经济增长呈现低迷发展和瓶颈状态，但总体而言具备发达的资本主义社会的经济特征；同时，台湾高密度的媒体分布、媒体之间频繁的恶性竞争、媒体与政党之间千丝万缕的联系以及媒体与台湾社会政治乱象之间的必然关照，使得台湾媒介从业人员一方面出于媒介生存的考虑，另一方面出于媒体的社会责任感开始关注美国公共新闻理念，并希望能将之付诸媒体实践。

（1）媒介内生态：高密度竞争环境下媒体的生存危机。参照美国公共新闻运动的缘起脉络，台湾媒体经历着一样的困境：报纸发行窘况、媒体充斥着大量政治人物之间无聊的口水战、政治新闻的"赛马式报道"（Horse-racing）[①]、新闻工作者对于传统政治新闻报道的不满……这些因素构成了公共新闻思潮涌起

---

① "赛马式报道"：主要形容美国的选举新闻报道，在对选举进行报道时，记者们关注的不是竞选者的施政纲领，而像关注赛马时马匹的出场一样，关注竞选者的穿着打扮、琐闻趣事，从而使真正的政治新闻淹没在这些无聊琐碎的事件中。

的媒体内部驱动力。

伴随着台湾电视行业的兴盛、网络媒体的崛起,传统的报纸产业面临激烈的竞争,越来越呈现边缘化和夕阳化的趋势:台湾 2000 多万人口拥有平面媒体的四大报(《中国时报》《联合报》《自由时报》《苹果日报》)和 10 多家电视台,其中全天候的新闻台便有 6 家之多(年代,TVBS – N,东森,中天,民视,三立)。① 电视对报纸的激烈竞争,尤其是年轻一代阅听习惯的改变,使得报纸的发行量持续下滑,经济效益每况愈下,如 2008 年上半年,为了减少亏损,《中国时报》便实施了大规模的裁员计划。②

电视媒体也因为同质媒体之间的激烈竞争,节目严重雷同,为了追求有限的受众资源,一方面,对于收视率高、制作成本低的节目,互相克隆,比如台湾明星访谈类节目、政论性节目火爆,每晚都有 20 多档制作成本低廉的谈话类节目以各种形态出现,如《康熙来了》《全民大闷锅》《爱上陶花园》等;另一方面,又希望能够创新节目形态和内容来击败对手。因此,无论是报纸还是电视媒体都希望能够产生一种新的理念来应对同质媒介和异质媒介之间的竞争。

(2)媒介外生态:"非蓝即绿"的二元政治对立使媒体的新闻报道两极化。一方面,台湾"非蓝即绿"有限的政治色彩,省籍、族群、统独等二元对立的政治议题长期困扰台湾社会,造成意识形态的对立争斗,即使是公益性质的环保问题也可以成为论辩激烈的政治问题。2007 年台北市议会市政总质询期间,因为眷村一些民众没有按照环保要求进行垃圾分类及垃圾投放,③ 引发了一场省籍及族群压迫的话题争论。④ 长期处于争斗权力场中的台湾社会对于政治往往呈现出过度狂热、偏激和非理性的特征。在这种蓝绿对决的政治氛

---

① 黄浩荣:《公共新闻学:审议民主的观点》,中国台北:巨流图书有限公司,2005。
② 来源于对《中国时报》市政组资深记者刘添财及陈函谦的深度访谈。两位记者在此次《中国时报》的裁员过程中离职,前者转向政界,后者进入《壹周刊》做时政记者。
③ 眷村在台湾通常是指 1949 年起至 20 世纪 60 年代,国民党政府为了安排来自中国大陆各省来台的国民党军官及他们的家眷而兴建的房舍(维基百科解释)。在两蒋时期曾拥有一些特权,因此屡屡成为当代台湾社会省籍、族群问题的争论焦点(本文作者添加)。
④ 来自本文作者在《中国时报》市政组实习期间对于 2007 年台北市议会市政总质询期间的会议观察(2007 – 11 – 25)。

围和社会情境下,媒体的观察视野受到了限制;此外,由于媒体产权、资金结构、政商网络、老板理念等因素,台湾媒体的政治立场始终鲜明对立,甚至对于同一政治议题的报道会呈现完全矛盾的形式,因此媒体在报道时往往带有根深蒂固的党派色彩和政治预设。①

另一方面,在蓝绿对决的政治与社会格局中,若试图抓住两个阵营的受众,其结果可能反而两头不落好,因此,媒体为了迎合特定区域、特定立场的受众,攫取经济利益,往往会刻意地迎合该政治立场的受众,生产适合他们口味的新闻产品,稳固媒介市场。此外,媒体记者会依赖特定的新闻消息源(如固定的人士和机构),这些社会和历史的原因就造成了台湾媒体虽然数量众多、信息海量,但是在新闻报道上两极化、单薄化、非理性化的倾向。

从某种程度上来说,乱象的台湾媒体和乱象的台湾社会之间存在必然的因果联系,因此,除了台湾一些民间基金会(如台湾媒体教育观察基金会、新闻公害防治基金会、阅听人监督联盟等)针对媒体的不负责任的行为进行监督和批评外,一些有识之士呼吁进行新闻改革,唤醒记者良知,提升媒体报道的品质。② 在这种背景下,公共新闻的理念很大程度上契合了台湾媒体的现状,并为台湾媒体的改革提供了一个可以参考的理念和样本。从 2002 年开始,台湾学界和业界就陆续开展了有关公共新闻学的探讨与实践。

因此,对比公共新闻学在美国的诞生背景,参照台湾媒体发展现状,从政治、社会、媒体以及媒体从业人员几个层次来分析,台湾有发展公共新闻的空间。(见表 1)

表 1 台湾公共新闻学的缘起脉络

公共新闻学诞生背景	台湾本土描述
社会民主政治	1960 年后,台湾开始现代化、都市化和工业化;70 年代,台湾民主化运动勃兴;90 年代,第一任民选地方政府诞生,实现了政党更替 "非蓝即绿"的政治二元对立;民众的政治参与程度高,但是政治理性欠缺
媒体竞争	媒体分布密集,媒体竞争激烈程度高;报纸媒体面临电视媒体和新媒体的挤压

---

① 黄浩荣:《公共新闻学:审议民主的观点》,台北:巨流图书有限公司,2005。
② 黄浩荣:《公共新闻学:审议民主的观点》,台北:巨流图书有限公司,2005。

续表

公共新闻学诞生背景	台湾本土描述
政治报道方式	政治议题私人化、琐碎化、娱乐化
新闻从业人员对当下新闻报道方式的态度	有传播学者以及媒体从业人员表达对时下盛行的报道方式的不满和改进的愿望

二 公共新闻理念于台湾本土的实践

2002年，台湾师范大学胡幼斌教授提及要以美国公共新闻学来提升台湾媒体报道品质乃至民主政治；2003年，台湾政治大学冯建三教授呼吁，参考美国的公共新闻学来提升台湾公民的传播权；2004年4月台湾世新大学举办了一场名为"公共新闻学：混沌新闻中的愿景"研讨会，会中试图探讨公共新闻学将如何对台湾新闻媒体产生启发性的变革作用；2004年9月，胡元辉在一场研讨会上疾呼，美国的公共新闻学值得台湾业界仿效。①

2004年10月，《中国时报》在报纸上刊登启事，公开征求年满16岁以上的公民参与他们举办的一场名为"面对族群与未来——来自民间的对话"活动，并于同年10月23～24日正式举行，尽管座谈会并未提到公共新闻，但探究其活动内容，本质上仍然是公共新闻的报道模式：召开公听会，让经过遴选的公民代表针对台湾的族群问题进行公共讨论，媒体再加以报道记叙。该活动与台湾公共电视台合作，由公视将该场公共讨论的过程全程录影，制成纪录片并于2005年"2·28纪念日"当天播出。虽然涉及的族群问题是台湾的敏感问题，不可能产生立竿见影的效果，但从新闻操作理念来看，已经接近于公共新闻理性讨论的精神。②

2005年11月，配合地方县市三合一选举，台湾公共电视台新闻部首次与台湾智库、澄社合办台南县长审议式辩论会，这采取的就是公民会议形态，让选民直接面对县长候选人，表达自己的心声。

---

① 黄浩荣：《公共新闻学：审议民主的观点》，台北：巨流图书有限公司，2005。
② 黄浩荣：《公共新闻学：审议民主的观点》，台北：巨流图书有限公司，2005。

2006年，台湾公共电视台新闻部结合时事评论与公民论坛，开辟台湾公民新观点节目，一方面"端正时下谈话性节目视听、改革弊端，一方面带领公民参与公共事务、落实公民新闻理想，公民众议院将一新您的耳目"；"平等对话的非精英论坛"；"倾听来自底层的声音，呈现多元思考。这就是众议院精神"。① 公共电视的这档评论节目从创建理念以及实际操作规程来看都符合公共新闻的原初理念，这也是目前在台湾为数不多但具有一定影响力的公共新闻栏目。

但台湾公共新闻从实践之初就备受质疑。如学者冯建三忧虑：美国城市都是一城一报的垄断情况，报纸因为垄断，所以没有竞争，才敢于做公共新闻学的实验，但台湾一是缺乏这种报业生态，二是没有形成类似于美国的社区传统以及社区文化。学者王兴中质疑：公共新闻学要求记者的身份从记录者转变为参与者，而台湾强烈的党派色彩使得记者不是不参与，而是"参与过度"。学者黄浩荣从实践可行性的角度建议：在台湾发展公共新闻学要从政治争议性低，但与民众切身利益贴合度高的公共议题做起，如环保、劳工权益等。②

虽然从目前行为看，台湾的公共新闻活动仅仅是单一媒体偶尔为之的行为，没有形成气候。而且伴随着公共新闻运动在美国的式微，这一理念的推行也开始慢慢地减弱。同时伴随着互联网的兴起，尤其是 Blog 声势的壮大，许多"草根（Grassroot）媒体"及另类媒体（Indymedia）的涌现，很多原先公共新闻的领军人物开始转向另一种新的新闻形式——公民新闻（Citizen Journalism），相比公共新闻学，公民新闻学的内容和形式更具有现实的可操作性，如韩国著名 Ohmynews 网站倡导的"全民皆是记者"运动，最高纪录曾拥有超过4万人的民间记者。③ 这些特点使得台湾的公共新闻学也开始了向公民新闻学的转向，如台湾公共电视台制作的"公民众议院"的制片人胡毋意女士就认为"公民众议院""是一个公民新闻的实验作品"④，虽然这档政论节

---

① 来自台湾公共电视台"公民众议院"的栏目介绍，http://www.pts.org.tw/php2/program/citizen/。
② 黄浩荣：《公共新闻学：审议民主的观点》，中国台北：巨流图书有限公司，2005。
③ 参考 http://www.ohmynews.com/网站。
④ 胡毋意：《公民众议院 TBS Civic Forum in Focus——一个公民新闻的实验作品》，http://www.pts.org.tw/~web02/civic/2-1.pdf。

目的初衷是"平等对话",让"人们成为政治行动者,而不是消费者",这些理念和公共新闻学是契合的,虽然在实践过程中有很多折中的成分。

三 台湾公共新闻的实践辨析

一是敏感脆弱的台湾公民社会使得公共新闻的开展先天不足。公共新闻与公民社会密不可分,美国公共新闻诞生的政治基础就是在民主政治传统催生下形成的高度发达的公民社会。唯有成熟的公民社会才能产生公众,而公众是"公共新闻"的核心概念。①

公民社会是一个漫长的发展过程,有赖于国家民主的制度性保障、社会民主政治环境的优化以及社会整体公民文化素质以及公民意识的提升。英国的公民社会萌生于12世纪新兴资产阶级与国王之间的抗争;美国的公民社会从美国独立战争前已经开始酝酿,经过了300多年的历史才渐趋成熟。这也是公共新闻会诞生于西方、诞生于美国的原因。葛兰西观察到:"在东方,国家就是一切,公民社会处于原始的、不成型的状态中;在西方,国家与公民社会之间有有序的关系,如果国家开始动摇,公民社会的牢固结构就会立刻表露出来。"②

因为具备了成熟的公民社会,所以当媒体发现公众日益丧失参与公共事务的兴趣时会感到恐慌不已;同时当媒体发现真正的公共生活正处于危机之中时会感到这会严重伤害美国的民主,因为公民社会直接对应的就是民主传统和民主追求。

公民社会作为现代社会的一个重要标志,要求带有更多的经济理性的特征(现代社会的重要体现就是经济理性高于社会理性),但是20世纪60年代,台湾在威权体制下,社会完全被政党控制,个人权利如财产权、自由权等完全没有法律保障;各种类型的民间社团也都受到政党渗透,台湾虽然开始现代化、都市化和工业化,但现代意义上的市民社会并未因此产生。③

---

① 徐贲:《"公民新闻"和新闻的公共政治意义》,《中国传媒报告》2006年第2期,第18~26页。
② 安德兰尼克·米格拉尼扬:《俄罗斯现代化与公民社会》,新华出版社,2003,第20页。
③ 李丁赞:《公共领域在台湾——困境与契机》,台北:桂冠图书股份有限公司,2004。

20世纪70年代初，社会自主力量开始兴起，70年代开启的台湾公民社会，比起西方的公民社会，对知识有同样的热情，对权威也同样的不满，但台湾的70年代有更多的激情，也包含更多的政治特质：西方的公民社会是经济的，但台湾的公民社会是政治的。但在80年代后，台湾国族主义诞生，90年代后，中国国族主义诞生，两种同属于族群主义，在这两种族群主义对抗下，台湾社会被撕裂，所有的政治问题都被族群化，所有的公共议题都被政治化。台湾公民社会在20世纪80年代后，就一再因为族群主义的攻击而撤退，原有的自然状态被打破，政治逻辑始终凌驾于自然的经济逻辑，这样一来，族群对立的关系没有化解，敌我关系永远存在，公民社会就不可能自然演进，经济理性也很难诞生。①

因此，虽然从民主政体上来看，台湾社会20世纪90年代初期出现了民选地方政府，90年代中期又实现了政党轮替，形成了形式上纯熟的选举政治；可是由于历史及社会原因，台湾理性的民主化进程受到敌我政治观念的诅咒，阻碍了健康的公民社会的继续发展，也使得台湾的民主化进入所谓的民粹威权时期，社会呈现出一种狂热的政治氛围。2008年台湾大选，蓝绿阵营共调集150万左右的民众上街游行，进行选举造势，而整个台北人口220万，台湾人口也就2200万。对待政治的关心和狂热由此可见一斑。

综上所述，台湾社会虽然具备了较为发达的市场经济体制，虽然具有数量众多、运转成熟高效的NGO和NPO（这些都是构建公民社会的重要标志和条件），虽然民众的政治参与热情高，但是在族群主义和民粹主义的牵掣下，所有政治议题都被族群化，所有公共议题都被政治化，社会缺乏一种理性、温和的对话空间，缺乏沟通和理解，整个台湾的公民社会因此呈现出一种敏感脆弱的状态。

二是政府与党派的约束性力量限制了公共议题的设定及讨论。关于公共新闻议题的设定也是困扰美国公共新闻运动的主要问题之一。公共新闻的批评者认为：公共新闻过高地估计了社区共识的可能性和可取性，因为它忽略了不同利益与立场之间的冲突程度。或许不是巧合：最为有力的公共新闻都是围绕着那些有广泛共识的问题。绝大多数的人都会同意说，地区性犯罪、青少年暴力

---

① 李丁赞：《公共领域在台湾——困境与契机》，台北：桂冠图书股份有限公司，2004。

或儿童贫困是糟糕的事情,就业和社区经济发展是可取的,而要在一些富有争议的问题上取得共识并不容易。①

台湾公共新闻议题的设定同样备受困扰。参考台湾公视"公民众议院"从 2006 年 4 月 1 日播出至其后播出的 20 期节目来看,主要涉及的议题大都是跨区域的、和人民生活密切相关的、为人们所熟知的时事议题,例如:卡债对于台湾整体经济的影响(《协商还钱,破产了事?》,2006 - 04 - 22),变电所与居民的健康以及地方经济的关系(《要电要发展不要变电所》,2006 - 04 - 29),开放大陆来台观光对于台湾民众的影响(《开放大陆观光去政治抢商机?》,2006 - 05 - 06),民众对于物价上涨的看法(《物价涨民怨涨民生大不易?!》,2006 - 05 - 13)等等,这些议题都来源于当时社会中热炒的政治话题。总体来看,这些话题更贴近民生,但对于富有争议性的话题,涉猎较少。该栏目制片人胡毋意女士在论文中对"公民众议院"的选题评价道:"台湾政治色彩二分化,在极度分裂下,造成公民会议执行上时有困扰与顾忌,如治水问题,因涉及地方利益,许多村里长不愿在关键时刻有所得罪。"②

台湾的新闻传播史也从未真正进入公共化或者民主化的制度场域,台湾媒体的产权不是集中在政党手中就是集中在少数企业主手中,而且台湾公众仍未主动创定公共政策,自由参与公共事务。③ 同时,由于台湾的新闻媒体政党意识形态纠葛甚深,媒体政治立场鲜明对立,台湾社会充斥着非蓝即绿的两种有限色彩,折射在媒体上也是非蓝即绿的政治争斗,媒体自身的立场使媒体很难跳出是非,进行理性的思考,而为争辩双方提供理性的交流平台本身就是公共新闻的实施要义。

同时,为了安抚媒体,使媒体充当政党选举造势、打击异己的工具,政府和政党会利用政治文宣(政治广告)的大额广告费,对媒体进行诱导。如深绿的《自由时报》成为民进党各种政治活动首要的信息发布工具和广告发布平台,民进党每年投入的广告费高达数亿。2007 年 11 月,台湾联电(台湾联

---

① 罗伯特·哈克特:《维系民主?西方政治与新闻客观性》,赵月枝译,清华大学出版社,2005。
② 胡毋意:《公民众议院 TBS Civic Forum in Focus———个公民新闻的实验作品》,http://www.pts.org.tw/~web02/civic/2 - 1.pdf。
③ 黄浩荣:《公共新闻学:审议民主的观点》,中国台北:巨流图书有限公司,2005。

华电子股份有限公司）荣誉董事长曹兴诚连续几天在泛蓝的《联合报》头版刊登广告，呼吁要求马英九和谢长廷要推动制定《两岸和平共处法》，期望能够解决两岸问题，终止岛内政治恶斗，同时对陈水扁的两岸政策进行抨击。经济利益的驱使使得原本就与政党纠葛甚深的媒体政治色彩更加浓厚，公共新闻议题的设定也面临更多的困境和考验。这些因素使得台湾公共新闻在先天不足的基础上，后天的发展更是举步维艰。

三是商业利益的追求使公共新闻学仅仅作为一种愿景而止步不前。

据统计，美国人每天平均收看电视节目超过7小时，远远超过看报纸的时间。受众阅听习惯的改变威胁到报业的发展，中小城市的报业发展更是如履薄冰。媒介的社会责任以及媒介面临的生存压力使媒介改革提上日程，这也是在美国热衷于公共新闻实践的往往是中小城市报纸的原因。而全国性的大媒体，如《华盛顿邮报》《纽约时报》《今日美国报》对此并不热心，仅仅认为这是一场致力于提高报纸发行量的争夺战。同样，电视媒体因为所面临的危机没有那么严重，所以对公共新闻的实践也不热心。

对于公共新闻学的引进，台湾的一些专家和从业者认为：虽然台湾有极高的大选投票率，但是民众缺乏有效的政治参与渠道和良好的政治参与品质。因此，公共新闻学的引进有利于提高公民意识，有利于在尖锐的政治对立之间提供一个温和的交流平台和理性的探讨空间，以此来增进了解，消除族群之间的敌对状态和仇恨情绪，建立一种亲密性的关系，从而达到相对理解。

但从现实实践来看，一方面，台湾社会没有清晰的社区分野和鲜明的社区意识，这种状态决定了台湾虽然拥有数量多、密度大的媒体生态结构，但都是覆盖整个台湾地区的商业竞争媒体，缺乏地方性和社区性的媒体，这就使得媒体只能选取一些具有广泛社会影响的时事性话题进行探讨。

另一方面，台湾激烈的媒体竞争状态使得媒体不能不顾及收视率的涨落。而台湾欠缺的公民文化，公民对于政治的狂热偏激，更重要的是制作公共新闻的高昂的制作成本（但经济效益却远远低于制作成本低廉的明星访谈类节目），使得台湾公共新闻学只是成为提升台湾的政治理性的一种理念和愿景，在实践过程中却因为缺乏市场、缺乏关注、缺乏影响力而止步不前。

结　语

公共新闻运动在美国轰轰烈烈发展了数年，在"9·11"事件之后，伴随着 PEW 公共新闻中心的关闭（2002年），公共新闻运动进入了蛰伏期。①

作为一场从发生到发展只有十几年的公共新闻运动，现在对它进行回顾或许为时尚早，因为它还有太长的路需要探索。作为新闻改革和政治民主运动，无论是在理念还是在实践上，公共新闻运动都是新鲜而不够成熟的，即使是在高度信奉媒介"社会责任"的美国，公共新闻的很多理念也被认为是与商业化媒介运作、整体政治以及社会环境不适应，并且因为带有太多的理想性成分，缺乏实际操作的可行性而备受争议。

作为一个正在发生、发展的新兴的新闻理念和新闻实践，正如它的创始人杰伊·罗森所说："因为它（公共新闻）正在创建中，因此，我也不知道它（公共新闻）到底是什么。"②

正因为如此，公共新闻给不同国家和地区的实践留下很多想象和发展的空间。毕竟作为意识形态的新闻事业，脱离了社会、制度语境的探索是不切实际的。

对于台湾社会而言，虽然公共新闻仅仅作为一种理念和试验品在小范围内进行传播，它的一些实践活动也并未对台湾社会产生影响，但是台湾传播学界和业界对于公共新闻学理念的引进，其目的是借由这种理念，来降温台湾过度偏激热烈的政治氛围。媒体要摒弃政治成见，以客观公正的视角展现多元的声音，取代精英化、片面化的倾向；同时，要通过理性对话的方式消解偏激的省籍、族群、政党对立，使公民认同自身作为公民的身份，提高公民参与公共事务的能力与品质，提升台湾社会的民主涵养，这种探索本身就具有重要的意义。

---

① 很多学者认为，PEW 公共新闻中心的关闭（2002年）可以被看作是公共新闻运动的衰落，但本文作者认为，作为一种新闻思想必然有其符合社会普遍运动的发展规律，如果短暂的间歇被认为是衰落甚至消亡的话，未免为时过早，所以这段时间，在本文中被定为蛰伏期。

② Theodore L. Glasser, *The Idea of Public Journalism*, NY: The Guilford Press, 1999.

慈善新闻的呈现状况分析

——以《楚天都市报》《南方周末》为例*

一 慈善新闻的概念界定

在中国,目前尚没有公认的慈善新闻定义。长期以来,人们只是按照表述习惯,将大致涉及慈善公益报道的作品统称为"慈善新闻"。而对慈善报道的媒体呈现以及其他相关研究,学界一直涉及较少。笔者在中国知网检索关键词"慈善新闻"相关文献只有8条,检索关键词"慈善"相关文献则有2968条。从文献整理来看,关于慈善新闻比较一致的看法是与慈善事业相关的人或者事的报道,它包括救助弱势群体,发展教育、文化、科技、医疗卫生,保护环境等以社会公益为目的的活动的报道。

也有研究者提出把这类慈善新闻称为"公益新闻",理由是"公益"这个概念的外延更丰富。这一观点近年来也为部分媒体所采用,但笔者认为"慈善新闻"和"公益新闻"还是有一定区别的。"公益"指公共的利益、救济等群众福利事业,其主体既有政府组织(如环境保护局),又有非政府组织(如绿色运动组织),而慈善组织或机构仅是非政府组织的一部分。所以,"慈善事业就是公益事业"是成立的,但"公益事业不仅仅是慈善事业"。① 相应的,"公益新闻"的定义比"慈善新闻"要宽,其适用范围也广泛得多。

此外,西方新闻界并没有与"慈善新闻"对照的用语,在英语中,"慈善"一词有两个对应的词,一个是 charity,另一个是 philanthropy。charity 更强调针对穷人或团体状态人的帮助和救济,施善主体主要指慈善机构;而

---

* 发表于《当代传播》2009年第6期。本文第二作者是博士生罗宜虹。
① 徐麟主编《中国慈善事业发展研究》,中国社会出版社,2005。

philanthropy 则不限于仅仅帮助穷人，它还有博爱的意思，指人的施善行为。总体而言，philanthropy 所表达的内涵要比 charity 更宽泛些，在国际上有关慈善的表达更多地采用 philanthropy。①

基于上述理由，笔者决定采用 philanthropy news 的术语表述，在本研究中我们把慈善新闻的定义界定为：与慈善事业相关的报道。

二　研究意义

20 世纪以来，全球性的社会结构变迁展现出一个崭新的潮流和趋势，即在原先的政府领域、市场领域基础上迅速地崛起了非营利性的第三领域。这一领域又被称为志愿领域、慈善领域或社区领域。这一领域中大量的非营利组织在许多社会公共事务中发挥了重要的作用。慈善事业作为第三领域的重要组成部分，正不断发展成为全新的社会公共空间和公共领域。②

从政治学的功能考察，慈善事业代表了一种社会自治的力量和传统。③ 慈善事业是社会保障体系和社会公益事业的重要组成部分，是通过慈善组织的专业化、制度化运作实现社会第三次分配的一种形式。而处在转型时期的中国社会，经济转轨和发展的同时也带来了社会结构和社会体制的变迁。随着资源和权力的分化，一个现代法制保护下的公民社会逐步兴起，民间组织的快速发展，慈善理念和慈善精神逐渐成为构建和谐社会与落实科学发展观的重要内涵，慈善事业也成为消除分配不公、维护社会稳定和促进社会团结的重要手段。

现代慈善事业在中国还处在刚刚起步阶段，慈善需要全社会参与，特别是新闻媒体全方位参与。社会转型、制度变迁、阶层分化、城乡差别、贫富悬殊，都增强了新闻传播实践的复杂性，也使慈善新闻本身蕴含了更为复杂多变的张力。社会学家默顿说，研究者应该对于生活中不期而遇、异乎寻常而又关

---

① 王同忆：《英汉辞海》（上册），1990，第 423 页。
② Cappella, J. N. & Jamieson, K. H., *Spiral of Cynicism: The Press And the Public Good*, NY: Oxford University Press, 1997.
③ 俞可平：《治理与善治》，社会科学文献出版社，2000，第 2 页。

乎全局的社会事实给予充分关注，因为这些异常现象往往有可能成为新的理论研究的起点。① 在这个意义上，我们认为不同层次、不同形态的媒体如何认识、处理有关慈善报道的问题，是一个有意义的研究课题。

三　研究方法

（一）样本的选择

1. 时间范围的选择

本研究选取 2008 年 1 月 1 日~12 月 31 日为研究时段。之所以选取这个时间段是因为 2008 年是一个事件频发的年份，这一年我们经历了南方雪灾和汶川大地震。在重大灾情发生后，全社会涌现了大量的济世为怀、乐善好施的事迹，这些事迹成为媒体报道的重点，而在报道的过程中媒体也形成了积极的舆论导向作用。胡锦涛同志 2008 年 12 月 5 日在全国慈善代表大会上发表重要讲话，向全党全国发出了加快我国慈善事业发展的动员令。现在，慈善新闻越来越受到广大受众的关注和欢迎，加强慈善报道正日益成为各媒体履行社会责任和树立自身形象的内在要求。

2. 目标媒体的选择

本研究以报纸为目标媒体，选取《楚天都市报》《南方周末》为研究对象。随着 20 世纪 90 年代中国传媒从规模到格局发生的巨大变化，众多的媒体由于办报方针、功能定位、受众定位不同，呈现出各自特点和不同的价值取向。

《楚天都市报》是湖北日报报业集团主办的省级都市类报纸，是一份面向湖北全省发行的市民生活报，其读者群体遍布社会各个阶层，以一般大众为主。

《南方周末》以"关注民生，彰显爱心，维护正义，坚守良知"为己任，读者群主要是知识型读者。2008 年被中国传媒大学等单位主办的评选活动评为最具品牌价值的报纸。

---

① 魏涛：《媒体慈善——新闻竞争的新利器》，《新闻战线》2006 年第 4 期。

（二）类目建构

根据前述研究问题，本文重点关注以下变量。①报道数量。报道数量体现了作品数目绝对值的情况。②报道篇幅。报道内容所占版面大小。③报道主题。报道主题指报道文章所涉及的主要内容，具体分类为：抗震救灾、抗击雪灾、贫困学生、疾病、见义勇为、对弱势群体的资助、一般公益性捐助。④报道态度。本研究的报道态度指记者在写作时有意或无意地对报道对象流露出来的态度和表达的感情色彩。通过对文章报道内容和遣词造句的分析，可以将报道态度分为正面（肯定）报道、负面报道、中性报道三种，归类的依据是文章的语义和语气判断。⑤报道版面。刊发慈善新闻的版次。

四 研究发现

（一）报道量：和突发事件紧密相关

本次研究考察了《楚天都市报》及《南方周末》2008年全年全部报纸样本，共搜集满足本次研究的报道994篇，其中《南方周末》119篇，《楚天都市报》875篇。这些新闻作品分别涉及地震、雪灾等突发事件的慈善捐助以及见义勇为、贫困生资助等各类报道。其具体的月度报道量如图1所示。

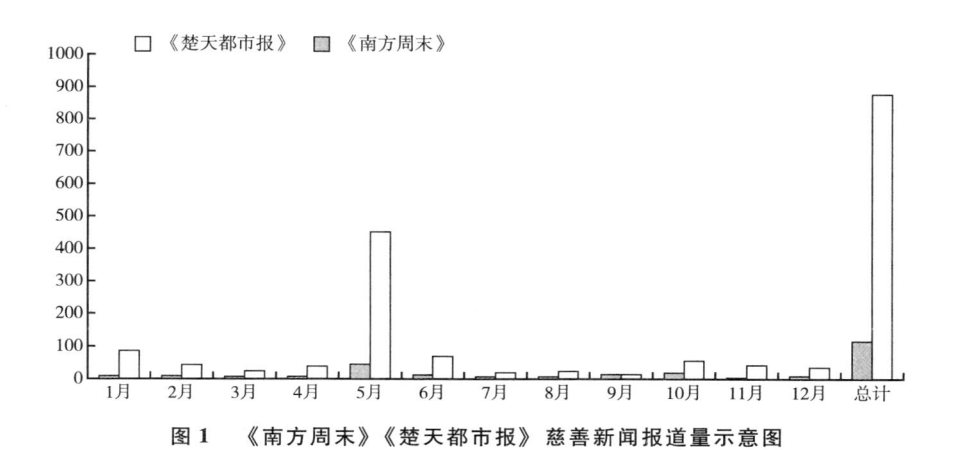

图1　《南方周末》《楚天都市报》慈善新闻报道量示意图

从图1中我们可以发现，《南方周末》除5月外，有关慈善新闻的报道维持在2～14篇这个区间，其报道量保持在月平均10篇左右。同样，《楚天都市报》除了5月报道量高达450篇，占到全年报道量的一半以外，1月报道量也明显多于其他月份。原因在于1月正值南方雪灾期间，而5月正是汶川地震期间，媒体在突发事件面前充分发挥了舆论导向的作用，积极主动报道灾情，协助政府以及专业慈善组织开展实施救助活动，反映在报道量上就是报道量的激增。

（二）报道篇幅：报道篇幅不长，缺乏分析评论

报道篇幅是反映一篇报道内容及深度的重要指标之一。从这项指标来看，无论是《南方周末》还是《楚天都市报》均以1/4版为主，1/2、1/8及整版次之。这说明有关慈善的报道大部分篇幅不长，这样的报道难免给人以凌乱琐碎之感，常以一事一报为主，缺乏对事件的分析、评论。不系统、不连贯的报道往往容易被海量信息所淹没，特别是在没有紧急灾难性事件发生的平常月份，这一特点表现得尤为明显。

（三）报道主题：相对固定，报道呈定型视角

2008年，《南方周末》关于慈善的报道基本维持在平均每月10篇左右，《楚天都市报》维持在平均每月73篇左右。就报道主题分布来看，涉及地震、雪灾、贫困学生、疾病、见义勇为、对弱势群体的资助以及一般性慈善捐助。需要说明的是，为了避免归类的趋同，我们把类似希望工程捐助这样长期的捐助计划划分到一般性慈善捐助，而把资助贫困大学生、残疾学生这种个案的报道归于贫困学生类。

从报道主题分布来看，《南方周末》在2008年的慈善报道中，最关注的是地震中的慈善报道，共占报道总量的54%（见表1）；其次是一般性慈善捐助，占报道总量的38%。《楚天都市报》2008年的慈善报道中，报道最多的同样是关于地震，共占报道总量的57%；其次是对弱势群体的资助，占到报道总量的14%，紧跟其后的是一般性慈善捐助占到报道总量的8%。

表1　2008年《南方周末》《楚天都市报》慈善报道主题数量统计

	《南方周末》(%)	《楚天都市报》(%)		《南方周末》(%)	《楚天都市报》(%)
一般性慈善捐助	38	8	贫困学生	2	9
对弱势群体的资助	3	14	雪灾	3	6
见义勇为		1	地震	54	57
疾病		5			

具体而言，两份报纸的报道主题都呈现出选择性强、呈定型视角的特点。由于2008年的地震灾害是媒体最大的关注点，所以有关这方面的相应的慈善报道成为两份报纸报道的重点，都占到了全年报道的一半以上。一方面反映媒体对特大灾害事件的关注，另一方面，我们也不难发现，如果没有地震这样的突发事件，媒体本来就很少的慈善报道将会锐减一半。同样，从2008年两报慈善报道主题数量统计发现，《南方周末》《楚天都市报》的慈善报道主题也相对集中在助学、救助贫困等方面，这从一个侧面反映了慈善报道主题选择相对固定，报道呈定型视角。

（四）报道态度：指向明确，诉诸情感传播方式

媒体行使批评监督之职较常用的方法是对政府及社会中存在的问题直接曝光或者对某些不良现象进行尖锐批评，也即通常所说的"负面报道"。因此，"负面报道"的比重及力度也常常被用来衡量一家媒体的监督力度。

从表2中可以看出，在报道态度上，两报都是以正面宣传为主，其正面报道分别占到了63.87%和72.71%；其次是客观中性报道，批评监督的负面报道的数量最少，《南方周末》全年只有4篇，仅占到全部报道篇幅的3.36%。《楚天都市报》有16篇，仅占全部报道篇幅的1.83%。可以看出，慈善新闻报道色彩指向明确，带有明显的价值评判倾向。慈善新闻的报道是出于对社会负面效果的纠正，对社会矛盾的调和，对弱势群体的救助，最终是促使人和社会的协调发展。正是在这个基调之上，我们的报道态度以正面宣传为主，起到弘扬社会风气的作用。但是这种报道态度的不平衡，也容易将受众的视角引到特定的报道主题上，而忽视慈善报道中其他值得关注的方面，比如善款的使用、救灾物资的发放、慈善活动的后续影响等，这些方面，现阶段我国的媒体报道还存在不足。

表2 《南方周末》《楚天都市报》2008年慈善新闻报道态度示意表

		《南方周末》		《楚天都市报》	
		篇数	百分比(%)	篇数	百分比(%)
类别	正面	76	63.87	638	72.71
	负面	4	3.36	16	1.83
	中性	39	32.77	221	25.26

（五）报道版面：报道版面固定，分布得当

因为报纸性质和定位的不同，《南方周末》和《楚天都市报》在版面设置上有许多不同。《南方周末》的版面主要有特别报道、科学、文化、经济、专题、自由谈等；《楚天都市报》的版面一般分为热线新闻、健康新闻、市民之声、今日要闻、特别报道以及具有湖北地方特色的荆楚之声等。本次研究将根据两份报纸的性质和定位区别对待，将版面设置做一点区分：《南方周末》因为是周报，版面分类本来有限，在此次研究中不再做细分；而把《楚天都市报》的版面设置分为头版、国内要闻、社会新闻、特别报道和荆楚之声五大类。其中社会新闻包括了科教文卫版和娱乐新闻版。

表3 《南方周末》报道版面示意表

	特别报道	科学	文化	经济	专题	自由谈
《南方周末》（篇数）	28	2	15	6	52	13

表4 《楚天都市报》报道版面示意表

	头版	国内要闻	社会新闻	特别报道	荆楚之声
《楚天都市报》（篇数）	5	57	257	528	28

2008年，《南方周末》有关慈善的报道多集中在专题版，共有52篇，占总量的44.8%。其次是特别报道版，共有28篇，占到24.1%。仔细分析样本专题版面、特别报道版面，其中绝大多数慈善新闻的报道来自雪灾和地震期间，从版面分配上看，突发性的重大灾难事件成了报道的重点。排在报道总量

的第三位的是文化版面，共有15篇，比如包括《南方周末》"关注最后的代课老师"系列公益行动等报道，这些反映了《南方周末》的媒体定位。

《楚天都市报》的慈善新闻报道主要集中在特别报道和社会新闻版面，其中特别报道版面528篇慈善报道中大约有450篇都是出自地震期间，这也印证了上文中我们论述的观点。排在报道总量第二位的是社会新闻版，一共有257篇报道。这跟都市媒体关注市民生活的特色密切相关，在这个版面里有大量关于救助贫困大学生、救助困难家庭的报道。

头版是报纸发言的主要途径，具有很大的强势效果。两报头版出现慈善新闻报道的频率都最低，《南方周末》几乎没有出现，究其原因，头版选择的是比慈善事业更为重要的国内外的重大事件报道，传达的是党和政府的消息。以《楚天都市报》为例，头版的慈善新闻报道只有5篇，这5篇也悉数为有关领导人参加的慈善活动，比如2月4日的头版头条是"罗清泉李鸿忠带头向灾区捐款——各方踊跃响应，596万元捐赠物资昨涌入民政厅"。

从两份报纸的抽样来看，慈善新闻报道版面固定，分布得当，也充分体现了报纸的性质和定位。

五 结论

慈善事业是一种特殊的社会机制和社会制度，能够弥补地区间、阶层间以及群体间的经济差别和地位差别，缓和它们之间的冲突，促进社会的和谐发展。

从媒介生态学的角度来考察我们媒体的慈善报道，它的传播环境显示了媒体自身运作规律与社会系统正常运行在逻辑上的一致性，那就是由政治意志、市场因素等共同影响。

（一）政治意志的作用

慈善新闻的报道，在某种程度上体现了建构政府正面形象的叙事策略。社会学家伊·塔奇曼在她所著的《制造新闻》一书中认为，新闻是对真实的社会的建构。新闻报道通过叙事手法、传播策略来建构一种不同于社会真实的媒介真实。在我们的慈善新闻中，除去极少量的负面报道，涉及政府的作品大多数是按照媒体早已建构起来的各种叙事框架去营造一个正面的政府形象。

尽管媒体文本不同，但叙事重心都体现了政府的行动力。通过媒体话语，媒体给受众塑造了这样的政府形象：行动迅速，亲民务实，完全有能力应对各种突发事件。

（二）市场因素的影响

在相当程度上，市场化的中国传媒开始呈现消费主义的运作，尤其是近年来，更多媒体采取了规避政治风险的娱乐化策略。而慈善的素材一定程度上成了对接市场的天然选择，许多慈善专栏都是和企业相互合作。在市场经济的体制下，这是媒体和企业双赢的结果。

我们以《南方周末》和《楚天都市报》的一些慈善专栏和报道为例。在5月22日这一期，《南方周末》的大地震现场报告——《汶川九歌》《九州之光》《4万长虹人的救灾日志》《新希望：重灾区最早的希望》整版报道了在政府和军队的救援力量还没有完全到位的时候，九州集团、长虹集团、新希望集团这些大企业就开始了慈善作为。我们再以《楚天都市报》为例：5月13日，地震的第二天格力集团就刊登了1/2版的广告，题为"格力空调，呼吁为灾区紧急捐款"，还有在抗击雪灾中2月2日的广告："抗击雪灾，移动关怀无处不在"……这些企业慈善活动与媒体联手，是市场经济条件下双方发展的共同需要。企业在追求利益的同时，也通过媒体的报道传播了正确的经济理念、树立了良好的形象，对社会产生积极的影响。而媒体通过报道这些慈善事迹，刊登一些慈善软广告不但在激烈的媒体竞争中开辟了新的报道领域，也为自身谋取了经济利益。

（三）传播过程中媒体的角色偏差

现代慈善事业在中国还处在起步阶段，有关调查表明，在我国能募集到的慈善资源不到GDP的0.05%。慈善需要全社会参与，特别是新闻媒体全方位参与，但是近年来，在媒体实施救助活动中，却出现了公众对媒体的过度依赖和"有困难找媒体"的角色期待偏差。

以《南方周末》2008年策划的名为"燃烛行动"的慈善活动为例，该报道关注的是乡村学校中没有正式编制的即将被清退的临时教师，呼吁社会不要遗忘他们。但是，我们在关注和报道的同时也应注意到乡村临时教师是一个庞大的群体，他们的归置安排是教育的一个重大问题，而仅仅通过媒体募到经济援助是远远不够的。在这个过程中媒体并不是慈善组织。当下处在社会底层的弱势群体，一旦遇到突如其来的、无法承受的挫折时，首先想到的是求助媒体。似乎一经媒体报道后，一切问题便迎刃而解了，这实质上是对媒体社会功能的一种错误认识和定位。

慈善的理念，在春秋时期的中国就已存在。《礼记·月令》中就有"天子布德行惠，命有司，发仓廪，赐贫穷，振乏绝"的记述。现代中国慈善事业刚刚起步，强势的政治意志和无处不在的市场因素构建了慈善新闻传播的主导性框架，而且和其他因素诸如媒介角色定位等相互交融、渗透，构成了现实中复杂多元的传播图景。在这样的传播范式中，我们的媒体如何对公众进行潜移默化的慈善文化普及，如何改良我们的慈善新闻报道方式，在激烈的新闻竞争中挖掘慈善新闻资源的富矿，这是值得进一步研究思考的问题。

论政府信息公开对大众传媒的建构性影响[*]

在信息公开制度诞生以前,作为新闻自由理念追求者与实践者的大众传媒实际上已将促使政府信息公开的目标纳入自己的工作视野之中,新闻自由的言说与实践一直充当着信息公开的急先锋。新闻界提出的"知情权"概念及其促发的"知情权运动",引起了民众对信息公开制度的广泛思考,最终促成信息公开法律制度的诞生,推动了并继续推动着政府信息公开的进程。当然,政府信息公开对大众传媒的发展又有积极的反作用力,即政府信息公开对大众传媒具有很大的建构性影响,不过,这种建构性的影响却鲜有人系统研究。基于此,我们试图从制度、价值、实践三个层面对其加以探讨,以期弥补这方面的不足。

一 制度层面:新闻立法离不开政府信息公开制度的建设

由于关涉意识形态,所以国内其他任何一个领域都没有像新闻业立法这么难。新闻立法的呼声最早出现在刚刚拨乱反正、改革开放的1980年,1980年第五届全国人民代表大会第三次会议、全国政协五届三次会议期间,就有代表和委员提交新闻立法的提案。随后,中国社会科学院新闻法研究室的《中华人民共和国新闻法(试拟稿)》于1985年拟出;上海的新闻法起草小组于1986年11月拟出《上海市关于新闻工作的若干规定》(征求意见稿);新闻出版署于1989年将《中华人民共和国新闻法》(送审稿)送到国务院请求审查。至此,作为20世纪80年代中国新闻立法活动高潮的结晶,著名的三个新

---

[*] 发表于《新闻与传播评论》2010年卷。本文第一作者是博士生、河北经贸大学人文学院讲师赵双阁。

闻法草案面世。1989 年 2 月，国家新闻出版署署长杜导正宣布：新闻法草案将于年底提交全国人大常委会讨论审议。然而，1989 年"政治风波"之后，新闻立法工作就完全停滞。不过，人大代表关于新闻立法的呼声，到今天为止，从未间断。

但是，对此有学者指出，"在我国学者中，也有很多人呼吁新闻法出台，强烈呼吁全国人大在拟定 2008～2013 年的五年规划中将《新闻法》列入。有很多人在论证中国应当有新闻法的时候，提到大陆法系国家有成文的新闻法，法国、德国、俄罗斯分别有成文的《新闻自由法》《新闻法》和《大众传媒法》。但是，应当明确的是这些法律是以限制新闻自由为主的法律。或者说，是通过界定新闻自由权与国家权力、新闻自由权与其他公民权利、新闻媒体经营者权利与新闻记者个人权利的界限来保障合理限度之内的新闻自由的。""正因为新闻立法的调整对象广泛，不是一定要有一部叫做'新闻法'的法律才是新闻立法的唯一做法，通过分散在各种法规和法条中进行新闻立法的方法，可以回避意识形态问题的争论，从而规避政治风险。"①

虽然新闻立法会给传媒带来"条条框框"，但立法后传媒毕竟可以在有序、有保障的氛围下运转，而不像现在侵害新闻自由的事件屡屡发生却得不到应有的保护。因此，我们始终认为中国要走向法治社会，新闻立法肯定必不可少。不过，对于上述结论我们倒是比较赞同。因为，由于新闻业涉及的领域实在是太广了，若仅靠一部新闻法典就想毕其功于一役是很不现实的。所以，广义上的新闻法要涉及法律体系中几乎所有门类，如宪法、民法、刑法、行政法、经济法及三大诉讼法等各种法律部门。正基于此，有学者指出，在实行制定法或成文法的大陆法系国家，媒体法主要表现为各种法律文件，而在英美法系国家，习惯、判例等在媒体法中有重要地位。这些法律文件可以被粗略地分为三大类：①宪法和专门的新闻（大众传播）法；②信息自由法；③诽谤法和隐私法。② 但也有学者对上述分类持有异议，指出广义的新闻法（大众传播法）的实质内容应当包括：①宪法中的保障新闻自由条款；②国家安全法与

---

① 高一飞：《论我国新闻立法的使命》（上），《新闻知识》2008 年第 9 期。
② 展江：《以新闻立法促进社会进步——第八个记者节感言》，《青年记者》2007 年第 21 期。

刑法中的危害国家安全罪条款；③各种新闻出版、广播电视行政管理法；④信息自由法、保守国家秘密法；⑤诽谤与隐私法。①

不难看出，不管上述分类哪个更完善，广义上新闻立法无不包括"信息自由法"。其实，从渊源来说，历史最为悠久的新闻法——瑞典1766年的《新闻自由法》，至今还作为世界上第一部信息自由法而独享盛誉。信息自由法与新闻法相伴而生，说明了也奠定了信息自由法是作为新闻立法的一部分而存在的事实。例如，德国、西班牙等国的宪法性文件都一并确认了新闻自由和"媒体不受阻碍和歧视地获得信息的权利"。尤其在德国，主要是通过全国新闻立法和地方有关新闻立法来规范政府信息的公开。德国联邦和州的新闻传播法都规定国家和政府一切从业人员有义务向新闻记者等媒体代表提供有关信息。柏林《新闻法》第4条规定："当新闻界能够表明自己是在履行公共职责的时候，官方有义务向新闻界的代表提供信息。"除非：①涉及按保密条例规定必须保密的事务；②有关信息公布或者过早公布会损害或危及公众利益的事项；③因信息传播使合法机构的正当活动受到妨碍、延误或危害；④触及应该受到保护的个人利益。基于此，国家和政府有关机构一般情况下不得禁止和阻挠其从业人员向新闻媒介提供信息。一些世界性或者地区性的国际条约也采取这种规范方式，如联合国大会通过的《世界人权宣言》《公民权利和政治权利国际公约》都在同一个条文中一并规定，"人人有权享有主张和发表意见的自由"以及"寻求、接受和传递消息和思想的自由"。

当然，我们还可以从西方学者的理论分析中获得这种认识。有西方学者认为，新闻法要解决五个问题：第一，从哪里争取自由，如何保障新闻不受国家权力和社会势力的干涉。第二，为谁的自由。即为媒体自身还是受众。第三，新闻自由是给媒体经营者还是记者个人。第四，多大程度的自由。即新闻自由与其他权利发生冲突时如何调整不同利益。第五，以何种方式保护新闻自由。如新闻自由是一种制度性权力还是普通的公民权利。② 马萨诸塞大学的媒体与社会中心主任埃伦·休姆从另一个角度进行了概括，认为自由媒体在民主政体中发挥四

---

① 高一飞：《论我国新闻立法的使命》（上），《新闻知识》2008年第9期。
② 刘迪：《现代西方新闻法制概述》，中国法制出版社，2008，第4页。

个重要作用。第一，自由媒体对当权者发挥监督作用，要他们向人民负责（向政府问责）。第二，自由媒体将需要得到关注的问题公之于众（公布问题）。第三，自由媒体使公民知情，进而让他们能够做出政治抉择（教育引导民众）。第四，自由媒体增进人与人之间的联系，给公民社会带来凝聚力（联系民众）。① 从上述新闻法要解决的第一个问题和媒体发挥的前三个作用来看，新闻立法重点要处理的是政府与新闻自由的关系，即政府权力与新闻监督的关系。而新闻监督的本质意义在于人民监督，所以大众传媒必须向民众提供足够的资讯，提供并促进公正讨论的机会，促使舆论的生成对政府构成强大的监督压力，使其远离腐败。但是，大众传媒如何才能获得满足大众需求的足够的资讯呢？为政府设定公开信息义务，为大众传媒获得政府信息提供权利保障的立法遵循的国际惯例就是《信息自由法》或者《政府信息公开法》。如美国、法国、日本等国家基本完成了对信息自由的立法。其中美国的《信息自由法》修正案于1975年生效后，援引该法要求联邦政府部门提供情报服务的人数不断增加。据统计，到当年8月，司法部平均每月收到2000起信息索取、查询的申请，其中四分之一来自大众传播媒介。② 澳大利亚的《信息自由法》通过以后，来自媒体的信息索取、查询申请虽然不是最多的，但是也达到了20%的比例。③ 由此可见政府信息公开对于媒体采访权实现的意义。

因此，完全可以说政府信息公开制度是新闻立法的一个非常重要的方面，政府信息公开制度的建立标志着新闻立法工作获得了突破性的进展，使新闻立法进程进入了一个实质性的阶段。

二 价值层面：政府信息公开能够保障采访权、媒体舆论监督权的实现

价值的本质不在于真实的事实性，而是它们的有效性。这种有效性表现在：首先，价值附着在对象之上，并且由于价值的附着对象变成有价值；其

---

① 埃伦·休姆：《新闻自由的作用》，《美国参考》2007年第4期。
② 宋小卫：《美国"信息自由法"的立法历程》，http//www.chinaelections.org/。
③ 陈欣新：《表达自由的法律保障》，中国社会科学出版社，2003，第21页。

次，价值与行动主体相联系，并且由于这种联系，主体的行动变成评价即价值判断。① 因此，从价值层面来看，政府承担公开信息责任所从事的公开信息的行为对大众传媒的新闻自由实现具有极大的作用，而这种作用就是"有效性"。

首先，政府信息公开能够保障采访权实现。

2006年4月，上海《解放日报》记者马骋为了对某一新闻事件进行深入采访，向上海市城市规划管理局传真了采访提纲，该局没有予以答复。随后，他又以挂号信的形式向该局寄送了书面采访提纲，再次遭到拒绝。无奈之下，马骋向上海市黄浦区人民法院提起行政诉讼，要求法院判决上海市城市规划管理局按照《上海市政府信息公开规定》，向其提供由自己申请应当公开的政府信息。上海市黄浦区人民法院于6月1日正式受理此案。一周后，马骋突然以"放弃对被申请人的采访申请"为由，撤回了诉状。② 作为国内首例新闻记者起诉政府部门信息不公开的案件，这引起了社会各界的广泛关注，所产生的积极意义是显而易见的。③ 但由于原告的撤诉，该案没能促成保护记者采访权、促进政府信息公开的有标杆意义的司法范本的出笼。

1. 采访权的含义

所谓"采访"，《辞海》的解释有两层含义：第一层意思是"采集访问"，最早可追溯到干宝的《搜神记序》中的"若使采访近世之事，苟有虚错，欲与先贤前儒分其讥谤"；第二层意思则是"新闻工作术语。新闻工作者为取得新闻资料而进行的调查或访问活动，包括了解、分析情况、进行报道等"。由此可知，在时至今日的汉语语境中，"采访"已经成为公众普遍认知、接受的词语：媒体记者采集、访查新闻事实的活动。而采访权，就成为记者开展采访这一职业活动的法律表征，也是报道权、传播权、评论权等其他职业权利的基础，其含义是指媒

---

① 参见苏国勋《理性化及其限制——韦伯思想引论》，上海人民出版社，1988，第272~273页。
② 《上海记者状告市规划局信息不公开后撤回起诉》，http://news.163.com/06/0612/11/2JDQEG1J0001124J.html，检索时间：2009年6月6日。
③ 如江西省检察院检察官杨涛6月3日在"西祠胡同"上发帖说，作为记者的马骋起诉上海市城市规划管理局，具有积极的双重破冰意义：一方面，他的诉讼是在争取记者的采访权利；另一方面，他的诉讼也是在争取公民的知情权利。参见《记者起诉规划部门的破冰意义》，http://www.xici.net；司法部研究室副研究员、《中国司法》杂志副总编刘武俊认为，该案彰显了公民政务知情意识的觉醒和政务知情权的诉求。参见《司法个案督促政府信息公开》，《法制日报》2006年6月12日。

体记者在不违反法律法规的情况下，自主选择采访对象和采访方式进行自主调查，以获取新闻事实材料的权利。当然，一般公民也有采集信息的权利，不过公民的这种权利依国家惯例称为知情权。但是，我们也必须指出，虽然采访权概念具有强烈的法律意味，但在现行法律体系中，对其并没有确认，它是以习惯性权利或"应然权利"① 状态存在于现实生活中，并对大众传媒产生重要影响。

对于采访权的法律属性，理论界有多种认识，但主要有以下两种：其一，采访权乃权利而非权力②；其二，采访权乃权力而非权利。③ 我们赞同前者，因为我国的媒体虽然说所有权归国有，接受党的领导，但其并没有被纳入国家机构当中，并不是国家权力机关，作为媒体工作人员的记者也就不可能成为国家公务人员。记者与采访对象之间的关系，只能是一种平等的协商关系，任何记者都不具有强迫采访对象接受采访的权力。因此，采访权不具有国家强制力，认为采访权是公权力显然失当。不过需要强调的是，对于各级政府及其组织，只要属于政府信息公开范围内的采访，政府就应承担必须配合的义务，这里的"必须"并非媒体具有强迫政府公开信息的权力，而是说，如果政府没有履行接受媒体采访的义务，媒体可以申请行政复议或者通过诉讼获得救济。

但是，采访权又不是一般意义上的民事权利或职业权利。从理论上而言，每个公民都享有知情权，只要愿意，都可以去搜集、探询法律所允许的各种信

---

① 如江西省检察院检察官杨涛6月3日在"西祠胡同"上发帖说，作为记者的马骋起诉上海市城市规划管理局，具有积极的双重破冰意义：一方面，他的诉讼是在争取记者的采访权利；另一方面，他的诉讼也是在争取公民的知情权利。参见《记者起诉规划部门的破冰意义》，http://www.xici.net；司法部研究室副研究员、《中国司法》杂志副总编刘武俊认为，该案彰显了公民政务知情意识的觉醒和政务知情权的诉求。参见《司法个案督促政府信息公开》，《法制日报》2006年6月12日。
② 法学家杨立新认为："采访权是新闻权的组成部分，新闻权是由采访权和报道权构成的。新闻权的权利来源是我国《宪法》规定的新闻自由，既然如此，采访权当然是一种与义务相对应的权利，而不是具有国家强制力的权力。"参见杨立新《隐性采访的合法性及其法律保护》，《检察日报》2000年2月18日。新闻法学家魏永征认为："新闻工作者的采访权乃权利之权，而非权力之权。采访权是记者自主地通过一切合法手段采集新闻材料而不受干预的权利。"参见魏永征《记者同被采访个人的平等关系——二说记者的采访权》，《新闻三昧》2000年第3期。
③ 有学者认为，采访权"不纯粹是一种民事权利，而且具有行政权力的性质"，参见王松苗《新世纪媒体如何从容行使"监督权"》中引黄晓博士的观点，《检察日报》2001年1月4日。朱春霞认为，"记者与法官、警察一样，他们的采访权不是私权利，而是公众权力"，参见朱春霞《论信息公开》，复旦大学，2005年博士学位论文，第92页。

息。不过,精力、时间、机会、技能等诸多因素的不济,造成公众自我获知信息效能的低下。事实上,公众获知信息的主渠道,还是以采集、传播信息为职业的大众传媒。大众传媒大大降低了民众获知信息的各项成本,使民众足不出户就可将行政事务尽收眼底。而大众传媒的信息源,来自记者日复一日的采访活动。可以这样说,记者充当着"拟态公众"的角色,在帮助甚至是"代替"公众实现其知情的权利。

2. 政府信息公开保障采访权实现

从政府角度来看,政府信息公开是对社会各主体的平等公开,换言之,政府信息公开的权利主体基本上是没有限制的。应当说,一切机关、团体、组织和公民个人,即"任何人"都有权请求负有公开义务的主体(政府机关)履行其公开义务。[1] 由此可知,政府信息公开权利主体并不排除作为现代社会最重要的信息传播中介的媒体。从大众传媒角度来看,采访权本身就是一种知情权,在很多情况下是一种消极权利,国家、社会和他人只是承担不予任意妨碍、干涉、阻挠记者正常采访的义务,普通公民并没有必须承担接受记者采访的法定义务,有权拒绝;当采访政府所掌握的政务公共信息时,采访权就成为一种积极权利。政府机构作为采访权的特殊义务主体,有责任向记者提供除国家秘密、商业秘密、个人隐私等法律保护之外的各种信息,无权拒绝记者正当的采访要求。这一论断的法理依据在于:政府受民众委托、经民众选举而产生,是服务民众的公共机构;政府机构所生产、掌握的信息绝大多数属于公共信息而非私人信息,与公众利益密切相关,应该让公众知悉和使用;政府机构生产、掌握的信息成本来自税收,政府信息本质上是一种"公共财产"和"公共资源",其所有权人为社会公众,政府机构有责任、义务向公众开放信息;政府机构是公民知情权的义务主体,而公民的知情权主要依靠记者的采访权来实现,因此政府机构负有向记者提供信息的特定义务。[2] 因此可以说,正

---

[1] 《中华人民共和国政府信息公开条例》第1条规定,为了保障公民、法人和其他组织依法获取政府信息,提高政府工作的透明度,促进依法行政,充分发挥政府信息对人民群众生产、生活和经济社会活动的服务作用,制定本条例。

[2] 《中华人民共和国政府信息公开条例》第1条规定,为了保障公民、法人和其他组织依法获取政府信息,提高政府工作的透明度,促进依法行政,充分发挥政府信息对人民群众生产、生活和经济社会活动的服务作用,制定本条例。

因为政府信息公开的制度构建,才使采访权在法律上找到了最直接依据,为采访权"应然权利"属性转化为"实然权利"提供了司法可能。

另外,信息公开对媒体来说还有着特别的意义。因为对媒体而言,信息不公开,就意味着无法表达:"假如没有什么可以表达的,那么宪法所确认的言论和表达自由将失去意义。"① 国际交流问题研究委员会也认为,"新闻人员有要求不受妨碍地搜集消息情报并安全、有效地予以传送的权利";虽然"人人都应享有搜集和传播消息情报的权利以及发表意见的权利,但是新闻人员需要行使这些权利作为他们有效地进行工作的基本条件"。② 因此,接近政府信息、要求政府信息公开的权利并非针对媒体而设计,而是媒体权利的应有之义。媒体的采访权行使已内含了接近信息和信息公开的要求。同时,我们还必须正视"据有关方面统计,我国约80%的社会信息资源掌握在政府部门手中"这个现实,作为以传递信息为己任的大众传媒,若在政府信息公开的前提下,会获得怎样的蓬勃发展,公民知情权会是怎样有效保障,这些都是不言而喻的。

其次,媒体舆论监督权的实现有赖于政府的信息公开。

广义上的舆论监督是指公众利用大众传媒对一切违法乱纪、贪污腐败、伤风败俗等负面行为的人或事进行揭露、批评和提出建议的行为。狭义上的舆论监督是指公众利用大众传媒对国家机关及其工作人员所从事的职权行为和能够对他们公正行使职权产生影响的社会行为进行揭露、批评和提出建议的行为。所以,从狭义上而言,它是公民依法管理国家事务的民主权利的体现,是人民参政议政的一种形式,是现代宪政制度的一个组成部分,是现代政治文明建设须臾不可缺少的。

基于舆论监督的含义,我们可推知舆论监督权应包含以下意思:公众有权利用大众传媒披露与公共利益相关的事务并对政府、社会公共事务及社会现象进行批评和建议。舆论监督权最主要的指向就是国家权力机关,包括与之相关的依法行政、日常工作和运行信息,舆论监督权是由公民的言论自由、批评建议权延伸出的具有独立价值的权利,是宪政制度所保障的一项制度性权利。

---

① T. Barton Carter, *Mass Communication Law*, Beijing: Law Press, 2004, p. 256.
② 联合国教科文组织国际交流委员会:《多种声音,一个世界》,中国对外翻译出版公司,1981,第322页。

不过，如果政府机关不公开信息，或者法律不明确界定其信息的披露或豁免范围，或者政府机关在披露什么、披露多少信息方面并没完全依照法律规定操作，那么，大众传媒的舆论监督权也就无法得到落实或者无法得到全面落实。这是因为，一方面，作为最主要的信息生产者和持有者，政府掌握了全社会80%以上的信息资源，理应通过大众传媒的信息公开促进信息资源更快更好地开发利用；另一方面，本质上舆论监督权的实施也要求作为被监督者的政府部门的信息透明化，大众传媒只有在搜集到信息的基础上才可以对其进行分析论证最终形成信息产品并借此达到监督政府部门的目的。在封闭的环境下，或者在采集、接近信息时，频频遭政府机关拒绝的情况下，媒体就无法了解相关的国家事务和社会公共事务，相对应地也就不可能进行表达或者即使是表达也是无的放矢，会因切中不了要害而显得毫无价值。因此，可以这么说，政府信息公开就是舆论监督权实现的前提，是大众传媒形成思想、观点和意见的关键条件。不承认政府具有信息公开的法定义务，或者不允许大众传媒利用政府机关掌握的信息，就无法发挥或者无法充分发挥媒体传播中介、舆论监督的功能。

全国人大常委会2007年8月30日通过了《中华人民共和国突发事件应对法》（2007年11月1日施行）。这部专门法律删除了2006年草案中对媒体报道的限制性规定，即"新闻媒体违反规定擅自发布有关突发事件处置工作的情况和事态发展的信息或者报道虚假情况，将由所在地履行统一领导职责的人民政府处以5万元以上10万元以下罚款"。"突发事件的相关信息由该地人民政府统一发布，新闻媒体的相关报道也归其统一管理。"这一删除行为表明，最大限度地发挥大众传媒的传播信息功能，确保信息发布畅通、透明的宗旨已在法律上得到了充分确立。这样，舆论监督也就获得了一种法制化的制度保障。

三 实践层面：政府信息公开制度的贯彻执行对新闻媒体的实践会产生很大促进作用

政府信息公开制度的贯彻执行对新闻媒体的实践会产生很大促进作用，为了说明这种作用，我们选择以2008年生效的《政府信息公开条例》（以下简称《条例》）为例来加以分析。

首先，确定了媒体的权利与政府的义务。

在条例出台之前，长期以来，我国政府将多数应该公开的信息视为政府所有并确定为机密，仅限于行政机关内部流动，即使将有关重大信息向公众披露，也是作为行使权力的恩惠，大量信息的公开与否完全取决于行政机关高兴不高兴、愿意不愿意，从来没意识到信息公开是一种本身应该承担的不可推卸的责任，要将人民的信息还给人民。不过，《条例》的出台，使情况大为改观。《条例》第 1 条指出："为了保障公民、法人和其他组织依法获取政府信息，提高政府工作的透明度，促进依法行政，充分发挥政府信息对人民群众生产、生活和经济社会活动的服务作用，制定本条例。"这说明该条例把保障包括大众传媒在内的所有行政相对人依法获得政府信息作为首要的立法目的，体现了关注民生、保障权利、提供服务的精神，完全实现了信息公开由政府机关的自愿的、非义务性配合转化为法定的必须履行的义务。更为直接的是，《条例》不但在第 6 条规定了"行政机关应当及时、准确地公开政府信息"，在第 4 条[①]要求相关政府及其部门指定专门机构负责政府信息公开的事宜，而且首次在行政法规层级的法律文件中确定了公民、法人或者其他组织的信息请求权。尽管该条例并没有明确规定各级政府组织必须承担接受大众传媒采访的义务，但是大众传媒作为"其他组织"中的一员，理应享有第 13 条[②]规定的权利，要求政府部门配合其采访，政府部门也应承担提供相应信息的义务。

其次，媒体获取政府信息的方式和程序的规范化。

为了便于包括媒体在内的信息索取者获取政府信息，同时也为了防止行政机关寻找借口拒绝信息公开，《条例》对政府信息公开的方式和程序做了规范

---

① 第 4 条：各级人民政府及县级以上人民政府部门应当建立健全本行政机关的政府信息公开工作制度，并指定机构（以下统称政府信息公开工作机构）负责本行政机关政府信息公开的日常工作。政府信息公开工作机构的具体职责是：（一）具体承办本行政机关的政府信息公开事宜；（二）维护和更新本行政机关公开的政府信息；（三）组织编制本行政机关的政府信息公开指南、政府信息公开目录和政府信息公开工作年度报告；（四）对拟公开的政府信息进行保密审查；（五）本行政机关规定的与政府信息公开有关的其他职责。

② 第 13 条：除本条例第 9 条、第 10 条、第 11 条、第 12 条规定的行政机关主动公开的政府信息外，公民、法人或者其他组织还可以根据自身生产、生活、科研等特殊需要，向国务院部门、地方各级人民政府及县级以上地方人民政府部门申请获取相关政府信息。

性的要求。第一，在方式方面，该条例第 15 条规定，行政机关应当将主动公开的政府信息，通过政府公报、政府网站、新闻发布会以及报刊、广播、电视等便于公众知晓的方式公开。对于该条款的解读，我们不能将认识止于政府部门可以选择报刊、广播、电视等大众传媒作为公开传播信息的通道，还应从大众传媒作为信息公开的法定途径这个层面，反向引申出大众传媒必然具有从政府部门获得信息的权利。第二，在程序方面，该条例第 20 条明确指出，公民、法人或者其他组织依照本条例第 13 条规定向行政机关申请获取政府信息的，应当采用书面形式（包括数据电文形式）；采用书面形式确有困难的，申请人可以口头提出，由受理该申请的行政机关代为填写政府信息公开申请。如此一来，大众传媒想要通过采访政府部门取得"根据自身生产、生活、科研等特殊需要"的信息，也必须填写书面申请。当然，对于大众传媒来说，一般情况下并不存在填写书面申请困难的情况，所以不可以采用口头形式提出。而针对传媒申请，该条例第 21 条设立了信息持有人的答复机制，即对信息公开的申请人，无论信息公开、提供与否，必须要分别情况进行答复：如为应当公开的信息，告知其获取该政府信息的方式和途径；如属不予公开范围的，应当告知申请人并说明理由；如依法不属本行政机关公开或者该政府信息不存在的，应当告知申请人，对能够确定该政府信息的公开机关的，应当告知申请人该行政机关的名称、联系方式等。第三，对于两种特殊情况，该条例分别做出了规定，其一，对于申请公开的政府信息中含有不应当公开的内容，第 22 条指出，若能够做区分处理的，行政机关应当向申请人提供可以公开的信息内容，即遵循分割原则；其二，对于申请公开的政府信息涉及商业秘密、个人隐私，公开后可能损害第三方合法权益的，第 23 条指出，应当书面征求第三方的意见，若第三方不同意公开的，不得公开。但是，行政机关认为不公开可能对公共利益造成重大影响的，应当予以公开，并将决定公开的政府信息内容和理由书面通知第三方。另外，对于行政机关答复的时效，该条例第 24 条也进行了约束，"行政机关收到政府信息公开申请，能够当场答复的，应当当场予以答复。行政机关不能当场答复的，应当自收到申请之日起 15 个工作日内予以答复；如需延长答复期限的，应当经政府信息公开工作机构负责人同意，并告知申请人，延长答复的期限最长不得超过 15 个工作日。"

上述这些规定，一方面奠定了政府由管理角色到服务角色转型的基础，另一方面也为媒体索取、查阅有关政府信息提供了可遵循的规范化的程序，并在此基础上更好地实现舆论监督和公民的知情权。

再次，为媒体开展舆论监督指明了方向。

正如前述，政府信息公开制度的确立，使得舆论监督能够师出有名、有法可依，便于从源头上遏制和预防腐败。各级政府组织依法行政的过程公开透明，并不代表能够完全杜绝政府官员徇私舞弊、贪赃枉法、假公济私等违法乱纪行为，但是，大众传媒的有效介入无疑会大大降低腐败发生的概率。对此不再赘述。

《条例》第9条[①]以非常宽泛的用语概括了政府承担主动公开的信息范围，极大地保障了公民知情权的实现。同时，该条例又通过第10、11、12条的重点列举，将人们最关心、行政人员最容易违法乱纪的领域指出来，包括重大建设项目的批准和实施情况，政府集中采购项目的目录、标准及实施情况等，使人们的合法权益获得最大限度的保障。尤其是，《条例》第11条中列举的政府信息公开重点，有针对性地划出了最容易被做手脚、颇受民众非议的项目：如"设区的市级人民政府、县级人民政府及其部门重点公开的政府信息还应当包括下列内容：（一）城乡建设和管理的重大事项；（二）社会公益事业建设情况；（三）征收或者征用土地、房屋拆迁及其补偿、补助费用的发放、使用情况；（四）抢险救灾、优抚、救济、社会捐助等款物的管理、使用和分配情况"。

该条例之所以要在通过概括的方式规定政府信息公开范围后还通过分别列举的形式将重点区域以法规的方式规定，是因为立法者与民众都有一个共识：这些都是腐败的重灾区域，也是现实生活中一些政府官员利用权力谋取私利的要害所在。因此，对这些领域的信息强制公开，实际上是为了杜绝某些不法行政人员的违法可能，至少是增加其操作难度。对于担负舆论监督职责的大众传

---

① 第9条：行政机关对符合下列基本要求之一的政府信息应当主动公开：（一）涉及公民、法人或者其他组织切身利益的；（二）需要社会公众广泛知晓或者参与的；（三）反映本行政机关机构设置、职能、办事程序等情况的；（四）其他依照法律、法规和国家有关规定应当主动公开的。

媒来讲，该条例对信息公开范围的确定无疑是为大众传媒下一阶段集中报道或曝光的重点选定了范围、指明了方向。

最后，媒体信息索取、查询受阻后的救济司法化。

"权利依赖于救济（Rights depends upon remedies）。"① "一项不能被主张、被要求，或请求享有行使的权利，不仅是'有缺陷的'，而且是一个空洞的规定。"② 救济是防止对权利的侵害，以及当权利受到侵害时矫正和补救受到的侵害的手段。③ 这些片言碎语都在说明一个耳熟能详的古老法律格言：有权利必有救济。换言之，要想使法律所确定的权利成为现实的、可靠的权利，必须以有效的救济手段尤其是诉讼方式作为有关主体的权利救济的依托，即一旦主体依法享有的权利受到侵害，该权利主体可以通过有效的救济途径特别是通过向法院提起诉讼的方式获得救济，否则法律所规定的权利只能成为文明社会中的一个美丽的装饰。政府信息公开制度中也存在同样问题，正因为知情权的存在，公开信息就成为政府部门的一项责任和义务，对于政府部门不依法履行自己的信息公开义务，法律上应该有救济途径来对公民获取信息的权利加以保护。否则，就会出现无论获得政府信息的权利设计得如何严密，在很大程度上这个权利只是一个立法者许给公民的空头支票。因而救济原则是政府信息公开法律制度的基本原则之一。

综观世界各国信息立法和司法实践，大多数国家在信息公开的执行上都设置了救济手段，以修正政府机关信息公开的不作为。我国《条例》第33条第1款规定："公民、法人或者其他组织认为行政机关不依法履行政府信息公开义务的，可以向上级行政机关、监察机关或者政府信息公开工作主管部门举报。收到举报的机关应当予以调查处理。"第2款规定："公民、法人或者其他组织认为行政机关在政府信息公开工作中的具体行政行为侵犯其合法权益的，可以依法申请行政复议或者提起行政诉讼。"据此我们以为，该条款比较系统地规定了包括媒体在内的信息权利主体在信息索取、查询受阻后的救济途

---

① H. W. R. Wade, *Administrative Law*, Clarendon Press, Oxford, fifth edition, p. 513.
② S. J. Stoljor, *An Analysis of Rights*, the Macmillan Press, Ltd., 1984, p. 4, 转引自夏勇《人权概念起源》，中国政法大学出版社，2001, 第50页。
③ Henry Campbell Black, *Black's Law Dictionary*, fifth edition, p. 1162.

径，即申诉、申请行政复议和提起行政诉讼，明确了信息申请的可诉性。如此一来，对于大众传媒而言，如果认为政府部门在执行信息公开上有不作为时，或者在执行信息公开行政行为时不当阻碍了正常的采访权时，可以通过向上级行政机关、监察机关或者政府信息公开工作主管部门举报，也可采取行政复议或者提起行政诉讼等多种途径来维护采访的权利。需要强调的是，在大众传媒自认为合法权利受到侵害后，是提起行政复议还是提起行政诉讼，完全由媒体自己来决定，可以直接提起行政诉讼，也可以在提起行政复议后不服复议决定再提起行政诉讼，但是不可同时提起行政复议和行政诉讼。对法院判决不服可以上诉，但不可再提起行政复议。如此看来，该条例对救济途径的具体设置使媒体接近政府信息有了切实的保障，强化了媒体对行政机关的监督，在一定程度上也强化了媒体舆论监督权。

结　　语

近年来，在我国构建信息管理体制工作中，信息公开、信息管理与大众传媒采访报道问题日益受到重视。如 2006 年 1 月国务院发布的《国家突发公共事件总体应急预案》、2007 年 8 月颁布的《突发事件应对法》和 2008 年 5 月生效的《政府信息公开条例》都对信息公开、信息管理与大众传媒的采访报道问题进行了不同程度的规范。可以说，信息公开制度的建立、信息公开实践的开展对大众传媒所具有的深远影响，已被立法界所认识到，且已被立法界所确认。不过，由于种种原因，我国的信息公开制度和信息公开实践都存有很多不足，尤其是在有关大众传媒方面，若想达到西方国家的水平尚有很长一段路要走。

中国广播电视规制的历史检视及其改革路径[*]

改革开放 30 多年来,我国广播电视事业飞速发展,广播电视已成为影响力巨大的大众传媒,在政治、经济、文化和社会生活中,发挥了十分重要的积极作用。然而,在广播电视发展的过程中,由于管理滞后,规范不健全,播出机构乱播乱放、采编人员越位错位、节目低俗之风等问题时有发生,这给广播电视媒体的声誉及广播电视事业的发展带来了很大的负面影响。

本文试图对 30 多年来我国广播电视规制的发展脉络与现存问题做简要回顾与评述,在此基础上提出规制创新突破的路径选择。

一 我国广播电视规制的嬗变轨迹

我国广播电视规制的发展轨迹与中国经济、社会的总体改革进程是同步的,大体上可划分为三个阶段。

(一)行政导向阶段(1978~1991 年)

1978 年以后,改革开放为中国的广播电视业提供了发展的契机。20 世纪 80 年代初,中国广播电视业开始起飞,在短短几年内,其媒介规模、受众规模以及传播的影响力都有了质的飞跃。1983 年 3 月召开的第十一次全国广播电视会议,明确了广电行政机构设置、中央与地方关系、广播电视机构的性质和任务等问题。提出了"四级办广播、四级办电视、四级混合覆盖"的事业建设方针。同时,对于中国广播电视事业的双重领导体制进行了重申。

---

[*] 发表于《湖北社会科学》2010 年第 1 期。本文第一作者是博士生刘建新。

（二）市场导向阶段（1992～2000年）

进入20世纪90年代以后，中国开始从计划经济向市场经济转轨。在市场化浪潮的推动下，以建立适应市场经济的运行机制为主要目标而进行的一系列改革成为90年代广播电视的发展主题。1992年，中共中央、国务院制定了《关于加快发展第三产业的决定》，明确将广播电视列为第三产业，极大促进了广播电视业的发展。一时间，全国涌现了有线与无线、事业与企业、综合与专业的数千个电视台。随着社会主义市场经济体制的日益完善，为了减少重复建设与无序竞争，广播电视业开始启动集团化改革，各地相继组建广播电视集团。

（三）资本导向阶段（2001年迄今）

2001年，中国签订加入WTO的协议，虽然我国没有承诺对外开放广播电视领域，然而入世后国外资本依然影响和冲击着我国广播电视业。为了迎接WTO给中国广播电视业带来的挑战，国家广播电影电视总局相继推出了一系列政策来调整广播电视业，以应对信息全球化的冲击。这一时期广播电视业的政策法规主要围绕境外资本和民营资本的准入与管理，2002年，国家广电总局放宽了电视剧、广播电视节目等影视制作机构的市场准入门槛，允许民营资本作为经营主体进入除新闻宣传外的广播电视节目制作业，允许个人、私营企业设立除新闻宣传外的电视剧、电视专题节目等影视制作机构。对外采取有限制开放和引进政策，2004年2月发布的《关于促进广播影视业发展的意见》中提道，允许境外资本与我方合资合作制作广播电视节目，但严禁设立外商独资、中外合资、中外合作经营的广播电台、电视台、节目制作经营机构，严禁外资进入广播电视传输覆盖网。

纵观我国广播电视管理制度30多年的变迁历程，隐约可以发现这样一个逻辑：中国传媒制度变迁是一个从纯粹政治权力领域走向"具有政治功能的公共领域"的过程；传媒制度变迁的历史和逻辑起点是传媒的市场化改革，市场化改革本身就是一个政治变迁的过程。

二 广播电视规制现存问题的检讨

改革开放以来，我国广播电视事业迅速发展的同时也面临着诸多问题，如某些从业者的行为有失规范而又无所适从，一些节目内容引起非议而又无规可依、无制可循，暴力、色情、低俗之风引起了公众批评却依然故我。我国广播电视的规制和管理模式已难以适应形势发展的需要，急需变革、寻求突破。

要探寻我国广播电视规制的变革之路，必须先对现行规制系统做一个基本的检讨。

（一）规制的人治色彩明显，缺乏法制框架下的稳定性

我国广播电视管理体制是在过去广播电视机构定位为事业单位的背景下形成的，具有明显的行政机关管理痕迹，看重的是广播电视的宣传喉舌性质和效用。这样的管理体制被有些学者视为"源自意识形态的需要和计划经济的惯性与本能"。这种惯性使得广播电视规制缺乏正式的法律法规，取而代之的是各种临时性的文件和内部通知满天飞。

有关广播电视行业干部的任命、经费拨付、请示审批等等，无不体现出明显的行政长官意志和人治的随意性。可怕的是，面对如今广播电视业市场化、产业化的浪潮，我们的政府管理部门对这种直接的、传统的行政管理方式依然不离不弃。可是，传统行政手段管理体制和机制明显具有滞后性和不完善性，会使广播电视业对市场信息反应迟缓从而丧失做大做强的机会。

（二）公共利益缺失

广播电视等大众传媒是国民获取信息的重要、权威、及时的渠道和途径。党的十六大以来，我国对于兼具公共服务与产业功能的媒体定位已经十分明确。可是在实际操作中，淡化公共服务，导致"公共利益"表达上日渐稀释的现象却屡见不鲜。一个颇为典型的例子是，从1996年起，绝大多数省份都试开了省内公共频道，并在2003年经广电总局协调而统一正式开播，其初衷不言而喻。可是，时至今日，究竟有多少号称公共频道的频道真正拒绝了商业

广告的赞助，名副其实、不折不扣地为实现社会公共利益而表达呢？

私人对公共物品的消费和生产决策是无效率的，只有代表社会公共利益的政府才能对公共物品的消费和生产进行有利于最大多数人利益的控制和安排。具体到广播电视领域，广电部门及国有广播电视台就是政府提供公共服务的具体执行者。

然而，如今的现实是广电总局和各地方广播电视管理机构，既是行业的监督管理者同时又是行业利益的代表，当然难以保证完全从公众的利益和文化产品消费者的立场去思考问题，制定政策。他们代表该行业少数所属企业的利益，极力维护其垄断地位，甚至在某些时候有可能做出与中央的方针政策相违背的决定。

（三）政策壁垒森严，块状行业管理依旧

中国传媒业目前处在一种分割的市场结构之中，地区壁垒、媒体壁垒和行业壁垒严重阻碍传媒产业的扩张。

随着技术的进步，媒介的融合趋势越来越明显，不同媒介形态之间的融合和共赢是新技术营造的新市场带来的必然结果。在中国，由于政策壁垒的存在，不同媒体类型之间的融合和资源共享还只能见诸理论的探讨，具体尝试只在极小的范围内存在，且影响甚微。目前我国电视机构还没有正常退出机制，跨区域、跨行业的媒体并购只是在个别地区以及平面媒体内开展试点。广电部门实际上是垄断利益的共同体，为了保持自身行业的垄断利益，时刻警惕、封堵其他行业对广播电视业的渗透、扩张，拒绝对外开放市场。某些文件虽然规定同等对待市场主体，却不太容易在实践中顺利执行。

技术和市场两方面为广播电视业超速扩张提供了可能性，但是，如何将这样的可能性变成现实，需要有具体的制度支持。

三 广播电视规制改革的可行路径

党的十七大报告指出："站在时代的高起点上推动文化内容形式、体制机制、传播手段创新，解放和发展文化生产力，是繁荣文化的必由之路。"

在现有的游戏规则制约下，广播电视业的发展已经到达某种极限。很显然，规制变革已经成为保证和促进中国广播电视业健康快速发展的第一要务。

（一）完善规制法律，明确制度界限

党的十六大提出依法执政原则，然而我国目前的广播电视规制存在规制法规零散、不成系统的问题。法律条文虽多，但真正具有高效力的法律不多，主要还是行政规章。迄今为止，我国有关广播电视及网上视听服务的最高级别的法规只是1997年国务院通过的《广播电视管理条例》，而通过全国人大制定的法律至今还是空白。

广电立法可以引导、促进、规范和保障改革与发展。用法律来确定规制目标，用法律来建构一个由规制范围、规制主体、规制方式和监督救济机制共同构成的公共规制行动结构，包括规范媒体与政府、媒体与公民各自的权利与义务，厘清非营利服务与营利性活动的界限、各自目标及分类管理的政策。

中国人民大学戴元初博士指出，管制领域和放松管制的领域要有明晰的界限。如果有较为明晰的尺度可以让传媒机构掌握，那么，他们自己就能够掌握自己的行为分寸，对于自身的行为结果有准确而真实的预期。没有明确的规制约束，传媒产业的正式进入就会因为风险过高而变得异常困难。现在中国的传媒产业投资由于规制明晰程度还不到位，投资存在许多不确定性因素，风险程度极高，具有雄厚势力的理性投资者在产业的门外徘徊，一些冒险者甚至是骗子则在各种利益权衡中突击套利，给传媒产业的稳定发展遗留后患。

因此，要建立系统而完善的广播电视法律法规体系，使我国的广播电视规制主体在法律的框架内行使规制权力，使传媒机构在明晰的制度界限内大胆创新、大显身手。

（二）规制变革要与既得利益保持距离

武汉大学夏倩芳教授指出规制的目的是调和产业利益与公共利益之矛盾，在规制实践中，公共利益概念具有模糊性和功利性，常常被各种势力用来合法化其自身利益。在政策制定和执行过程中，由于媒介企业与公众之间组织资源

的不平衡，公共利益本身往往不能公平地表达，这一直是广电媒介政府规制的症结所在。

由于政治、历史的原因，中国的传媒产业长期以来属于法定垄断领域，可以轻松获得超额利润，所以一旦有别人想进入，垄断者一定会游说决策部门，找出无数维持现行政策和制度规范的好处，这基本上是一种本能反应。因为垄断者很清楚，就谋取最大利益来说，没有什么比法定垄断更好的手段，至少他可以获得稳定的利润来源而不必时刻为竞争殚精竭虑。更何况传媒产业自身就具有可以理直气壮的特性：除了商品属性之外的意识形态属性。

但是，传媒是社会公器，传媒的发展程度与社会进步密切相关。规制制定者应该有超越具体部门利益的眼光和思维，从公共福利和民族福祉的角度考虑问题，设置制度。如何保证广播电视正面地去影响最广泛的公众，满足公共利益呢？英国的经验也许值得借鉴，英国公共广播机构的理念是，地理普及、服务大众广泛需求、对少数群体的特殊关照、对民族特征和社区同感的贡献（产生集体的凝聚力）、与既得利益保持距离、直接经费和普遍付费、节目质量的竞争而非观众人数的竞争，对节目创设者的方针是鼓励创造、促进文化的繁荣。

（三）设立广播电视综合性管理机构

长期以来，广电形成了多层次、以行政权力为中心、区域与行业及所有制之间相对封闭的产业格局。规制改革需要突破这种狭隘的管理思维，最佳的产业管理或法规政策应该是能为产业或企业创造一个公平的、有利于产生强者而不是庇护强者的市场环境。这也是完善市场经济社会需要塑造的制度环境。

当前，随着计算机技术和光纤技术的突飞猛进，数字化与三网融合浪潮对中国广电业产生了严重冲击，广电业往往以意识形态安全为由而拒绝开放。这就需要政府动用国家层面的力量来进行整合。政府管理部门可以考虑将传统广播电视行业与电信业和互联网的有关业务纳入统一规制，明确统一的规制机构。如新加坡媒介发展局（前身是新加坡广播电视局）成立于2003年，是新加坡政府为实现其"全球性媒介城市"这一目标，为适应媒介环境的新变化、推动传媒行业的发展，为建立高效的媒介规制机构而采取的重大举措。

中国可以考虑成立囊括电信、广电、互联网等信息传播部门的国家通信委员会，类似于美国的 FCC（联邦通讯委员会），来打破市场垄断，强化市场的宏观管理。

（四）重视行业协会的中间人角色

目前，在我国广播电视节目内容管理中，他律性（法律、政策，甚至口头传达的宣传精神等强制性）规范占了主导地位，而准法律或准自律性的规范几乎是一个空白。而在发达国家，作为强制性规范的法律并不多，真正起主要作用的是由行业组织制定并执行的准自律和准法律的管理规范，这些规范占了主导地位（见图1）。

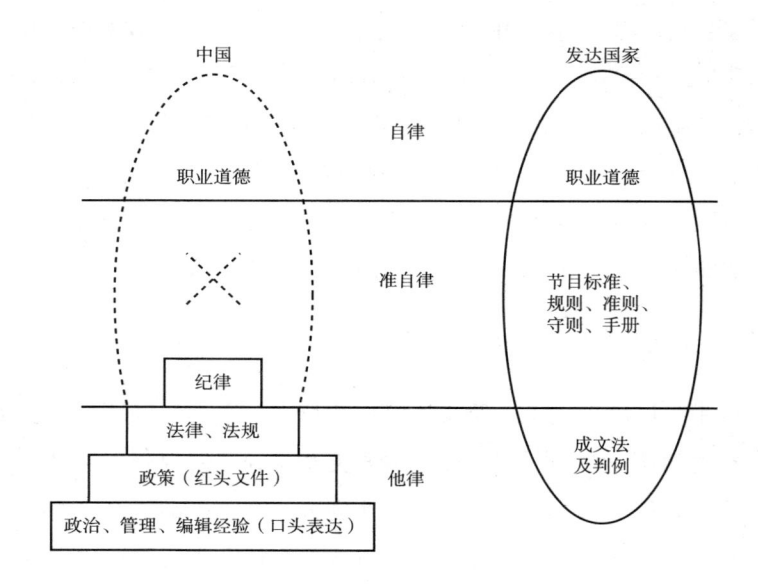

图1 中外媒体行为规范示意图

资料来源：《广播电视节目审议规则（建议稿）》简介，《中国广播电视学刊》2009 年 7 月。

中国这种传统的广电强制性管理模式缺少弹性，未能发挥行业协会的自律和缓冲作用，行业自律机制生长缓慢，公众在对广播电视节目的监管中难以发挥作用，不符合建设法治政府，实现小政府、大社会的民主法治发展的大趋势。

反观西方国家，就很重视这种行业自律，如美国传媒评估组织 FAIR

(Fairness and Accuracy in Reporting),通过详尽观察、跟踪媒介运作的第一手资料,对媒介的表现进行评判。

可喜的是,中国广播电视协会作为广播电视的行业组织,于 2006 年推出了一部《广播电视节目审议规则》,这部建议稿是由政府的依法指导、按照自身章程规定所制定的节目内容管理规则和程序,它不是法律,而是属于符合法律精神与原则以及协会章程的自律性规范。可以说,这是行业协会在中国广播电视规制中发挥中间人角色作用迈出的坚实一步。

参考文献

[1] 王泽华、王全领:《新世纪中国广播电视产业发展趋势》,《新闻知识》2004 年第 3 期。
[2] 钱蔚:《政治、市场与电视制度》,河南人民出版社,2002,第 33 页。
[3] 李向阳:《创新规制:发展广播电视先进文化的制度保障》,《现代传播》2008 年第 1 期。
[4] 戴元初:《中国传媒产业规制的解构与重构》,《青年记者》2006 年第 2 期。
[5] 夏倩芳:《广播电视放松规制与重新界定公共利益》,《现代传播》2005 年第 4 期。
[6] 郭镇之:《公共广播电视:变与不变之间》,《新闻大学》2006 年第 3 期。
[7] 樊俊:《广播电视产业发展对管理变革的要求》,《新闻窗》2007 年第 6 期。

我国财经报道的现状、问题与思考（上）[*]

当今财经报道已经是新闻报道中的一个当家品种，不但有大量的财经类日报、周报，而且凡综合性日报必有财经专版。财经报道的意义重大，关系到国计民生。但是做好财经报道又不是一件容易的事，除了遵循真实性和及时性的新闻报道基本要求之外，既要处理好专业性和通俗化之间的矛盾，又要能在深度解读上提出富有建设性的预测。

一　什么是财经报道

财经报道是关于财经新闻的报道。要说明什么是财经报道，实际上是搞清楚什么是财经新闻。但是，关于什么是财经新闻，国内业界和学界至今没有一个得到公认的界定。

（一）一种常见的说法是，财经新闻有广义和狭义之别

广义的财经新闻或称泛经济新闻，覆盖全部社会经济生活以及与经济有关的领域，包括从生产到消费，从城市到农村，从宏观到微观，从安全生产到服务质量，从经济工作到政治、社会生活中的相关领域。狭义的财经新闻重点关注资本市场、金融市场以及与投资相关的要素市场，并用金融、资本市场的视角看中国经济生活。

也可以说，如果广义的财经新闻是从投资、生产、流通、分配这样一些环节来描述社会经济生活过程的话，那么，狭义的财经新闻主要聚焦于投资并从投资的角度观察和报道经济生活。

---

[*] 发表于《新闻研究导刊》2011 年第 3 期。

（二）另一种划分是从"宏观、中观、微观"三个层面观照经济活动、经济现象

宏观讲形势。就是发展趋势、大势、走势，与实际经济运行紧密结合起来，根据当前经济运行情况分析当前形势和发展趋势，研究还有什么问题，应该解决什么问题。

中观讲思路。作为地方或者行业，中观这一块，要报道好他们怎么落实中央的政策，有什么新的思路、新的做法、新的措施，工作上有哪些创新。

微观讲案例。讲微观就是怎么报道，应该抓典型案例。

（三）财经报道还有一种不太严格的划分是将经济类新闻分为"财经、政经、产经"

财经就是上述狭义的财经新闻。

政经无人给过清楚的定义，在实践中则不乏探索。新华社于2003年11月18日创刊的《瞭望东方周刊》，则被认为是一家典型的政经新闻周刊，该刊的口号"以政治眼光看经济，以经济眼光看政治"，可以理解为对政经的简单概括。

《瞭望东方周刊》的编辑部曾对政经做过如下区别性说明：其一，关注政府与市场的关系，探讨政府在经济活动中所起作用的边界。其二，关注公众利益。就是说，不是纯粹从经济角度出发，当经济活动与经济现象涉及公众利益的时候就关注；在效率和公平上，倾向于关注公平；在财富创造与分配上，更关注分配。[①]

产经指一些重要和热门的产业，如汽车、家电、IT、房地产、电信等。各财经报刊开辟的产经版块与栏目，一般也是广告投资的重点产业。有些媒体把各行业的龙头公司的报道也算作产经。

---

① 郑春峰、刘丽琴：《财经报道的宏观视野与中观视角》，《中国记者》2006年第11期。

二 财经报道的发展阶段及特点

在一个社会中,经济是一个系统化的整体,由变动着的一系列相关的进程、状态和指标构成。而变动就产生新闻。新闻随着经济领域的改革可以被划分成不同的阶段,呈现出不同的面貌特征。自改革开放以来,以1992年邓小平南方谈话和2001年中国加入世贸组织为界,以报刊为例,可以把财经报道大致分成三个阶段。

(一)第一阶段是1978~1992年,这个阶段是经济新闻的重振时期

1978年十一届三中全会把党的工作重心从阶级斗争转移到生产力的发展上来,提出了经济体制改革。新闻界紧跟这个历史进程,相继创办了一些财经报刊。表中的媒体作为经济新闻振兴的记录者与见证者,功不可没。

时间(年)	主办	报刊	说明
1979	人民日报社	《市场报》	率先反映国内各经济行业最新动态
1981	新华社	《经济参考报》	改革开放后诞生的第一份全国性经济日报
1983	国家经委	《经济日报》	以《中国财经报》为基础组件
1987	8家银行	《金融时报》	党和国家在金融领域的最重要的媒体
1989	全国工商联	《中华工商时报》	工商界舆论阵地和信息平台

第一阶段经济新闻报道的特点有以下几点。

1. 报道领域拓宽,报道角度着眼政治

相比以前,这一时期的报道既有宏观上对经济的扫描,对政策的宣传和解读,也在微观上关注民生和市场动态。尤其是像《经济学家赶集》《访厕记》这类报道从百姓小视角看经济大问题,贴近生活,贴近实际,也打开了百姓关注经济生活的视野,起到了市场经济思想启蒙的作用。但总的来说,这些报刊都是政府出于宣传、推广经济政策的需要而创办,受众更多的是政府官员和企业主,所以对于市场经济中的经济现象和经济行为的报道角度大多着眼于

政治。

2. "讨论式"报道成为主流

从经济改革开始,新旧体制的摩擦不断,对于改革持怀疑和否定态度的人不在少数。对于当时的中国来说,是稳定经济还是继续深化改革,中国的市场是姓社还是姓资,这些问题意见不一,存在很多分歧,因此,在改革争论中,媒体本着审慎的态度,以讨论式作为经济报道的主流。以《人民日报》为例,从以下经济报道的标题可以看出这些讨论的主题:《怎样加快农业生产?》(1979-04)、《农民怎样尽快富起来?》(1980-01)、《怎样开创农业发展新局面?》(1983-01)、《进一步发展农村商品生产》(1984-01)。

通过这种方式来解决改革中出现的问题,是审慎的,既多方面地暴露了问题的症结,也能集思广益,有利于问题的解决。①

3. 深度经济报道的崛起

当20世纪80年代国门打开之际,各种社会矛盾交织,各种经济现象变幻莫测,这个时候,简单的非黑即白的二元思维不能解释人们遇到的问题和困惑。因此,能够提供背景、追寻原因、展现过程、预测未来的深度报道样式就出现了。20世纪80年代的经济新闻深度报道多选择社会热点问题,全方位、多角度地探寻问题的经济动因,为人们答疑解惑。但是,此时的经济新闻深度报道与1978年以前的传统经济新闻没有拉开太大的距离,在一定程度上远离受众,缺乏实用性和贴近性,但是可以说,和时代发展辉映,回归了新闻本位,也奠定了经济新闻在整个新闻传播领域的地位。②

(二)第二阶段是1992~2001年,这个阶段是狭义财经新闻盛行时期

1992年,邓小平的南方谈话,结束了姓资和姓社的争论,十四大确立了市场经济体制,中国进入市场经济时代。证券市场在此前后应运而生。证券市

---

① 沈毅:《中国经济新闻史》,北京大学出版社,2008。
② 李道荣:《经济新闻深度报道的深度特征》,《传媒观察》2004年第11期。

场的诞生对于受众而言，是使普通老百姓成为投资者，成为市场的决策主体。伴随着证券市场的成熟和证券类经济新闻受众群的形成和壮大，证券类经济新闻报道表现出强大的生命力。

证券类经济新闻报道的主阵地是《上海证券报》《中国证券报》《证券时报》。这三家媒体明确地以为经济建设服务，为百姓生活和投资、理财服务为目标。但是，这类经济新闻的报道范围和受众范围还是比较狭窄，因此称为狭义的财经新闻。这一阶段的财经报道有如下特征。

1. 满足受众需求，报道的服务性增强

证券行业本身就是服务业，证券报道主要是为投资者传达信息，并提供智力支持。受众可以根据财经报道调整策略，采取相应措施。由于财经报道和消费者的经济利益直接挂钩，所以服务性就成为证券报道的一大特性。这种服务表现在媒体对受众群的调查了解上。1993年，《中国证券报》在创刊之初，就推出了"我看股票市场"的问卷调查，重点了解人们对股票市场的评价，了解股价波动对股民心理的冲击，股票及交易行为对人们经济生活的影响程度和范围。在此基础上，证券报道才能根据民意增强服务性。[①]

2. "揭丑式"调查报道监督市场

2000年，新华社记者不畏强权，深入调查，在掌握精准的第一手材料后写出轰动一时的调查性报道《假典型巨额亏空的背后——郑百文跌落发出的警示》。该报道不仅揭露了郑百文操纵证券黑幕，而且毫不留情地批判我国证券市场监管机制的漏洞。

中国的证券市场从计划经济中成长起来，本身就有先天的缺陷，中国股市的现状，正适合"揭丑式"的调查报道对其进行严肃的监督与合理的引导。上述报道直接促成了我国一系列上市公司审核和证券市场监管政策的出台，促进了我国证券市场的规范和完善。

（三）第三阶段是2001年至今，这个阶段是新兴财经报道时期

2001年12月，中国加入世贸组织，这标志着中国经济与世界经济融为一

---

① 戴铭：《中国证券报道研究》，四川大学硕士学位论文，2004。

体。对于财经报道则意味着，对身边的经济现象不能从单一方面考虑，而是要以更开放的视角来看待整个世界经济的变化和发展。

在这个时期，新技术的开发和新经济形态的产生带来了一个以信息、知识为标志的新经济时代。新经济时代孕育了一个新阶层的出现。这个阶层的人拥有较高的学历、收入和地位，较为密切地关注经济生活的方方面面。他们不仅需要大量的信息，还需要能为他们代言的媒介。于是，专业意识和市场意识表现得极为强烈的新兴财经媒体产生，到现在一直影响着人们的生活和行为。这类代表性的媒体有《中国经营报》《21世纪经济报道》《经济观察报》。

《中国经营报》原是经济新闻重振时期创办的报纸，发展20多年，能够突破旧的观念，进行分众化探索，并在新世纪不断散发活力。

《21世纪经济报道》于2001年1月创办，以冷静的经济学理性、娴熟的操作技巧和完善的发行渠道迅速抢占了财经新闻的高端市场。

《经济观察报》创办于2001年4月，"理性和建设性"是他们的办报理念和口号。

新时期财经媒体在新财经报道方面的特点如下。

1. 全球的视角，全新的理念

加入世贸组织，进入全球一体化时代，对媒体来说，用传统的视野、知识和思维来解释和判断错综复杂的国际形势已经不可能了。所以，新财经新闻报道着眼于世界，站在世界的高度来报道国内外发生的政治经济事件。2002年，《经济观察报》把"两会"放在中国加入WTO这样的大背景下，以"WTO新政"为专题进行报道，所有的报道无不选择全球视角，并将时政新闻和财经新闻完美地结合在一起，给人以新颖独特、厚重充实之感。

2. 财经新闻故事化

财经新闻往往会因为它的艰涩难懂让人望而却步，财经新闻故事化的优势在于不同层次的读者可以各取所需。层次高的读者可以在故事化的讲述中看到经济生活中深层面的信息以此来指导自己的经济行为，而层次不高的读者并不因为难懂放弃阅读，至少可以从中获取娱乐或消遣，也就是说，财经新闻的故事化既可以帮忙，也可以帮闲。

《中国经营报》通过专栏《与老板对话》来分析企业如何决策、如何运营以及企业背后的故事。2008年2月23日,这个专栏中一篇题为《混搭商人》的文章用白描手法将冯仑——一个中国社会转型期的商人的形象描写得生动、丰满。

3. 突出人文关怀

在构建和谐社会的目标下,很多财经媒体也注意到坚持以人为本的原则,在报道中贯穿人文关怀的报道理念:站在人的视角关注经济发展,在经济生活中关注人的命运、尊严等,在传播经济信息过程中把经济活动向人性化的层面升华。

2008年10月30日《21世纪经济报道》刊登一篇题为《悲情乡医背后:农村公共品困局》的报道,报道讲述我国农村医疗卫生机构基础设施的短缺、滞后和从业人员的经济状况,字里行间充满对乡医的同情和尊重,也反映出了我国经济新闻媒体对"三农"问题的关注。① 2008年底关于金融危机的报道,民生视角与信息接收者的视角被强调和凸显出来,人文关怀色彩浓厚,企业职工裁员减薪,农民工与大学生就业问题都受到充分关注。

三 当前财经报道的现状

当前财经报道的现状在报道的题材、视野、写作方面呈现出如下特征。

(一)金融证券新闻成为财经报道的核心,但同时,财经新闻报道的题材日益广泛,覆盖全部社会经济生活和与经济有关的领域,也即"大财经"

金融证券新闻是狭义的财经报道,从国际上看,金融危机往往导致经济危机,金融对一国经济的作用毋庸讳言,20世纪90年代以来,随着资本市场的兴起与金融改革的深入,金融、资本市场的报道越来越成为财经新闻的主体部分或者最重要的部分。

由于财经媒体竞争加剧,为了满足读者更广泛的信息需求,财经新闻

---

① 吴玉兰:《构建和谐社会视角下经济新闻报道的人文关怀》,《武汉大学学报》2008年第4期。

报道范围不断扩张，题材日益广泛。从实践上看，更多内容也成为财经报道的焦点，比如发展经济与生态环保之间的矛盾。《中国青年报》经济部2004年关于西南某省建水电站，严重影响当地生态环境的报道，引起很大反响。比如教育、医疗等领域的改革问题。《财经》杂志、《21世纪经济报道》等财经媒体，近几年来一直关注公共卫生体制的改革。比如贸易争端问题。近些年来尤其是中国加入世贸组织以来，中国与贸易伙伴的重大贸易争端问题，越来越成为国内外财经媒体关注的重点，其中就包括贸易争端的各种形式，如反倾销、反补贴、技术壁垒、知识产权争端、反垄断等等。

从受众的认识来看，一方面，人们认识到经济能影响政治与社会，财经新闻也不只是少数人关心的事，另一方面，任何重大的事情都对经济有影响，当经济学成为这个时代的"显学"，财经报道的范围也就空前广泛。

例如，2005年4月，天主教罗马教皇约翰·保罗二世在当地时间2日21时37分因病在梵蒂冈去世，终年84岁。《华尔街日报》以"教皇去世"为题做了报道，其切入的角度是梵蒂冈也有预算，教皇之死会对该国财务预算产生什么影响。

这些问题当然可以从金融、资本市场的角度报道，但并不总是与金融、资本市场有关，在多数情况下，财经报道是指广义的财经新闻，或可称为"大财经新闻"，覆盖全部社会经济生活和与经济有关的领域，包括前面所提到的"财经、政经、产经"及"宏观、中观、微观"在内。

正是财经报道题材范围的扩大，使新闻业界产生了一些混乱的说法。中国一家大型新闻单位的一位人士称，该社2000多名记者中，财经记者只有区区20人，而该单位的负责人称，该社与财经新闻相关的部门有农村部、公交部、财贸部等大部门，财经记者是该社记者中最大的品类。

（二）在视角上，栏目设置注意到将本土财经新闻和国际财经新闻相互参照，或者以世界眼光看中国，或者将国际财经新闻本土化

中国的传统媒体，原来的内外区别的地域定位、画地为牢的宣传方式已经不适应当今国际化大趋势的发展。中国经济与全球经济越来越深刻地相互影响

着。因此，财经报道不仅要体现国际视野，挖掘中国经济新闻的国际背景，还要关注外国人如何看待中国问题，能给我们什么启示。

《重庆商报》除了《本埠经济》完全报道本土经济外，其他版块如《财经短波》《天下财经》无一不与国际视野相关。比如在《财经短波》版块报道的《力帆居摩托出口额榜首》《苏伊士启动重庆三北地区供水项目》这两则新闻，记者没有展开写，但每条不足一百字的短新闻将重庆企业经济融入全球一体化经济，具有了更广阔的视野。

《重庆商报》的《天下财经》栏目，将国内、国际重要的财经资讯囊括其中，虽未涉及本土企业，但是将中国和海外的最新财经消息集纳一组发在《财经新闻》版的边栏上，既丰富了版面内容，同时又将本土和国际的财经新闻做了相互参照，有一种相得益彰的感觉。①

（三）从写作看，财经报道已经形成独特的信息处理方法，这就是：做故事、做调查、做数据、做观点

做故事：在财经报道领域，做故事的题材和背景资料非常丰富，比如，通过对公司高管人员的公开信息的介绍，以及对大量经营信息和经营业绩的研判，可以为漂亮的财经人物故事铺垫出大量材料和细节；通过对公司上市时的招股书、上市书，此后因种种原因中道衰落被人并购而发布的收购报告书等的研究，可以做成一篇从成长到衰落，颇为曲折离奇的公司故事；从交易所多种公开信息中寻找蛛丝马迹，还可以做出以各种手段坐庄、炒作、内幕交易等财经故事。

当然，做故事不是钻在一堆死材料里凭空想象，其中一定要有人物、有高潮、有面对面的采访，但至少，大量的公开资料为我们提供了采访线索、采访思路，只要有针对性地用少量的时间和精力补充最重要的故事情况即可。

做调查：自有资本市场以来，无论是在中国还是世界各地，虚假信息总是

---

① 刘建春：《本土财经新闻的国际视野——评〈重庆商报〉改版后的财经报道》，《中国记者》2009年8月。

不断。原因也很简单，资本市场是个逐利场所，通过制造虚假信息，千方百计引诱投资公众上当，躲在幕后的人就能牟取暴利。于是，调查成为财经媒体区分真伪，及早识破这种骗局和不当得利的重要方法，当然，通过调查也能发现和发掘很多投资机会，为中小投资人服务。比如有的媒体通过"传言求证""公司中来""给董事长的一封信"等形式，先摆出大量材料再请当事人分辨真伪。还可以通过外围调查或内外结合的方式寻求真相。前者如《财经》杂志所揭露的"银广夏陷阱"，就是通过到税务部门查找纳税依据，发现其几年来大量出口为公司创造巨额利润完全是子虚乌有。后者如某杂志调查"红光造假事件"，就是从企业报上刊登的一则老总讲话着手揭开真相的。有时甚至"无可奉告"也是一种"奉告"。

做数据：数据通过多种排列组合，用极其鲜明的对比，揭示问题的实质。20世纪90年代初，尽管有关法规规定上市公司高管在任职期间不得转让股权，但每到年报披露时人们总会发现高管们的持股已大量减少，上海证券交易所出版的《上市公司杂志》将高管持股排了个明细表，只加上些简单的说明，高管违规卖股牟取暴利的真相就已一目了然。高管持股数据库连续刊登后，引起了海内外媒体的广泛关注。此后，1994年7月正式施行的《公司法》专门加上了这一条：高管任职期间不得转让持股，交易所必须以技术手段予以保证。

要成为强势财经媒体的一个关键因素是，最好建立自己的数据库，并有一支采集和分析数据的研发力量，日积月累受用无穷。

做观点：在所有的新闻报道体裁中，评论是最好的互动器，消息、通讯、调查报告这些体裁，普通受众是很难参与的，唯有评论，特别是同普通投资人关系极为密切的财经评论，提供和强化了受众介入、反馈、选择、接近和使用媒介的能力，为受众提供了在更大范围内参与传播和进行交流的可能性。而每一项投资活动都会受到宏观微观、国际国内等诸多因素的影响，媒体有责任给受众以多侧面的点拨，如果某几个媒体或某几位论者见解独到、文笔犀利，投资人读了特别解渴和受用，久而久之，就会成为一个品牌，强势媒体和知名专栏也由此而诞生，正因为如此，如今一些媒体特别重视做评论版面和评论节目。如深圳出版的《证券时报》专门辟出三版为评论版，每期3~4篇评论，其中有主评、第一评论、快评、声音、媒体精评等栏目。上海出版的《每日经济新闻》二版每天两篇评论，且评论和要闻同版；鉴于做观点越来越成为财经媒体的核心竞争力所在，除了约请社会名家之外，很多媒体还在记者编辑中专门设置了首席评论员、主笔等职衔，他们在公众心中的地位不亚于首席记者。

我国财经报道的现状、问题与思考（中）[*]

四　当前财经报道的问题分析

（一）在新闻网站财经频道和财经媒体的挤压下，综合性媒体的财经报道先天不足，从选题、角度到表达，如何在夹缝里差异化生存，已经成为综合类媒体经济报道必须解决的问题

尽管财经新闻资源仍然集中在政府权威部门，但市场化财经媒体以其专业敏感占领了大部分财经新闻资源。因此，综合性财经媒体难抢第一落点，重在二次开发。这里所说的综合性媒体，是指以党报、都市报为主体的非财经、非行业类媒体，有全国的，也有地方的。

新闻网站财经频道容量无限，而且拥有瞬间低成本转载报纸等平面财经媒体新闻作品的绝对优势，几乎覆盖了财经报道的所有方面，如此生态下，综合类报纸经济报道的生存空间备受挤压。

如果采用同一标准和策略，从新闻资源、专业人才方面，综合性报纸都很难拼得过专业的财经媒体。仅以兵力分布为例，一份拥有150名采编人员的全国性综合日报，负责经济报道的编辑记者，可能只有几十个人；而一份拥有150名采编人员的专业财经日报，全员都覆盖在这个领域。

有人估算，全国真正的财经新闻读者，只有150万~200万人，是个很小的群体。而专业财经媒体，包括一些综合性媒体的经济版，又都在争这同一部分读者。当前，国内很多媒体对采编人员的评价，只有阅读率（点击率）一个指标，因此，在各家媒体的读者调查报告中，与法治、娱乐新闻相比，经济

---

[*] 发表于《新闻研究导刊》2011年第4期。

报道尤其是财经报道,经常显现为"阅读率毒药"。

综合媒体财经新闻与专业媒体财经新闻竞争,还要把握定位取舍。有人将财经新闻的受众由低到高分为这样的几层:普通城市居民、小投资者、大学生、城市中间阶层、大众企业领导者和高级投资者。这几个群体显示了经济新闻基本的受众范围和受众结构,在实际传播过程中,国内综合性媒体经济新闻受众多寡顺序,一般是都市类报纸自前而后,而各级党报则是从后向前。一般而言,各媒体应紧紧围绕自己的目标受众群,选择加工信息,进行版面、栏目设置。

到现在为止,尽管财经新闻资源仍然集中在政府权威部门,但是市场化财经媒体正在用大量记者、稿件覆盖以及事无巨细的关注等操作,日益挖掘整合这些资源,综合性媒体很难抢第一落点。在这种情况下,似乎综合性媒体财经新闻是注定失败的了。也不尽然,英国报纸读者调查协会的数据显示,综合性媒体《泰晤士报》的经济界读者的数量,比以经济报道为主的《金融时报》还高。《纽约时报》的经济新闻,与《华尔街日报》角度常常不同,即使是同题竞争,也互有高下。

既然难抢第一落点,把故事再重复一遍,也没什么意思。但是扩展它、充实它,或者改变它的性质,却潜力巨大。这就是综合性媒体对财经媒体的二次开发。而且,这种二次开发的关键,在于表达综合性媒体的精神气质——代表公众利益,展现经济事件中真实的利益流动,并努力寻找新闻背后的制度背景或地域贴近性。

2004年下半年,因为工资10年不变,民工荒从珠三角蔓延全国,一些财经媒体报出消息后,有些地方政府立即辟谣——只承认技工荒的存在,不承认民工荒,更不承认发生了席卷全国的民工荒。坊间一时争议四起,有分析认为,终于找到了证实农民工生存状况的证据,比照城市产业工人,他们渴望得到大幅的加薪;而另一种观点认为,农民工的薪水加不得,否则企业没有利润,资本会从珠三角集体撤退。

《中国青年报》在没有第一落点的状况下,开始了第二落点的探寻。派3名优秀记者到珠三角、长三角,进入大量的工厂、基层政府、劳动和社会保障部门及民间研究机构,进行了一个月的深入调查。记者们发现,珠三角相当多的企业因为缺工,已经严重开工不足。更让人吃惊的是,当地居然出现了劳工史上罕见的、为延长劳动时间而进行的罢工。这说明，正常劳动时间内，工人根本拿不到最低工资。可反对提高工人最低工资的，除了企业，还有当地政府。①

这就涉及珠三角的发展历史。当地经济支柱"三来一补"（来料加工、来样加工、来件装配和补偿贸易的统称）企业的特性之一，就是很多拥有土地的当地政府，当年以土地入股的方式也成了引资进来的企业股东。提高最低工资，增加企业成本，不仅可能影响政府招商引资的政绩，还会影响政府内部有关人员从企业分红的实惠。而从全球贸易现状看，纺织、制鞋等劳动密集型企业、品牌商和渠道商拥有90%以上的利润，处于产业下游的中国加工企业，只有不到10%的利润。企业为了开工，可能一定程度提高工资，但上涨的空间相当有限。这样的后果：一是部分企业被迫进行产业结构升级换代，以消化劳动力价格上涨因素；二是部分难以进行结构调整的企业，被挤出珠三角，进入西部欠发达地区。

这样的故事，讲得晚，但是有些新意。

另外，预测是综合性媒体二次开发的主要方法之一，面对一条重要的财经消息，记者首先要问：

发展：某件事情开始发生，现在怎么样了？对谁影响最大？

影响：随着事情的发展，它开始给人、地方或机构带来的具体的影响，可能是好的，也可能是坏的。

反作用：随着影响变得越来越明显、越来越强大，那些被影响的对象可能延缓、中止、扭转、减轻或者推进这些影响，取决于他们从影响中获利还是受害。

可见，很多故事的展开，是在一段时间内完成的。在没有完全结束之前，谁都有进入的可能。

（二）在报道风格方面，一方面因为财经报道的专业和艰深的面貌，缺乏易读性和可读性，另一方面则因为迎合受众而呈现娱乐化的趋势

财经报道往往让一般人觉得艰涩难懂，通篇充斥着专有名词、业内行话、

---

① 李黎：《化"危"为"机" 贵在创新——金融危机影响下有关经济报道的探索与思考》，《中国记者》2010年第1期。

简略缩语,俨然成为一种"准专业读物",没有相当的经济学常识与专业知识,阅读障碍随处可见,不要说一般人,就连一贯思维活跃、对新生事物接受能力强的大学生人群阅读起来都会比较吃力。其实,窄众化定位并不一定意味着过低的易读性,像各家财经报纸定位的高端人群中真正具有财经背景或知识的又有多少?《华尔街日报》属于宽众化定位,其易读性的标准是"让八年级的学生都能看懂",早在20世纪90年代,该报的教师版就进入了全美5200余所学校的中学课堂。

对财经媒体来说,要确定易读性标准,在内容制作上要判断所定位群体的阅读理解能力,不能凭直觉,而是要有可靠的市场调研做基础。对于易读性,报界精英在报道行文上已经有一个归纳。例如在遣词上要求尽量减少行话,用容易理解的词语来表达专门术语的内容;在造句方面尽量少用长句,多用短句,以简明为佳;文章分段时要避免太长的段落或过长的引语,因为这样容易引起受众的视觉和心理疲劳;引用数据时切忌堆砌数据,如特别需要可单独列表;解释经济现象或问题如果不得不使用专业术语时,尽量使用暗含于上下文语境中的自明性解释。

一般人看不懂,专业人士看不上,凸显了财经报道的尴尬。提升财经报道的易读性和可读性是解决当前财经报道阅读问题的关键。在可读性方面,可读性不足是一个问题,但是刻意吸引受众而提升可读性则滑向了财经报道娱乐化的误区。

2009年5月31日,一些媒体同时刊登了"关于深圳小产权房有望'转正'"的报道,消息一出,一石激起千层浪,在全国引起强烈反响,尤其是在深圳,一夜之间,小产权房价格应声而涨,看房者络绎不绝。可仅过一旬,国土资源部就明确公开表态,深圳"小产权房"说法属媒体误解,深圳是处理国有土地上的违法建筑,而不是"小产权房","小产权房"问题政府必须坚决制止,妥善处理。

是不明就里,还是故意而为,恐怕只有当事人心知肚明,报道带来的轰动效应则是"地球人"都知道的。"转正"传言昙花一现,市场却经历了近乎波峰波谷的震荡。6月5日,《南方都市报》相关内容的报道题目是"市场闻风而动 深圳小产权房交易火爆",到了7月3日,《广州日报》将此报道的题目改成了"狂欢到冷烧 深圳小产权房交易的'冰火两重天'"。个中变化，可见一斑。

娱乐化是以受众为中心的传播机制的产物，小产权房能否转正，个别媒体可能意不在此，而在于这样的消息能引得多少关注，对本该严肃的经济事件进行娱乐化的处理，很可能除了"可读"就面目全非了。

（三）在写作中，简单地堆砌他人观点和材料，记者缺乏独立的思维和推断过程，尤其表现在预测性的财经报道中

记者不是专家，不可能对所有事情都有全面而深入的了解，通过借"专家"和"权威人士"之口，对近期发生的经济现象、事件进行点评和分析，并对未来的发展趋势进行前瞻性预测，这不但能保证预测结果的科学性和准确度，而且能规避媒体和记者本身产生的报道风险，这一点是无可厚非的。

但是，笔者在查阅和研究预测性财经报道时发现，许多媒体和记者在做预测性财经报道时，过于依赖专家和权威的推测，严重缺乏独立的理性思维和必要的推断过程。这种矫枉过正的倾向，让绝大部分预测性财经报道沦为了"专家"和"权威人士"简单的传声筒，很多记者将预测性财经报道做成了第三方观点的简单堆砌。

究其原因，很多记者在对某一经济问题进行预测性报道时，可能对某些经济领域的知识积累并不充足，也可能是对某些经济事件认识并不透彻，但是他们却不愿意下功夫查阅充分的资料，也不愿意对经济事件本身进行细致深入的了解。在得到专家关于未来走势的言论之后，或断章取义，或全盘照抄，再加上一两句交代背景的话，糅合在一起，就做成了一篇所谓的预测性财经报道。比如2010年1月26日《中国经济时报》中的一篇题为"全年通胀率或小于5%"的近2000字的预测性报道中，有超过一半的篇幅，是直接引用专家的言论，还有很大的篇幅是综合了其他媒体的言论。为了将整篇报道串联起来，这篇报道中一共出现了"中国人民大学中国经济改革与发展研究院教授宋立在接受《中国经济时报》记者采访时说""中信建投证券首席宏观分析师魏凤春在接受本报记者采访时分析""国务院发展研究中心研究员倪红日认为""联讯证券首席分析师文国庆告诉本报记者""根据文国庆的分析"等类似字眼8

次,而从段落上看,这篇报道中几乎每一段落都是在大幅引用专家、学者的讲话以及相关报道的内容。作为一篇预测性报道,记者自己独立分析的部分,只有两句话——"中国经历了经济复苏后,今年将会迅速进入快速增长的新的经济周期。在这个新周期中,由于政府刺激经济的积极性政策作用及流动性惯性依然存在,其通胀预期管理的政策意向已经显现,而实际的通胀表现可能不会像社会和市场想象的那么强,适度通胀的可能性将会大于高通胀"。

类似的现象在国内其他几份主流专业财经报纸的预测性报道中,也同样存在。2009年7月7日的《经济参考报》上,有一篇题为"下半年国内钢铁企业盈利或将大幅提升"的预测性报道:

"6日,中国A股市场放量上扬,两市创反弹13个月来新高,成交量再次放出天量,其中钢铁股贡献显著。钢铁股全天涨幅达6.28%,宝钢、武钢等对股指拉升明显。"

报道下文简化后的文本结构为:分析人士称;北京钢联咨询总监徐向春说;此前,中钢协有关负责人透露;专业机构易贸资讯认为;据分析;易贸资讯预计;不过,徐向春指出;来自中钢协的数据显示;东兴证券发布的一份分析报道称;徐向春表示等等。

从上面的文本结构中,可以看到这篇报道除了开头一段的引子之外,整篇报道几乎全都是专家、学者以及相关机构报告的直接或间接引用。

有学者指出,经济新闻的从业人员应该养成以经济学家眼光和思维进行思考的习惯。作为预测性财经报道的记者,应该本着经济学家的专业态度和哲学家的严谨精神,通过对具体问题的分析,加上对经济学知识的运用,用合理的逻辑思维方法,揭示经济事实背后的规律,并据此对未来的经济走向进行科学的预测。

缺乏对事实背景资料充分的收集和重组,以及严谨科学的推理分析,单凭对一些专家、学者和业内人士的话进行剪辑,记者会陷入被动,成为简单的传声筒。而且,记者缺乏独立思考,也有可能为某些利益集团所利用,为他们代言,从而忽略了财经报道以投资者和消费者为核心服务对象,忽略了为信息不对称中的弱势群体立言的财经记者的天职。

一些所谓的资深"财经演员",扮演财经专家、顾问的角色,进行经济评论、证券分析和投资咨询。然而，这些人士往往直接或间接地从属于一定的社会组织，这就必然使财经报刊在行使媒介权利时不同程度地传递着一定社会组织的政治或经济意图，诸如会在信息选择、加工、传播中融入某财团的观点或主张，会在传播活动中昭示某企业的价值观念或经营理念。

某些股市"名嘴"甚至利用报纸专栏操纵市场，牟取私利。他们在报刊上评价股票走势，指点股市江山，而不少股民"唯名嘴马首是瞻"，结果是"大户炒成散户，散户炒成破产户"，被套牢之后，才惊觉"名嘴"原来是"黑嘴"。例如在深圳报刊上发表系列文章，鼓吹"长庄""善庄"，一时间让股民顶礼膜拜的"K先生"吕梁；在《上海证券报》《证券时报》等多家媒体上向社会公众推荐股票和权证，因"涉嫌操纵证券市场罪"被移送检察机关起诉的王建中，他们都曾经是被喻为"金手指"的媒体红人，在蒙蔽股民形成个人影响力的过程中，财经报刊事实上在"推波助澜"，成为他们的利用工具，这是值得警醒的。

五 有关预测性财经报道

（一）国内预测性财经报道的现状

首先，预测性财经报道所涉及的题材范围非常广泛，并与民众关注点密切相关。

有统计表明，2010年1月，《中国经济时报》共刊发了87篇预测性财经报道，占总报道数量（862篇）约10.1%。而从题材上来看，这87篇报道所涉及的范围也非常广，涵盖了金融政策、税费、股市、房地产、汽车、能源等20多个领域。但是我们也发现上述各个领域涉及的预测性财经报道的数量也各有不同。最多的，比如金融政策方面，占了12篇；而最少的，比如保险方面的预测，只有1篇，这之间形成了比较大的差距。其中，金融政策、房地产、股市、产业经济、国内宏观经济政策等领域的预测性财经报道，比其他领域出现的频率要高。而这五个最受人关注的领域，恰恰是经济危机中人们最关心的领域。这表明，预测性财经报道不仅从题材上关注到了经济领域的几乎每一个角落,而且,我们的预测性报道所关注的侧重点和投入精力的集中点,与民众所关注的焦点是密切相关和呼应的。

其次,表现手法趋向成熟化和多样化。

预测性财经报道不但比一般的经济报道要长,而且往往因为太过专业而变得晦涩难懂,这导致许多受众失去阅读的耐心,也是预测性财经报道的一大尴尬所在。[①] 因此,如何深入浅出地把预测性财经报道中的理论讲清楚,如何用最形象、最吸引人的方式将预测性财经报道展现在读者面前,成为很多财经类报纸的编辑和记者们思考的难题。

目前来看,国内许多媒体从多个方面来丰富预测性经济报道的表现手法。具体表现如下。

(1) 在版面的设置上凸显预测性报道的重要性。为了提高一些重要的、有影响力的预测性经济报道的阅读率和关注率,财经类媒体常常将预测性报道刊发在有重大关注度的头版以及财经版两个版面上。有些具有一定影响力的报道,被放到了这两个版块的倒头条甚至头条的位置,以引起受众的充分注意。

(2) 通过策划专题来增强预测性经济报道的价值和冲击力。2010年1月5日,《中国经济时报》花了一整个版面,推出了8篇稿件,从股市、基金、债券等方面对2010年资本市场的走向进行了全方位的深度预测和解析。

(3) 通过设置专栏提升预测性经济报道的权威性和连续性。比如,《中国经济时报》在头版和其他版面设置了《微言大义》《新视点》等专栏。这种专栏的方式,既增强了预测性报道的权威性,也保证了专栏的连续性,取得了良好的效果。

(4) 加粗标题、加大字体、给标题加框,以及将核心预测内容设置为副标题或者导读内容等,也是突出预测性经济报道的重要表现方式。

[①] 秦朔:《转变经济发展方式——新闻报道"转"什么"变"什么》,《中国记者》2010年第5期。

我国财经报道的现状、问题与思考（下）*

（二）预测性财经报道中存在的一些问题

第一，报道缺乏必要的连续性，媒体和记者缺乏反思意识。

曾任《经济日报》主任编辑的崔书文认为，媒体刊登的预测数字和后来的实际数字有出入并不能算作失误，原因在于"现在毕竟不是未来，从现在到未来某一定点的时间内，会有一些难以预计、捉摸、控制的变化"。因此，他认为，预测和实际之间出现误差，是"不可避免的客观存在"。

虽然因为经济问题的复杂性，特别是我国社会主义市场经济的各种不确定性等客观原因，我们难以保证预测性财经报道中的预测结果百分百正确，但这决不能成为纵容预测性财经报道中失误不断出现的借口。相反，在失误出现之后，作为媒体和记者，一定要在充分反思和认真分析的基础上，采取必要的补救措施。

香港回归祖国之前，美国的《财富》杂志在1995年6月29日刊发了一篇题为"THE DEATH OF HONGKONG"（香港的死期）的预测性财经报道。这篇报道预测香港回归祖国之后，在中国政府的管理下，将会"失去它作为国际商业和经济中心的地位"，并因为"腐败滋生和盛行，最终因此归结到两个字上：完蛋"。然而，香港回归祖国10年之后，在中央政府的正确领导下，香港不但没有失去其作为国际商业和经济中心的地位，而且还抵制住了亚洲金融危机的巨大冲击，迎来了更加快速健康的发展。在这种情况下，2007年6月28日出版的《财富》杂志上，发表了一篇题为"OOPS! HONGKONG IS HARDLY DEAD"（哎哟，香港压根就没死）的报道，这篇报

---

* 发表于《新闻研究导刊》2011年第5期。

道在正文一开始就坦率地承认,"1997年7月1日之后的10年,香港根本就没有死。相反,在'一个国家,两种制度'的治理模式下,香港的经济取得了胜利。"①

《财富》的这两篇报道,成为国际新闻界一个著名的对预测性报道进行跟踪和回应的例子。然而,对待已经刊发的预测性报道,国内的许多财经媒体却显然没有像《财富》这样用心。很多记者在采写预测性报道的过程中,可能花了很大工夫去搜集和研究背景资料,也费了很大的周折,采访到了相关的专家和权威人士。可以说,在报道之前、之中,这些记者都做得非常不错。但问题是,报道一旦被刊发出去之后,记者和报社从此就对这个报道置之不理。既不管这个报道刊发出去之后相关问题有无进展,也不管报道中进行的预测到底准确不准确,陷入了"只见人撒种,不见人收菜"的奇怪局面。

2009年7月7日《经济参考报》刊发了一篇题为"下半年国内钢铁企业盈利或将大幅提升"的预测性报道。这篇报道援引众多业内人士的话语和分析,得出了下半年钢铁价格将上涨,并且"下半年国内钢铁企业的盈利将大幅度提升"的预测性结论。然而,事实情况并非如这篇报道预测的那样发展。有资料表明,2009年下半年国内钢材价格并没有实现令人期待的回升。"据中国物流信息中心市场监测,2009年全年国内钢材市场平均价格水平比上年下降25.2%。"面对钢铁价格的大幅回落,下半年国内钢铁企业的利润也"继续收窄"。上述的这些数据充分表明,2009年7月7日《经济参考报》所刊发的这篇经济报道中关于2009年"下半年国内钢铁企业的盈利或将大幅提升"的预测是不准确的。然而,虽然这篇报道的预测很不准确,但2009年7月7日之后的所有《经济参考报》却没有一篇报道对这篇错误的预测性财经报道进行过任何正面回应。

上面只是众多预测性财经报道中一个常见的例子。类似这样的报道,我们的财经媒体每年都会发表很多。这些报道对我国经济领域各个方面的情况进行了前瞻和预测。但遗憾的是,这些预测性报道往往是孤立的、非连续

---

① 刘婿孜:《预测性报道不兑现的原因和对策》,《青年记者》2008年1月下。

性的。

第二，缺乏科学的预测方法。

预测性财经报道的一个核心过程就是对经济领域中的各种事物和现象的未来进行预测。这种预测的过程在学界被称为经济预测。所谓的经济预测，是指根据已掌握的定性或者定量的经济信息，运用科学理论和方法，推知某一经济现象的未来发展趋势的思维过程。

随着市场经济的不断发展和科学技术的不断进步，经济预测已经成为一门独立的科学。笔者试图从对经济学领域的预测方法的研究入手，来探求新闻界在制作经济报道时可供借鉴和反思的预测办法。

从笔者掌握的资料来看，目前在经济领域应用得比较多的预测方法主要有如下几种：直觉型预测方法中的记者直觉预测法、专家直觉预测法、专家会商预测法，以及探索型预测方法中的类比推断预测法、指标分析预测法这五种最常见的预测方法。

但国内一项调查表明，目前我国的预测性报道中，专家直觉预测法和记者直觉预测法占到了全部预测方法的9成以上，其中专家直觉预测法更是占了绝大部分。

以2010年1月《中国经济时报》的所有预测性报道文本作为研究样本，并对这些预测性财经报道使用的预测方法进行分析，我们发现目前的预测性财经报道中，预测方法非常单一和集中。绝大多数报道都依靠专家学者的"权威意见"以及记者个人的经验判断来对未来进行判断。这两种方法虽然采访和制作的成本低，容易组织，并且由于专家在某领域的经验和知识对预测未知事物的趋势、方向有一定的科学性，也有一定的权威性。但是，人非圣贤，即使是某领域的专家，也可能因为个人经验的不足、知识的局限，以及其所代表的群体利益所决定的先天偏见，导致其所进行的预测出现准确性不高、客观性不足等问题。长此以往，受众会对这种主观性极强的预测性报道感到厌倦和不信任，极大地危及新闻媒体的形象和报道的公信力与权威性。

相比之下，西方媒体的预测性报道就成熟得多。西方的预测性报道往往是建立在诸如调查、抽样等社会科学研究方法基础上的。他们依靠先进的技术和充足的资金,以先进的数据处理和统计软件等技术手段做保障,结合专家意见、民意调查等手段,在经济领域的预测性报道中作出了很多精确的、有价值的预测性报道。①

此外,很多西方媒体还非常注重对自身预测智囊机构的建设。很多媒体拥有专门的预测机构,或者和一些成熟的专业预测机构,比如兰德公司、国际系统分析研究所等有广泛的合作。

(三)预测性财经报道的改革思路

1. 进一步改革媒介观念,从媒介发展战略的高度重视预测性财经报道

在新的历史条件下,如何更好地做好预测性财经报道,在这一领域取得更大的进步呢?"没有革命的理论,就没有革命的行动",观念的改革是第一步。新形势下,只有继续更新新闻观念,树立开放的"大媒介观"以及专业的"小媒介观",才能在预测性财经报道领域有所突破。

首先,树立开放的大媒介观。所谓开放的大媒介观,就是指在新的历史条件下,为了最大限度占有采访和信息资源,不同媒体之间的合作和联动,这已经是媒介发展的一种必然的趋势。不同类型的媒体之间、不同地区的媒体之间,甚至不同国度的媒体之间,只有进一步改进观念、通力合作,才能最大化地提升预测性财经报道的选题高度、预测质量、公信力和影响力。相反,那种故步自封、闭门造车的新闻制作方式,是不可能做得出好的预测性财经报道的。

其次,注重专业的小媒介观。所谓专业的小媒介观,是指随着分众化时代的到来,预测性财经报道也必须进一步地细化受众定位,从小处入手,从擅长的领域入手,力求为一部分人提供"精而准"的预测信息。当其他媒体在预测性报道上还停留在追求大而空、哗众取宠的效果时,某个媒体如果能在某一个领域、某一个时期,对某一特定人群提供有效的、专业的预测性财经报道,那它必将取得巨大的成功。

预测性财经报道可能是提升核心竞争力的一个很好的突破口。这是因为,

---

① 王建伟:《简析前瞻性思维的本质规定及其特征》,《天津社会科学》2006 年第 4 期。

一般的经济报道都是对已经发生的或者正在发生的事情的叙述和解读，各大媒体可能都会跟风而上。这决定了这类定位在"过去"和"现在"的经济报道，难以做出独一无二的精品。而预测性财经报道则不同，预测性财经报道关注的是"未来"的、"尚未发生"的事情。这种"尚未发生"的特性，决定了预测性报道的独一无二性。另外，受众对经济领域未来趋向的日益关注，也是媒体博得受众眼球的最好的砝码。

关于这一点，媒体界已经有过很成功的先例。比如美国的《商业周刊》，就是通过发布具有前瞻性眼光的预测性报道，走出了一条与《财富》《福布斯》等竞争对手完全不一样的道路，并最终在美国财经媒体的激烈竞争中站稳了脚跟。因此，为了增强媒体的核心竞争力，我们的传媒应该将预测性财经报道提升到媒体发展的战略高度上来，在人力、物力和财力上都给予高度的重视和支持。

2. 注重记者综合素质的提升

所谓的综合素质，具体表现为以下几个方面。

首先，是指基本的新闻理论和业务知识。记者只有具有过硬的新闻理论知识，才可能在大是大非上把握好分寸，才能在纷繁复杂的经济现象中，凭借敏锐的新闻敏感辨别出值得一写的新闻报道；也只有在具备了娴熟的新闻业务能力时，才可能在抓住好的线索之后，顺利地完成采访和写作甚至制作等各个环节的工作，让新闻线索转变成新闻报道。这是生产预测性财经报道的一个最基本的前提和保障。

其次，是指记者的经济学知识储备。要完成一篇好的预测性财经报道，仅仅凭借深厚的新闻理论知识和良好的新闻业务能力是远远不够的。相反，记者还必须对某一经济领域相关问题有非常深入的了解，并在此基础上做出主动的预测和前瞻性思考。有学者就认为，"对某专业领域和其所必需的知识背景的熟悉已经成为预测性报道成功的决定性因素"。

此外，随着新技术革命的到来，数学、计算机等学科的相关知识也成为预测性财经报道的记者必须有所涉猎的领域。这是因为很多预测工作是利用先进的计算机技术并建立必要的数学模型得出来的。

最后，要做好预测性财经报道，记者还必须具有一定的宏观意识。所谓的宏观意识，是指记者能站在时代的高度上，从国家的大局出发，从党的总路线出发，将微观的、局部的经济现象放到宏观的大背景中考察，并从中提炼出具有重大新闻价值的报道题材来。因此，要培养宏观意识，记者首先要对党和国家的方针政策有充分而深刻的认识和理解，努力让自己的预测性报道成为党和政府方针政策的"推动器"，对党和政府的宏观经济政策的落实和推进产生积极作用。

3. 建立新的报道机制

这具体表现为以下三个方面。

首先，加大投入建立优质的专家智库。

国内许多媒体记者在采写预测性财经报道时，在很大程度上依赖于专家和学者的意见。但一些专家为了自身利益可能发表一些不负责任的、显失客观的预测性意见，以致无法保证预测性报道中预测结果的公正和科学。要从根本上解决这个问题，我们应该多借鉴和学习西方媒体的做法，重视专家智库的建设。报社要加大投入，在资金上支持智库的建设，不妨通过聘请顾问、特约评论员等方式，吸引高水平的专家学者，建立自己的智库，这样才能在重大的经济问题上，获得高质量的、多角度的意见，使得预测性财经报道质量在根本上得到提升。

其次，与专业预测机构建立合作机制。

为了保证预测性财经报道中预测意见的科学，国外很多媒体都和一些成熟的专业预测机构，比如兰德公司、国际系统分析研究所等有广泛的合作。这也是中国媒体值得借鉴的地方。

最后，建立预测性财经报道的跟踪机制。

一方面，应组织专门力量对每一个记者所进行的预测进行跟踪记录，在跟踪过程中及时向记者反馈相关事态的最新动态。如果有新情况，应该及时更新；如果发现事态的发展偏离了原先预测的轨道，则应该及时予以更正；如果所预测结果因为出现错误而对受众产生了不利的影响，应该及时采取恰当的补救措施，承担责任，并主动承认错误。

另一方面，这种跟踪机制的建立，应该与对记者的考核直接联系起来。如果预测的结果被证明符合事实，应该对其进行嘉奖；如果发现预测的结果显失科学，应该有一定的处罚措施。这样不但能提高记者采写预测性报道的积极性，还能敦促记者在采写预测性财经报道的时候，不再一味地"搬运"专家的观点，而是在面对各家观点时，会有自己理性分析和甄别的过程。（感谢2008级研究生余增辉为本文的贡献）

强化精品意识　提升报道质量

——评第 22 届中国新闻奖获奖文字作品

在第七届中国新闻奖暨长江韬奋奖高端研讨会上，文字组 9 位获奖者、3 位点评专家就获奖的消息、系列报道、评论和通讯作品等进行了重点发言。会议安排紧凑，代表讨论紧紧围绕本次获奖作品所产生的新变化展开，话题具体、实在，具有很强的针对性。

一　"走转改"活动催生新闻精品

第 22 届中国新闻奖评选正值"走基层、转作风、改文风"媒体实践活动开展之际，一批深入基层、贴近群众、回应社会关注，具有鲜明时代特色和浓厚人文情怀的优秀作品脱颖而出，成为本届新闻奖参评和获奖的主力军。在参评的 101 篇消息和系列报道中，有 60 余篇都是践行"走转改"活动的成果，占到了参评作品总数的 60%。"走基层"就是立足实际、立足生活、立足新闻事件现场，是马克思主义新闻实践观的体现。新华社《走基层·蹲点调查》栏目播发的长篇通讯《在痛定思痛中浴火重生——从瓮安之乱到瓮安之变警示录》就是其中的代表作品。在这篇通讯的采写过程中，记者深入瓮安 9 个乡镇及数十个村寨、矿山、学校，采访了上百名干部群众，掌握了大量鲜为人知的鲜活事例和生动细节，展现了瓮安"从民生滞后到民生优先"的转变。如通过 2009 年"农民两占乡政府"与如今的乡政府将停车场腾出用于农民翻晒稻谷两件事的对比，形象地说明了当地党群干群关系的深刻变化。

没有调查就没有发言权，只有做好调查研究，新闻评论才能言之有据、言之成理。《河南日报》的评论《在转变中赢得大发展——九论用领导方式转变加快发展方式转变》正是在对领导能力实践中出现的各种问题进行深入调查研究的基础上将理论、实践与人民的意愿和利益进行了有机融合。在《忧患是发展的"清醒剂"——二论用领导方式转变加快发展方式转变》中，作者写道："记者在豫西山区拍下这样的镜头：简陋的教室四下漏风，孩子们的小脸冻得通红；靠墙一排烟熏火燎的灶台，蹲着一群自己做饭的小学生。他们坚强的身影、渴望的眼神，让人心酸动容。"寥寥数笔不仅勾勒出豫西山区孩子的生存环境，同时也以鲜活的事例支撑评论，增强了新闻评论的说服力和感染力。

刘云山同志曾在"走转改"活动动员会上指出，基层一线是新闻工作者的源头活水，蕴藏着最鲜活、最丰富的新闻资源，接地气才能有底气、长灵气，深入实践才能富有生活气息。扎根群众才会有现场的温度，才会有清新朴实的文风，才会有打动人心的力量。[①] "走转改"活动要求新闻工作者转变实践观念和态度，深入基层生产和实践第一线，理解现实，解读现实，报道现实，给新闻媒体的作风、文风带来了较大变化。这种变化体现在"走转改"活动相关作品在本届新闻奖获奖作品中所占的比例较大。因此，"走转改"活动催生新闻精品是本届新闻奖获奖作品的一个特点。

二 "宣传主题－新闻价值"报道框架提升宣传效果

本届新闻奖获奖的文字作品大多是关于重大主题的报道，这些作品在围绕主题进行采写的过程中尊重新闻规律，重视挖掘主题报道的新闻价值，实现了宣传价值和新闻价值的结合，取得了较好的宣传效果。《扬州日报》的《就业局长"潜伏"打工探扬州用工》关注"节后用工荒"这一社会难点问题。这篇消息包含了三重的新闻价值：首先，这篇消息报道的是有关农民工就业的问题，与广大农民工群体的切身利益密切相关，报道的重要性不言而喻。其次，"潜伏局长"的做法比较少见——按常规来说，作为政府官员的陈家顺只需固守政府机关，做好服务工作，但他甘愿自找苦吃，主动到异地为农民工服务，

---

① 《新闻战线"走基层转作风改文风"活动动员会召开　刘云山出席并讲话》，新华网，2011年8月9日。

从新闻角度来看，内容具有新颖性，易引起读者关注。最后，在 2011 年初全国普遍出现"用工荒"的背景下，扬州经济技术开发区跨省招工，一周招聘签约 1.8 万人，这种反常之处也是新闻价值所在。从总体上看，这篇短消息之所以受到这么多关注，反响强烈，与其所蕴含的多重新闻价值有着必然联系。

2011 年是中国共产党建党 90 周年，也是西藏和平解放 60 周年。在此背景下，《经济日报》的通讯《青藏铁路：世界屋脊上的钢铁大通道》展现了青藏铁路通车 5 年以来给青藏两省区带来的巨大变化，既是重大主题报道，同时，记者着眼于青藏铁路通车前后的变化，用事实和准确的统计数据说明青藏铁路是"科技路""生态路"，用藏族同胞的生动语言、用往返青藏线铁路职工最真切的感受等细节说明青藏铁路是"幸福路"，回应国际社会对青藏铁路的关切，也体现了宣传价值与新闻价值的结合。

常态事件不是新闻，唯有"变"最能体现新闻价值。本届新闻奖获奖的文字作品在"不变"的重大主题中凸显出"变"的因素，采用"宣传主题－新闻价值"的报道框架，将主题之"不变"与新闻事件之"变"结合起来，达到了较好的宣传效果。《在痛定思痛中浴火重生——从瓮安之乱到瓮安之变警示录》正是从瓮安所发生的"化民怨为民愿""从民生滞后到民生优先""变替民做主为由民做主"三个方面的深刻变化入手，阐释了"情为民所系""利为民所谋""权为民所用"三个关乎巩固党的执政基础的重大主题，通过事件之"变"，论述主题之"不变"。

三 "以人为本"理念彰显新闻报道的人文关怀

新闻报道的服务对象是社会公众。"新闻工作承担着宣传群众、动员群众、服务群众的重要职责，必须牢固树立群众观点，自觉践行群众路线"，因此，新闻报道应树立"以人为本"的理念，"在增进同人民群众感情、提高服务群众能力上下功夫见成效，回答解决好'为了谁、依靠谁、我是谁'的问题"，[①] 体现人文

[①] 《新闻战线"走基层转作风改文风"活动动员会召开　刘云山出席并讲话》，新华网，2011 年 8 月 9 日。

关怀。《南方日报》的系列报道《走基层转作风改文风——从生活一线探经济热点难点》采用了"话题征集活动",从公众视角来审视经济热点难点问题,从现场的、基层的、微观的视角切入,见微知著,折射经济社会发展的宏观走势,实现报道主题与公众切实关心的公共议题的契合,摆脱了传统的编辑策划的思路,体现了媒体以人为本、以读者为中心的策划理念,增强了报道的针对性,使报道的经济问题具象化和生活化。

"以人为本"的理念不仅仅体现于新闻报道主题与公众关心的社会议题的契合上,还体现在展现人的精神世界上。新华社的通讯《守望精神家园的太行人——红旗渠精神当代传奇》从展示人的精神状态入手,深入太行深处的乡村、企业和重修红旗渠工地调研,采访30多位典型人物,召开近十场座谈会,并在全国采访了涉及红旗渠的人物,以磅礴恢宏的气势,细腻饱满的笔触,将红旗渠精神置于中华民族精神成长的时空坐标中,提炼出"难而不惧,富而不惑,自强不已,奋斗不息"的太行精神和红旗渠精神。

在具体的操作层面,新闻报道对人的关注是在故事化表达中通过一系列生动的细节来体现的。细节是"作品中与人物性格、事态发展、生活情景等产生有机联系的局部或细部叙述单元。它是形象展现的'活性细胞',是构成新闻作品整体的基本要素"[①]。细节因其具体可感的特征,能营造情绪和塑造氛围,赋予新闻事件中的人物以生动性和感染力。《走基层转作风改文风——从生活一线探经济热点难点》通过形象生动的细节描写,强化了报道的生活感和贴近性。其一,数字的使用突破常规经济报道堆砌数字的报道方式。苦瓜价格从2.2→4→7.6→10.5的变化;"一台车长9.6米、'前四后四'、载重10吨的货车,加上招聘的2名年轻司机","到旁边杂货店买了12盒方便面、2打香肠和1条烟",这些数字似乎与主题无关,但却是与运输成本相关的细节,增强了报道的感染力。其二,生活细节的描写,如"坐在铺位门口,申家晴猛地吸了一口烟,盯着装车的工人"、"衣服、被子、手机、烟、方便面等杂物散落在驾驶室内,记者爬进车内,一股刺激的臭味直往鼻孔里钻",赋予报道生活感,增强了报道的感染力。

---

① 朱菁:《电视新闻学》,浙江大学出版社,2001,第262页。

四　传统的继承与创新

新闻报道理念和技巧具有较强的延续性，需要新闻工作者继承和发扬新闻工作的优良传统。但时代的变化也要求新闻报道理念和技巧在继承优良传统的同时，能够与时俱进，尤其是当前正处在媒介生态变迁的时代，报道面临着改革关键期的新情况、新问题和新挑战，更需要创新。在本届新闻奖评选中获奖的《人民日报》的评论、新华社的通讯等，都表现出了在继承的基础上不断探索和创新的特点。

新闻评论是主流媒体的政治舆论阵地，也是新闻报道体裁中政治性最强的类型，要求媒体和记者具有较强的政治大局意识。在新的媒体环境下，公众接触不同思想、观点，了解不同信息的渠道日益多样化，多元化的舆论格局逐渐形成。正是在这样的背景之下，《人民日报》的评论《选择，凝聚在信仰的旗帜下——写在中国共产党成立 90 周年》在传统政论中"重拾旧的表达传统、整合新的语言方式"，用更贴近群众、更鲜活的方式表达意见和观点。如开头一段"德国，摩泽尔河畔特里尔古镇，一座灰白色三层楼房里，常会出现一些黑头发黑眼睛的游览者。他们虔诚地拜谒，深情地凝望，上万条中文留言中最多的字眼是，'伟人长逝，思想永存'"，摆脱了一般评论的写作模式，采用场景描写的方式切入主题，并在行文过程中史论结合、叙论相融，给人耳目一新的感受。诸如此类的变化体现的是评论理念的创新，即从政治宣传到评论传播的转变，彰显的是对重构新闻评论话语表达的尝试。

新华社的通讯《守望精神家园的太行人——红旗渠精神当代传奇》则在传统通讯的写作理念和技巧基础上强化了对意象的运用，每个部分均使用与红旗渠精神相契合的神话——"盘古开天""精卫填海""夸父逐日""女娲补天""愚公移山"，以神话勾连历史，通过穿越的蒙太奇手法追溯历史，将读者的思绪牵引到远古时代，体现了报道对新闻美学的追求。

传统是在多年的新闻报道实践过程中积累下来的，继承传统固然是新闻工作者的基本素养。但在继承传统的同时，新闻工作者也应当根据当今时代的特征注重对传统的丰富和创新，使传统在发挥优势的同时，为新闻工作注入新鲜血液，以适应时代发展的需要。

结　　语

从整体上看，本届新闻奖获奖的文字作品是新闻工作者在新的社会形势和新的媒体环境下践行马克思主义新闻观和"走转改"活动的成果，也是在继承和发扬新闻工作优良传统的基础上进行大胆创新的结果。这些作品以"以人为本"的理念为指导，具有鲜明的时代特色，实现了宣传价值与新闻价值的结合，体现了新闻报道浓厚的人文关怀，彰显了媒体的影响力和公信力。从评奖过程来看，仍需在以下两个方面进行加强或改进：一是要强化精品意识。新闻作品永无止境，要继续加强精品意识，尤其是要注意加强对长篇系列报道的精雕细琢，如文字的锤炼，深度的挖掘，字、词、句的斟酌等。二是要提高认识，发挥获奖作品的带动示范效应。目前来看，新闻从业者对获奖作品不够重视，缺乏学习研究的热情。应加强对中国新闻奖及获奖作品的宣传，采取研讨会及后续研讨会等组织学习方式，提升业界对中国新闻奖及其获奖作品的重视，提高新闻报道作品的质量。

理论阐释、实践拓展与机制保障[*]

——推进"走转改"常态化的三个向度

2011年8月9日,中宣部等五部门为贯彻落实胡锦涛同志"七一"讲话精神,推动新闻工作者切实将实践观、群众路线体现在新闻宣传工作中,部署了新闻战线的"走基层、转作风、改文风"(以下简称"走转改")活动。在媒体实践过程中,"走转改"活动积累了实践经验,探索了新思路和新做法,也出现了覆盖对象不均衡、报道方式单一、报道议题层次不深等问题。[①] 如何巩固现阶段"走转改"活动的成果,解决实践中存在的问题,实现"走转改"活动常态化,成为迫在眉睫的现实问题。本文认为,应从理论阐释、实践拓展与机制保障三个向度入手,进一步推进"走转改"活动的深化。

一 "走转改"活动的理论阐释

自"走转改"活动开展以来,新闻文风发生了变化,新闻队伍得到了锻炼,从业人员素质有了提高。但面对不断涌现的新情况和新问题,"走转改"活动的理论研究明显滞后于实践,具体表现在:学界和业界的研究基本属于经验总结和描述,缺乏足够的理论深度和学理性。因此,实现"走转改"活动的常态化,首先要结合现阶段新闻媒体面临着加强舆论引导能力的重大任务、媒介融合的新考验、新闻队伍素质建设的紧迫要求,将"走转改"活动与践行马克思主义新闻观、坚持实事求是的原则、弘扬党的群众路线、提高党的执

---

[*] 发表于《新闻与传播研究》2013年第2期。本文第二作者是博士生刘莲莲。
[①] 新华社新闻研究所课题组:《"走转改"活动的思想理论渊源与实践效果研究》,中共中央宣传部新闻局:《"走基层、转作风、改文风"活动优秀理论文章选辑》,学习出版社,2012,第44~60页。

政能力相结合,对"走转改"活动进行学理建构,进而从社会主义新闻工作的理念体系、新闻媒体的社会功能以及新闻传播规律等方面深化对"走转改"活动的理论认识。在加强"走转改"科学实践的同时开展理论创新,将科学实践与理论研究相结合,实现"走转改"理论与实践的互动,推动"走转改"活动的深入。

(一)"走转改"活动的现实背景

"走转改"活动是中国共产党新闻思想的新阐释,有着深刻的历史背景,是在新的形势下提出的具有针对性的新闻实践指导原则。

其一,国际国内政治环境的变化要求媒体实践策略的调整。当今世界处于大变革时期,改革开放以来西方加紧对中国的文化渗透,尤其是近年来,以文化艺术消费品为主要载体的意识形态渗透愈演愈烈,其形式和技巧也日益隐蔽。意识形态话语渗透的"技术化"使得思想文化领域的斗争形势日趋复杂。由于媒体担负着对外塑造中国形象、表达中国声音的责任,因此,如何在复杂的国际舆论环境中抢占国家形象塑造的主动权,成为我国新闻媒体亟须解决的问题。从国内政治环境来看,从1949年新中国成立以来,中国共产党经历了从改革开放前"意识形态为主导的合法性资源"、改革开放后"意识形态、经济绩效并重的合法性资源"到20世纪90年代初至今的"拓展中的合法性资源"的三个演变阶段,[①] 对政治合法性认识的转变推动执政理念的变化,形成了当前的"以人为本"的执政理念。执政理念的变化推动执政者对新闻媒体功能认识的变化,新闻实践策略也随之发生变化。

其二,多元价值观需要主流舆论的引导。改革开放以来随着总体性社会[②]的解体,社会结构出现分层,社会层面的价值观和利益诉求日益多元化。而当前社会话语在媒体话语结构中的缺失,给转型期中国社会带来了较大的风险,具体表现为近年来社会抗争现象的凸显。"各种社会抗争处于彼此分裂的状

---

① 罗以澄、姚劲松:《中国共产党执政合法性演进中的媒介角色变迁》,《当代传播》2012年第2期。
② 孙立平:《转型与断裂:改革以来中国社会结构的变迁》,清华大学出版社,2004,第1页。

态,无力以理性、符合程式的方式参与政策制定过程,甚至促使一些抗争行动趋于情绪化。"① 社会抗争模式从"以邻为壑"向"政策倡导"的转变,"意味着公共利益成为中国社会抗争一个重要的价值诉求,也体现了底层民众的公民意识增长以及公民社会的发育"②。因此,新闻媒体在多元化社会中应发挥舆论引导作用,形成意见交流平台,承担化解社会矛盾的职责。

其三,市场化改革导致媒体过度市场化倾向,急需转换媒体实践策略。具体表现在:一方面,市场化倾向使得媒体报道更加重视城市受众的需求而忽视农村受众,产生城乡二元化偏向;另一方面,市场化倾向导致新闻报道更加偏向有市场消费能力的、较高收入受众的新闻阅听需求,忽视了低收入弱势群体的需求。

其四,新舆论格局是媒体实践策略变化的推动力。以互联网为代表的新媒体改变了传统大众媒体运营的外部语境,也改变了原有的舆论格局。从实际情况来看,新媒体尤其是微博的舆论监督作用越来越突出,非专业主义舆论监督的强化,削弱了以传统媒体为核心的专业主义舆论监督能力。在此状况下,传统大众媒体需要调整其实践策略才能摆脱当前困境。

其五,媒体自身的状况需要新的实践策略的指导。当前媒体新闻报道存在两个方面的问题:一方面是媒体过度自律形成时政新闻偏向于国家机构和组织相关活动的报道,眼光向上,忽略了对底层呼声的关注。另一方面,民生新闻、方言新闻在市场化驱动之下产生了娱乐化、琐碎化现象,忽视了对社会公共议题的报道,削弱了新闻媒体的社会责任。

基于上述原因,中国新闻媒体原有的实践策略已不适应新的形势和现状,需要对之加以调整。可以说,"走转改"活动的开展正是基于对中国社会所面临的现实状况的深刻把握和思考。

(二)"走转改"活动的理论渊源

从诞生之日起,中国共产党根据不同历史时期的具体情况对新闻媒体的社

---

① 黄煜、曾繁旭:《从以邻为壑到政策倡导:中国媒体与社会抗争的互激模式》,《新闻学研究》第 109 期。
② 黄煜、曾繁旭:《从以邻为壑到政策倡导:中国媒体与社会抗争的互激模式》,《新闻学研究》第 109 期。

会功能进行了符合时代和社会发展状况的阐释。这些阐释体现了马克思主义新闻观与中国具体实际的结合,并为当前"走转改"活动的开展提供了思想理论基础。

首先,新中国成立之前,中国共产党的新闻思想中已包含对新闻实践观、群众路线和文风的相关论述。中国共产党的早期新闻实践强调新闻宣传要为民众利益服务,如恽代英从革命动员的角度提出,报刊是"团结民众的手段"[1]。陈独秀则认为,"民众所认识的是事实,所感觉的是切身问题……离开事实的主义,不会真能使他们相信"。[2] 正因为基于民众是新闻宣传对象的认知,新闻宣传实践也需使用大众化的文风,"使用口语,求其通俗化"[3],"容易为群众所了解,而非专为少数人所阅览"[4]。自此,新闻工作的实践观、群众路线一直贯彻在党的新闻工作指导方针中。1942年的延安整风运动针对党报中存在的主观主义、宗派主义和党八股作风,从新闻真实性的角度出发,要求新闻工作者树立全心全意为人民服务的观念:"只有为人民服务的报纸,与人民有密切联系的报纸,才能得到真正真实的新闻"[5]。这种观念最终被表述为"从群众中来,到群众中去"。毛泽东则从反对党八股的角度提出了改进新闻文风的主张,"多载写生动的文字,切忌死板、老套,令人看不懂,没味道,不起劲"[6]。在1948年4月《对晋绥日报编辑人员的谈话》中,毛泽东提出,"马克思主义的基本原则,就是要使群众认识自己的利益并且团结起来,为自己的利益而奋斗"[7]。

其次,1949~1978年间进行的两次针对文风和作风的改革,进一步发展了新闻实践观和群众路线。第一次是针对1949年之后新闻界无条件照搬苏联模式的现象而发起的1956年《人民日报》的改版。这次改版按照"《人民日报》是办给全国的人民群众看的……要满足广泛的各层次读者的需求"的宗

---

[1] 《恽代英文集》(下),人民出版社,1984,第764、741页。
[2] 《陈独秀文章选编》(下),生活·读书·新知三联书店,1984,第345页。
[3] 《中国共产党新闻工作文件汇编》(上),新华出版社,1980,第21页。
[4] 《关于党报决议案》,《政治周报》第6、7期合刊,1926年4月10日。
[5] 《我们对于新闻学的基本观点》,《陆定一新闻文选》,新华出版社,1987,第8页。
[6] 《毛泽东新闻工作文选》,新华出版社,1983,第75页。
[7] 《对晋绥日报编辑人员的谈话》一文参看《毛泽东选集》第4卷,人民出版社,1991。

旨,"扩大了报道范围","压缩了会议新闻",根据"百家争鸣"的方针,"开展自由讨论,多发社会言论",坚持客观公正的报道原则,改变"报喜不报忧"的现状。① 这次改版彰显了新闻媒体从自身实际出发运用和实践马克思主义新闻观的立场。第二次改革是针对"大跃进"和人民公社化运动所造成的"五风",中共中央于 1960~1961 年间倡导大兴调查研究之风——毛泽东提出"没有调查就没有发言权",刘少奇提出报纸工作人员"是调查研究的专业工作人员","报上的一切文章都应该是调查研究的结果"②。调查研究是对马克思主义新闻实践观的发展。

最后,改革开放以来,随着国家工作重心的转移,新闻媒体摆脱了过去单一的工具论,逐渐转变为"喉舌论",并开始走上体制改革的道路。1992 年邓小平在南方谈话中指出:"现在有一个问题,就是形式主义多。电视一打开,尽是会议……新的语言并不很多。"2003 年,中宣部等部门在新闻界深入地开展了"三项学习教育"活动,旨在提高新闻队伍的政治素养和综合素质;2006 年提出"贴近实际、贴近群众、贴近生活"的"三贴近"要求,着眼于转变作风,眼睛向下,深入基层;2010 年 11 月,部署了为期半年的"杜绝虚假报道,强化社会责任,加强新闻职业道德建设"专项活动;从 2011 年 8 月起开始大力推进"走转改"实践教育活动。由此可见,"走转改"活动是新时期以来党的马克思主义新闻观的延伸,是改革开放以来新闻界学习实践活动的深化,集中体现了党中央对新闻媒体的指导思想。"走转改"活动坚持和深化了新闻实践观、群众路线,体现了马克思主义新闻观的时代内涵和与时俱进的新闻实践原则。

(三)"走转改"活动的内涵与公众主体地位的回归

"走基层"是"走转改"活动的起点和核心,体现了新闻价值规律的回归。作风的转变,文风的改变,首先要从新闻实践的起点——基层开始,从了解和报道普通百姓的生活开始。因此,"走转改"活动坚持马克思主义新闻

---

① 刘家林:《新中国新闻传播 60 年长编(1949~2009)》(上),暨南大学出版社,2010,第 103、104 页。
② 胡绩伟:《报纸工作人员是调查研究的专业人员》,《新闻战线》1982 年第 5 期。

观,就是要坚持"新闻来源于实践"的理念,坚持实践第一,树立实践权威,尊重实践主体。马克思认为,"民众的承认是报刊赖以生存的条件,没有这种条件,报刊就会无可挽救地陷入绝境。"① 从这个意义上来说,"走基层"意味着新闻媒体实践观念和态度的转变,意味着新闻从业人员采制新闻的视角从俯视转换为平视,从脱离现实生活转为融入和体验现实生活。新闻从业者只有深入现实生活,认识中国复杂的社会状况,才能更好地理解现实、解读现实、报道现实。刘云山同志曾在"走转改"活动动员会上指出:"基层一线是新闻工作者的源头活水,蕴藏着最鲜活、最丰富的新闻资源,接地气才能有底气、长灵气,深入实践才能富有生活气息。扎根群众才会有现场的温度、才会有清新朴实的文风、才会有打动人心的力量。"②"走转改"活动首先要让媒体工作者深入基层生产与实践的第一线,让新闻回归现场实践,这是保证新闻报道源头总有活水来的前提和关键。

作风的转变和文风的变化是"走转改"活动效果的具体表现。作风和文风不仅涉及新闻作品的风格,还涉及新闻工作者的思想品德和工作作风,直接地影响着新闻报道的质量和效果。马克思从自己的实践经验出发,认为文风是做好宣传工作的重要环节,"不是应当为读者写什么,而是怎样写"③。作风、文风建设历来受到中央的高度重视,从延安整风到邓小平南方谈话,从江泽民到胡锦涛均先后对新闻媒体的作风和文风问题进行过整顿或提出过要求。因此,"走转改"活动聚焦当前改革发展关键期出现的新情况、新问题和新挑战,提出了破解的真知灼见,这些亟待我们进行全面的总结和认真的理论思考。

此外,"走转改"活动是由中央发起、自上而下的媒体实践指导原则。这一原则在其阐释过程中凸显社会公众作为媒体报道的主体地位。长期以来,媒体实践效果如何,均以领导满不满意为标准,本质上是将社会公众塑造为新闻传播活动的客体。而"走转改"活动以"来自人民、植根人民、服务人民,

---

① 《马克思恩格斯全集》,人民出版社,第1卷,1956,第234页。
② 《新闻战线"走基层转作风改文风"活动动员会召开 刘云山出席并讲话》,新华网,2011年8月9日。
③ 《马克思恩格斯全集》,人民出版社,第29卷,1972,第569页。

是我们党永远立于不败之地的根本"①为基础，以党的群众路线为宗旨——"新闻工作承担着宣传群众、动员群众、服务群众的重要职责，必须牢固树立群众路线观点，自觉践行群众路线"，最终目的在于"在增进同人民群众感情、提高服务群众能力上下功夫见成效，回答解决好'为了谁、依靠谁、我是谁'的问题"②。因此，从本质上，"走转改"活动将媒体传播活动的服务对象从领导干部转向社会公众，将活动效果的评判权交给社会公众，从而将社会公众置于媒体传播活动的中心位置，赋予了社会公众以主体的地位。

二 "走转改"活动的实践拓展

"走转改"的媒体实践活动自开展以来取得了丰硕的成果。以第22届中国新闻奖为例，在参评的101篇消息和系列报道中，有60余篇是践行"走转改"活动的成果，占到了参评作品总数的60%。针对现阶段"走转改"活动出现的问题，"走转改"活动在以下几个方面的实践拓展有利于将"走转改"活动进一步融入媒体实践环节，使之成为新闻媒体的常态活动。

第一，见闻式报道与深度报道相结合，增强"走转改"的思想内涵。

见闻式报道是当前"走转改"实践中的主要形式。其以故事化讲述为主要手段，摆脱了新闻报道原有的以空洞、枯燥的方式报道新闻事件、传递新闻信息的方式，体现了新闻为群众服务的观念以及新闻价值的回归。

见闻式报道虽能直观地传递信息，展现基层群众的生活现状，给受众带来感动，广度有余，但深度显得不足，在发挥新闻的社会人文价值方面尤其欠缺。故事化的讲述技巧容易让读者忽视故事本身所隐含的深层现实状况。因此，新闻的价值应该是多层次和多视角的，在追求新闻背后的情感价值的同时，挖掘新闻背后的新闻和新闻背后的逻辑与伦理同样重要。"走转改"活动不应是简单的新闻爆料，也不应停留在单纯的信息传递层面，完全可以去追求更高层次的新闻价值，挖掘新闻信息的内涵意蕴，在启迪民众思想与智慧，传

---

① 胡锦涛：《在庆祝中国共产党成立90周年大会上的讲话》，新华网，2011年7月1日。
② 《新闻战线"走基层转作风改文风"活动动员会召开 刘云山出席并讲话》，新华网，2011年8月9日。

播先进文化知识方面发挥更加积极而重要的作用。

因此,应将见闻式报道与深度报道相结合,使媒体从信息的传递者、发布者转变为信息的解释者,从故事化报道转变为深度报道,实现生动与深度、现场与思想的结合,从而培养社会公众对社会问题的分析认识能力,通过媒体的解释,实现触动、感动向引导与引领的转变,使社会热点难点问题引起社会公众的广泛讨论,最终形成社会公共议题,促使问题得到解决。如果仅仅停留在讲故事的层面,久而久之,"走转改"活动可能消解于社会"快餐文化"中,来自基层的报道可能会给公众带来信息接受疲劳。因此,只有将"走转改"的见闻式报道与深度报道相结合,才能增强其思想内涵,使人们在接受新闻信息的同时更好地吸收新闻背后的精神营养,培养具有参与意识、关注公共问题的社会公众。"为了让每个公民充分行使自身的权利,他们必须接触到各种信息、建议和分析以帮助他们了解个人所拥有的权利,从而使得他们在行使自身权利的时候更加有效。"①

第二,报道民生现象与促进问题解决相结合,提升"走转改"社会影响力。

民生新闻是在新闻改革与媒体市场化背景下产生的,在其出现之初,确实产生了令观众耳目一新的效果。但随着媒体市场化改革的深入,民生新闻逐渐演变为以消费性、娱乐化、琐碎化为特征的浅表化报道,家长里短的琐事成为民生新闻栏目的主打内容,受众被塑造成为消费者。"迎合受众口味的娱乐新闻遮蔽了对重大新闻的报道,造成对大众知情权的损害;对媒体私利的追求削弱了媒介的公益性。"② 在"走转改"活动的媒体实践拓展过程中,应将报道民生现象与促进问题的解决相结合,使消费性的民生新闻逐渐转变为公共性民生新闻,推动相关政策措施的出台,提升媒体民生报道的实际效果。因此,"走转改"报道除了发现问题、反映问题外,还需唤起公众对民生问题的关

---

① Graham Murdock, "Citizens, Consumers, and Public Culture," in Michael Skovmand and Kim Christian, Schrder, eds., *Media Culture: Reappraising Transnational Media* (London/New York: Routledge, 1992), pp. 17 – 41, 转自大卫·克罗图、威廉·伊尼斯著《运营媒体:在商业媒体与公共利益之间》,董关鹏、金城译,清华大学出版社,2007,第20页。

② 杨金鹏、黄良奇:《新闻娱乐化、公众利益和传媒责任》,《新闻界》2004年第3期。

注,整合信息,促进问题的解决。

"走转改"活动一方面要深入基层,去发现、挖掘更多有报道价值的问题,同时还要指向明确,将发现问题与促进问题的解决相结合,在批评建议的基础上多讨论解决方案,多体现意见的建设性。如2011年4月,《凤凰周刊》记者邓飞等500名记者联合社会福利教育基金会,倡议每天捐助3元钱,为贫困学童提供免费午餐,这一行动促使国务院决定启动实施"农村义务教育学生营养改善计划":中央每年拨款160多亿元,按照每生每天3元的标准为农村义务教育阶段学生提供营养膳食补助,普惠680个县市约2600万名在校学生。在某种程度上,公众对社会生活的参与,在很大程度上是通过媒体来实现的。"走转改"在发现问题、报道问题方面有其优势,如能通过告知预警、监督质疑、信息整合、代言反馈等方式引导公众不断增强公民意识,积极参与公共事务,从而有效地拉近媒体及新闻工作者与公众间的距离,促进社会的和谐进步。

第三,规定动作与自选动作相结合,唤起"走转改"内蕴的生机与活力。

在推进"走转改"活动工作中,统一行动、完成规定动作有利于形成合力。而发挥不同主体的主观能动性,允许并鼓励自选动作,才能调动不同主体的积极性、能动性和创造性,激发"走转改"内蕴的生机与活力。

在"走转改"的媒体实践拓展过程中,一方面要通过自上而下的统一部署开展"走转改"活动,另一方面要转变观念,理顺机制,使"走转改"活动成为媒体工作者的自发行为、自然需求。"走转改"本身就是党的群众路线的弘扬,是新闻报道观念的一种再创新,进一步将"走转改"活动推向纵深,必须将不断创新形式与拓展内容相结合,依靠群众路线,调动基层媒体工作者的创造活力,才能彻底地"改",完美地"转",自发地"走"。"走转改"活动强调扎根基层、融入生活,要求新闻报道要在采访方式、报道形式和语言风格上不断创新,适应基层的多样性和生活的丰富性。因此,一方面通过组织一些学术沙龙、专题研讨会等形式,提升新闻工作者的理论功底和把握大势的能力,培养他们独立思考能力和人文关怀精神;另一方面通过定期和不定期地策划涉及基层的重大新闻采访活动,让年轻记者在实践中逐步培养起深入基层的习惯,学会在基层抓重点、抓"活鱼",写出鲜活的报道。

三 建立"走转改"活动的保障机制

实现"走转改"活动常态化需实现制度保障与价值引领相结合,促进"走转改"长效工作机制的形成,避免"走转改"活动沦为"一阵风",巩固活动已经取得的实践成果,保持其持续性。刘云山指出,"要建立完善有利于新闻工作者深入基层、深入群众的制度机制,推动走基层、转作风、改文风成为新闻战线的自觉行动和新闻工作者的职业追求。"① 建立"走转改"活动长效机制,要完善三方面的机制建设。

第一,将"走转改"和日常报道相结合,建立"走转改"常态化推进机制。

开辟专门版块和栏目,安排专门的记者进行"走转改"的新闻报道,在"走转改"活动的起步阶段具有必要性。但如果"走转改"活动仅仅体现于固定的版面或固定的时段,则容易出现排他效应,无法体现出"走转改"活动的真正价值。因此,"走转改"活动应成为广大新闻工作者的工作理念,融入日常报道尤其是主题宣传、典型报道、舆论监督当中,使之成为媒体报道之基本原则和整体要求,拓展"走转改"的适用范围。深入基层和新闻现场是获取真实、全面的新闻信息的基本要求;求真务实、严谨认真,是所有新闻从业者的基本工作作风。拓宽"走转改"活动的应用范围,建立常态化推进机制,在日常报道中体现"走转改"活动的基本理念,将"走转改"活动的基本精神内化为新闻从业者的职业操守,是更好地发挥"走转改"活动价值的有效途径。

第二,营造大环境与彰显小特色相结合,发挥不同媒介的自有优势,建立"走转改"的激励创新机制。

"走转改"活动实施以来,各级宣传部门、新闻媒体开展了学习教育活动,加深了新闻工作者对"走转改"活动的理解和认识,提高了"走转改"活

---

① 《新闻战线"走基层转作风改文风"活动动员会召开 刘云山出席并讲话》,新华网,2011年8月9日。

动的效果。但由于报纸、广播、电视、网络具有各不相同的传播特点,这决定了其信息的传播方式各有特色,因此,要积极探索和鼓励新闻媒体根据自身的媒体特点,创新"走转改"活动的形式,形成多样化的"走转改"实践格局。

一方面,不同类型的媒介通过不同途径来推进"走转改"活动。报纸、杂志等传统媒体,发展时间长,积累了丰富的经验,拥有较强的公信力、权威性和采编力量,在进行"走转改"实践时可考虑在深度报道上下功夫,挖掘新闻事件的内涵。电视有着雄厚的资金和资源优势,能进行视听的立体传播,可通过加强原创性内容给受众带去身临其境的现场感受,满足人们对第一手信息、资料的需求。而网络等新媒体信息内容更丰富,时效性更强,互动性更高,但公信力有所不足,可通过汇聚和反馈信息、吸引公众参与互动、赢得公众认可等方面来进行"走转改"实践。

另一方面,性质不同、目标定位有差异的媒体可通过发挥自身优势来推进"走转改"活动。党报是党、政府和人民的喉舌,导向性、权威性、典型性是其主要特色。在推进"走转改"工作的过程中,党报应在正面引领舆论、宣传基层先进典型,报道重大社会事件方面发挥其特点和优势。而都市报的"走转改"活动可倾向于走市场,通过细分受众群体、强化新闻报道的人情味等来吸引公众的注意。

第三,制度建设和价值引领相结合,探索"走转改"的长效机制。

现阶段对"走转改"活动效果的评价多以"走转改"活动的报道规模、数量作为指标。量化评价标准固然有其合理之处,但容易导致"走转改"活动流于形式,丧失"走转改"活动的意义。因此,应改变现有之量化评价标准,构建以质量指标为核心的评价体系,确保"走转改"活动的质量和效果。评价体系涉及评价主体和评价方式两个核心问题。媒体内部评价的主体是媒体管理者和从业者,其机制应以专业质量指标为核心,在媒体现有的人员考核评价体系基础上进行建构,如突出质量考评,加大对优秀"走转改"实践作品的宣传和表彰力度;在职称评定、相关奖项设置和评定等方面向长期深入基层一线的媒体工作者倾斜等。

除内部评价机制外,还应建立外部评价和监督机制,保证"走转改"活动的质量。"走转改"活动所建构的主体为社会公众,其外部评价主体也应由社会公众担任。具体而言，评价主体应保持与媒体之间的相对独立性，由媒体上级主管部门指派，负责对新闻媒体"走转改"活动的报道质量进行定期审核，并提出改进建议和意见。评价人员应包括：从事新闻传播或媒体研究的专家、社会各阶层的代表人士以及法律界专家等。

通过内部、外部两个层面的评价，让"走转改"活动成为编辑记者的自觉行动和职业追求，实现"政绩评价"到"业绩评价"的转变，引导编辑记者深入思考"为了谁、依靠谁、我是谁"的问题，深刻领悟"走转改"活动的现实意义，促使广大新闻工作者从"要我走"变为"我要走"。通过价值引领和制度保障并重，推动"走转改"活动长效机制的形成。

结　　语

"走转改"活动是马克思主义新闻观在当下中国的最新实践，是党的群众路线在新的社会形势下、在媒体实践环节的新发展，也是中国共产党对新闻媒体社会功能的再认识。"走转改"活动体现了新闻价值的回归，使社会公众从新闻传播的客体转变为主体。在践行"走转改"过程中，新闻媒体工作面貌和工作作风有了转变，新闻从业人员的素质水平有了进一步的提升，新闻报道质量有了改善。然而，应该意识到，基层是群众活动的广阔舞台，也是新闻工作者割舍不断的根脉，作风的转变、文风的改进是一项长期的系统工程，不可能一蹴而就。

新闻实践工作需要理论指导和制度保障才能有正确的实践方向，理论研究需要以实践和行动作为归宿和平台。针对现阶段"走转改"活动存在的问题，应加强对"走转改"活动的理论阐释力度，建立以质量评价和激励制度为基础的长效机制，同时从深度和广度上在媒体实践层面深入推进"走转改"活动，进而以理论阐释深化媒体管理者和从业者对"走转改"活动的认识，以长效机制作为媒体践行"走转改"活动的保障，达到理论、实践、机制三个向度间的相互促进，实现"走转改"活动的常态化。

新世纪以来国内新闻评论
研究的回顾与展望*

新闻评论是在对新闻事实进行解释的基础上形成意见的新闻体裁。近年来，中国社会转型带来的社会分化，导致社会中形成了多元化利益诉求，加之随之而来的社会矛盾多样化，亟须新闻评论通过意见形成对社会现象和社会事件的解释，并最终形成舆论，对不同社会群体进行舆论引导。在此情况下，新闻评论无论从样式还是规模来说，均呈现日趋活跃的趋势。实践层面的这种变化引起了研究者极大的兴趣，这直接表现在研究论文量的剧增。本文对21世纪以来国内新闻评论研究的基本状况进行描述和分析，指出当前新闻评论研究的概貌、存在问题，并对新闻评论研究的发展趋势进行展望。

一 新闻评论研究现状与特点

本文以中国学术期刊网络出版总库作为搜索对象，进行研究趋势的描述。同时，选择新闻学与传播学CSSCI来源期刊为对象对新闻评论研究的基本特点进行分析。

（一）新闻评论研究的数量增幅明显

以"新闻评论"为主题在中国学术期刊网络出版总库中进行搜索，搜索结果表明，2000~2012年间新闻评论研究的论文篇数为4215篇，而1980~1999年的20年间仅为1262篇。可见，新世纪以来有关新闻评论研究的数量呈剧增态势。而2000~2009年间新闻评论研究的数量总体上呈现出增长趋势，

---

* 发表于《武汉大学学报》（人文科学版）2013年第6期。本文第二作者是博士生刘莲莲。

在 2010 年之后研究数量保持稳定（见图 1）。同时，新闻学与传播学 CSSCI 来源期刊上发表的新闻评论研究论文的数量也与总体情况相近。

新世纪以来，新闻评论著作和教材的出版数量也出现了较大增长，出现了超常规发展的局面，出版的主要著作和教材超过了 50 部。这些著作主要以新闻评论的教材为主，或旨在对新闻评论的内涵、题材、类型、评论原则等进行阐释，如丁法章的《当代新闻评论教程》、赵振宇的《现代新闻评论》、马少华的《新闻评论教程》等；或着重阐释新闻评论的基本写作技巧，如李法宝的《新闻评论：发现与表现》、王振业和胡平的《新闻评论写作教程》等。从现有的新闻评论的著作或教材来看，总体上具有多角度、理论和实践相结合的特征。同时，也出现了一些变化：一是新媒体评论被纳入了新闻评论学著作或教材的写作结构当中，并出现了专门的新媒体评论教材，如杨新敏的《网络新闻评论研究》等；二是出现了专门类新闻评论教材，如程雪峰的《现代体育新闻评论学》、包国强的《财经新闻评论》以及曹林的《时评写作十讲》等。

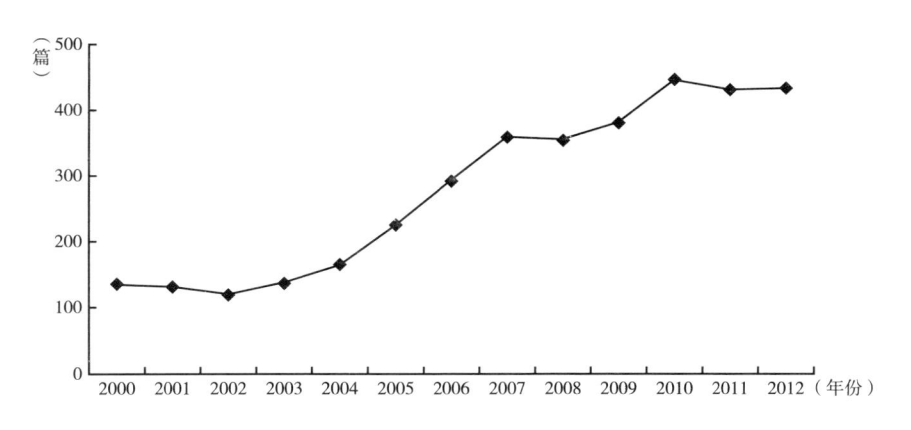

图 1　21 世纪以来国内新闻评论研究的基本情况

在国家社会科学基金研究资助项目中，以新闻评论研究为主题的课题共 1 项〔"新时期新闻评论发展研究（1978～2013）"〕，涉及新闻评论研究的项目共 8 项。而直接以新闻评论为博士论文选题的共有《现代新闻评论宽容意识研究》《新闻评论语篇的语言研究》等 5 篇。

（二）研究主题有所拓展，研究范围不断扩大

从新闻学与传播学 CSSCI 来源期刊看，21 世纪以来发表的新闻评论论文数量为 133 篇。按照新闻学研究由新闻理论、新闻实务和新闻史构成的划分思路，本文将新闻评论研究也划分为理论研究、实务研究和历史研究三类，同时考虑到比较研究和新媒体研究为近年来新兴的研究领域，本文将它们按照独立类别的标准分述之。因此，本文将涉及新闻评论产制环节（包括采访、写作、版面等）的研究划为实务研究，将涉及新闻评论的定义、内涵、功能、价值、社会作用等总体性的研究看作理论研究，将关于新闻评论发展变化的历史分析划为历史研究，将从比较视野对不同国家间新闻评论发展状况进行的研究视为比较研究，而以新媒体评论为对象的研究归为新媒体评论研究。按此标准，21 世纪以来国内新闻学与传播学 CSSCI 来源期刊所发表的新闻评论研究论文在各类别中的分布如图 2 所示。

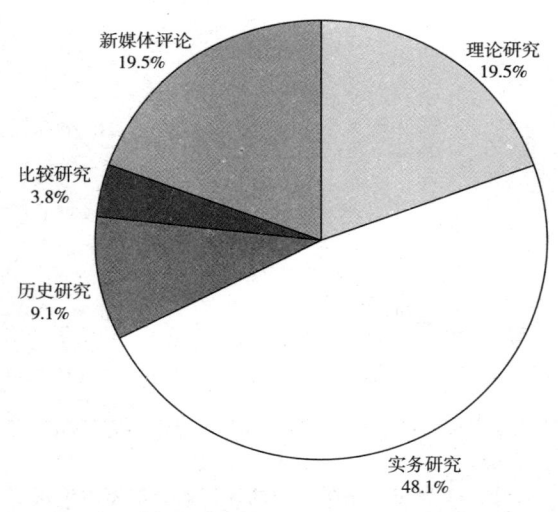

新媒体评论 19.5%
理论研究 19.5%
比较研究 3.8%
历史研究 9.1%
实务研究 48.1%

图 2　21 世纪以来新闻学与传播学 CSSCI 来源
期刊的新闻评论研究论文的主题分布情况

从总体上看，21 世纪以来的新闻评论研究以实务研究为主，研究主题有所拓展，研究范围不断扩大。尤其是近年来随着新媒体的发展，关于网络和新媒体评论的研究上升较快，在新媒体评论的冲击下，传统媒体在新闻评论产制

方面的应对、调整和未来发展趋势等也成为研究的主要焦点。从研究主题上来看，主要包括以下几个方面。

第一，新闻评论实务研究集中讨论传统媒体评论如何在新媒体评论勃兴的语境下加强舆论引导力，强化社会整合力。就研究主题而言，除了评论标题、创作技巧等常规研究之外，一些更加细化的研究也引人注目，尤其是关于评论主体的研究。新闻评论主体通常包括职业主体、准职业化写手、有感而发的公民、专业话题发言的学者。① 作为意见的发布者，新闻评论主体需要尊重其他评论者的平等权利和人格尊严，做到一事一议和就事论事，② 通过发掘事实与话题之间的逻辑关系进行选题立论。这就要求新闻评论者在思维训练和采访实践中树立独立的品格，从而"将采访和评论融为一体"③。因此，在评论主体多元化的时代，新闻媒体应当摆脱当前选题不来自评论者采集的第一手新闻事实之现象，着力建立"评论员首先是记者"的评论记者工作机制，以应对新闻媒体的国际竞争以及来自网络媒体的竞争压力。④ 在个案研究上，研究者主要关注特定报纸评论版或栏目的特色和风格的研究、新闻评论者的具体创作技巧等。⑤ 此外，还有部分学者从跨学科和实践角度对新闻评论的教学进行了研究。

第二，以网络为标志的新媒体评论是最受学界关注的主题。这主要体现在两个方面：其一，新媒体评论的特点。与传统媒体评论相比，网络新闻评论的栏目设置更加多样、传播和互动更加及时、形式更加灵活，但也面临着权威性

---

① 郑根岭：《新闻评论新态势研究》，《现代传播》2008 年第 5 期，第 54~56 页。
② 乔新生：《新闻评论员应当学习罗伯特议事规则》，《新闻记者》2010 年第 10 期，第 65~67 页。
③ 赵振宇、邓辉林：《新闻评论者的独立品格及培养初探》，《国际新闻界》2008 年第 12 期，第 56~60 页。
④ 赵振宇：《关于建立"评论记者"工作机制的再思考》，《国际新闻界》2007 年第 7 期，第 20~24 页。
⑤ 林嘉、梁伟：《从〈冰点时评〉看时评写作特色》，《新闻记者》2003 年第 11 期，第 12~14 页；孙玉双：《浅谈人民日报〈今日谈〉的特色》，《当代传播》2009 年第 2 期，第 111~112 页；庄宇辉：《中国青年报〈求实篇〉的特色》，《当代传播》2005 年第 2 期，第 91~92 页；陶国睿：《〈深圳商报〉时评版的写作思维》，《当代传播》2005 年第 3 期，第 93~94 页；刘镇彬：《梁厚甫国际评论中的修辞艺术》，《新闻记者》2007 年第 7 期，第 50~51 页；赵振宇、胡沈明：《"任仲平"文章新闻评论属性探析》，《新闻大学》2010 年第 3 期，第 37~45、57 页；马文萍：《守正不阿为民代言——张恨水在〈新民报〉期间的时评解析》，《新闻记者》2008 年第 9 期，第 93~96 页。

和公信力不足的问题。① 随着新闻评论形态的变化，新媒体言论也发生了相应变化，表现为"聚焦事件发展的全程和细节"和"对事件发展过程进行时空结合的全程关注"，这在一定程度上促进了多重价值观念和参与主体的深度交互。② 其二，新媒体评论的影响。新媒体的崛起对新闻评论的功能、内容和形式造成了较大影响。新闻评论的"微博化"加强了新闻评论的地位、作用及其对传统媒体评论选题的渗透，③ 拓展了新闻评论的表现形态，使得传统媒体与新媒体互设议程。④ 因此，在推动新闻评论及其价值取向多元化过程中，新媒体评论者应坚持正确的舆论导向，"疏导消极、狭隘、非理性的思潮和情绪"，以在全球化的语境下"建构富有中国特色的传播话语体系"⑤，发挥网络媒介在建构"公共领域"中丰富公众议程来源、建构公众讨论的价值体系等方面的积极作用。⑥ 由于传统媒体纷纷涉足网络经营，网络新闻评论拓展了传统媒体网络评论空间，形成了网报互动和网台互动格局。⑦

第三，新闻评论的理论研究以反思为主，形成了对新闻评论的内涵、特征、性质、功能、价值的再认识和再阐释。这方面有两个趋势值得注意：一是强调新闻评论对新闻事实的依赖。当前的新闻评论应"以新闻事实为依托"，突出新闻评论的时效性、思想性、论理性等特征。⑧ 其中，新闻事实是新闻评论的核心特征，⑨ 因此，新闻评论是传者借用大众传播工具或载体，对新近发生或发现的新闻事实、问题、现象直接表达自己意愿的论说形式。⑩ 二是社会

---

① 潘瑛：《比较视角下的网络评论》，《当代传播》2004年第3期，第61~62页；胡文雄：《网络新闻评论分析》，《当代传播》2005年第5期，第103~105页。
② 殷俊、孟育耀：《论新媒体言论的基本特征及传播转型》，《国际新闻界》2012年第12期，第13~18页。
③ 钱晓文：《新闻评论"微博化"探析》，《新闻记者》2012年第2期，第71~74页。
④ 涂光晋、吴惠凡：《表达·交流·争论·整合——新媒体时代新闻评论的变化与反思》，《国际新闻界》2011年第5期，第16~23页。
⑤ 张月萍：《微博客对网络新闻评论的影响》，《新闻大学》2010年第3期，第118~119页。
⑥ 胡菡菡：《网络新闻评论：媒介建构与公共领域生成——对网易"新闻跟帖"业务的研究》，《新闻记者》2010年第4期，第63~66页。
⑦ 丁法章：《漫谈网络新闻评论》，《新闻大学》2008年第4期，第91~96页。
⑧ 杨新敏：《重新认识新闻评论》，《现代传播》2002年第4期，第48~51页。
⑨ 付蕾、顾建明：《评论价值的本义与构成因素》，《当代传播》2004年第4期，第82~83页。
⑩ 赵振宇：《论新闻评论的根本特性》，《新闻大学》2006年第1期，第86~91页。

转型视野下对新闻评论功能的再认识。中国新闻评论功能的转变主要体现在功能的拓展以及与之相应的从题材内容到表现形式的创新上。① 具体而言，转型期新闻评论的政治传播功能以"整合"为核心，以利益表达、政治议题设置、社会舆论引导、"推动政治社会化和塑造国家形象"等为实现路径。② 从另一个角度来看，新闻评论本质上是观点信息的传播，具有促进社会进步和提高公众认识能力的作用，③ 因此，新闻评论同时具有表达公共意见的时代功能。

第四，新闻评论的历史研究主要涉及新闻评论的词源梳理、对传统文化精神的继承、近现代新闻评论的发展等方面内容。④ 其中，马少华对近代新闻评论的发展状况尤其是对梁启超的新闻评论思想和影响进行了集中研究。⑤

第五，新闻评论的比较研究。不少学者对中美新闻评论的差别及原因进行了探讨，具体而言，两者的差别体现在：选题上的整体视角与个体视角，偏重政治、经济、文化领域与关注生活、国际事务话题；⑥ 意识形态的分野造成表达方式上观点论证与行为批评、观念演绎与事件剖析、观点论证与事实判断、宏大叙事与细小叙事间的差别。⑦ 有研究认为，媒体性质的不同造成了中美评

---

① 曾建雄：《转型期新闻评论功能的拓展与内容形式创新》，《国际新闻界》2012 年第 12 期，第 6～12 页。
② 李舒：《转型期新闻评论的政治传播功能及其实现》，《现代传播》2012 年第 4 期，第 43～46 页。
③ 赵振宇：《一项需要普及和提高的公民素质——关于新闻评论的三点理性思考》，《新闻大学》2007 年第 4 期，第 96～101 页。
④ 张玉川：《对"新闻评论"一词的溯源与考证》，《国际新闻界》2012 年第 1 期，第 101～105 页；涂光晋：《从"济天下"到"持论公正"——从史学视角考察中国新闻评论的精神传承》，《现代传播》2006 年第 1 期，第 30～33、40 页；涂光晋：《多媒体生存·多功能延伸·多主体参与——改革开放 30 年新闻评论的发展与变化》，《现代传播》2008 年第 6 期，第12～15 页；周奉真、李天伦：《浅析新闻评论的变迁》，《当代传播》2008 年第 4 期，第 119 页。
⑤ 马少华：《早期的"时评"——论我国近代新闻评论发生发展的形式规律》，《国际新闻界》2003 年第 5 期，第 71～76 页；马少华：《论早期评论的发展对现代新闻周刊的贡献》，《国际新闻界》2007 年第 12 期，第 72～76 页；马少华：《论梁启超后期评论风格的变化——兼论梁启超对新闻评论形式演进的贡献》，《国际新闻界》2008 年第 11 期，第 89～94 页；马少华：《论我国早期新闻评论中的交流性因素——以梁启超为例》，《国际新闻界》2008 年第 6 期，第 80～85 页。
⑥ 顾建明：《中美新闻评论选题方法的比较分析》，《新闻大学》2007 年第 3 期，第 101～104 页。
⑦ 顾建明、王青：《中美报纸新闻评论表达方法的比较》，《新闻大学》2011 年第 2 期，第 97～102 页。

论关注点、思维方式、写作风格三个方面的差异，在中国媒体根本属性不变的情况下，中国新闻评论须从制度层面和操作层面入手，"通过推进政治文明建设"，树立媒体的独立品格，① 以提升新闻评论的说服力。

（三）研究方法以思辨研究为主，渐趋多元

新闻传播行为和现象本身是复杂的社会现象，越来越多的研究者意识到仅仅凭借新闻学与传播学的自身理论难以解释研究对象，因而，采用跨科学视野进行学科之间的交叉研究成为新闻学与传播学研究者间的共识，这一趋势也在新闻评论研究中得到了体现。首先是 21 世纪以来，语言学被运用于新闻评论的实务研究中，主要关注的问题包括新闻评论的标题、语感、语篇、逻辑论证功能等；其次是法学相关概念被运用于讨论新闻评论权、新闻评论侵权等问题；最后是运用社会学理论和视野对社会转型背景下新闻评论的政治传播功能、社会舆论的整合能力等进行研究。

此外，21 世纪以来的新闻评论研究也开始采用定量研究的方法。思辨式定性研究在传统新闻评论研究中占绝对优势，研究方法相对比较单一，而所谓思辨研究是以研究者自身的逻辑思考为基础的研究方法。以往的新闻评论研究成果中，90%以上的论文均采用思辨研究的方式。但近年来的研究成果显示，实证研究方法开始进入新闻评论研究当中，如李秀芳对美国主流日报和中国主流英语日报言论版的实证研究，赵路平和许鑫对新浪、网易博客新闻评论的定量研究等，形成了渐趋多元的研究方法。

（四）形成了以高校为主、媒体为辅的研究群

21 世纪以来，新闻评论的研究者主要是高校教师队伍，其次是媒体从业人员，形成了以高校为核心的研究群体。其中，论文发表量较多的是华中科技大学、暨南大学、中国人民大学、河北大学、中国传媒大学、中国中央电视台和湖北大学。从研究机构内部看，新闻评论研究已形成了以专家为核心的研究

---

① 蓝晖焰：《中美新闻评论比较研究——以〈人民日报〉、〈新京报〉、〈纽约时报〉为例》，华中科技大学，2005 年硕士学位论文。

阵地，如以赵振宇、胡沈明、陈栋、邓辉林、焦俊波、顾建明等为核心的华中科技大学研究群，以马少华、刘保全、涂光晋等为核心的中国人民大学研究群，以及以喻季欣、谭天为主的暨南大学研究群。从整体上看，研究群体所发表的论文与分散研究者相比，质量相对较高，研究主题相对集中，对研究问题的阐释也更加深入，视角和方法更加多样化；而以媒体为主的研究群体所发表的论文多为实践经验的总结。

二 新闻评论研究现状的解读

21世纪以来，新闻评论研究成果的剧增与社会转型期对新闻评论言论整合功能的需要，以及媒体的市场化竞争、新媒体对新闻评论的介入等有直接关系。

（一）社会转型期多元舆论格局的形成是推动新闻评论研究论文数量剧增的社会因素

社会转型导致改革开放前的总体性社会产生分化，社会思潮呈现多元状况，在社会层面形成了不同的利益诉求和多元的价值观，而新媒体评论的发展，使得传统的单一舆论格局发生了变化。在舆论多元化发展趋势下，如何进一步发挥新闻评论的舆论引导功能，改进舆论引导形式和艺术，实现舆论整合效应，塑造社会公众舆论表达平台，成为学界较为关注的议题。这些关注催生了新闻评论研究论文数量的增加。

其一，学界对如何正确认识新媒体评论现状的解释。如有研究者对民众的网络言论内容进行分析后认为，网民期待"在既有制度框架内解决现实问题"，因此，网络评论要弘扬主流价值并不意味着掩盖矛盾和冲突，政府应正视网民意见，"谨防制度性断裂"[1]。顾杨丽、吴飞对"温州动车事故"的研究表明，微博推进了"社会化互动信息生产模式""行进式实时移动表达模

---

[1] 李良荣、傅盛裕：《网民新闻评论呈现社会主流价值观——以近半年来两起"跨省"事件的论坛跟帖为例》，《新闻记者》2011年第6期，第4~7页。

式", 实现了对碎片化信息的集聚。①

其二, 传统媒体在社会转型背景下进行了评论形式和方式的调整, 这种变化也引起了学界关注。以报纸评论的研究为例, 研究者较为关注时评、新闻述评、心得、体会、感言、报纸言论和记者点评等新兴的评论形式,② 多种评论形式并存的状况促使新闻评论的论题结构、题材等写作技巧发生了变化。③ 在电视媒体方面, 研究者集中探讨当前电视新闻评论所出现的问题、原因及应对策略。④

此外, 在社会转型背景下, 受众的知识需求呈现多层次性和多样性, 新闻评论作用的发挥需要面向受众, 细分受众需求, 通过优化信息质量、"选题要体现与受众休戚相关的现实""立论要着眼于受众的实际"、完善和深化"受众直接参与评论机制"等方式加强新闻评论的舆论引导效果。⑤

（二）媒体在市场竞争中对新闻评论异质化特征的青睐是激发研究者兴趣的直接动因

媒体市场化改革导致媒体间竞争加剧, 而新闻评论的异质化特征使其具有可替代性小的特点, 从而使得新闻评论成为受媒体青睐的重要体裁。媒体对新闻评论的重视, 是促使研究者对新闻评论研究兴趣与日俱增的直接原因。中国新闻媒体的管理模式是"条块结合, 以块为主", 这一模式导致媒体形成与行政管理相似的科层布局, 在受众市场和广告市场竞争中形成倒金字塔形的竞争格局。除了这种科层式竞争关系之外, 不同媒体类型之间的竞争相当激烈, 体现在传统媒体与网络媒体之间以及传统媒体之间对广告资源的竞争。竞争促使

---

① 顾杨丽、吴飞:《微博传播力的本质: 碎片化即时信息的整合力——以温州"7·23"动车事故为例》,《当代传播》2011年第5期, 第19~51页。
② 周胜林:《报纸言论漫谈》,《新闻大学》2002年第3期, 第45~47、34页; 许海滨:《一种新兴的评论样式——记者点评》,《当代传播》2001年第4期, 第80~82页。
③ 刘学义:《报纸新闻评论的转型》,《新闻大学》2004年第4期, 第77~79、69页。
④ 唐宁:《电视新闻评论栏目: 如何在困境中生存与发展》,《现代传播》2004年第4期, 第125~126页; 刘敬东:《电视新闻评论, 还在路上》,《现代传播》2002年第3期, 第37~39页; 欧阳明:《我国电视新闻评论的困局及解困策略探析》,《现代传播》2009年第2期, 第70~71、75页; 王东生:《难点、重点和亮点——市级电视台怎样办新闻评论》,《现代传播》2004年第3期, 第135~136页。
⑤ 谢明辉:《新闻评论的受众观念》,《新闻大学》2000年第4期, 第45~47页。

跨级别、跨类型的媒体以及同一集团下的不同子媒体在进行节目生产过程中更加注重受众的接受需要，倾向于人无我有、人有我优的节目制作观念，这在一定程度上促进了新闻评论形式的变化，这些变化促使研究者对之进行解释。

以党报的研究为例，随着广播电视评论、网络评论的兴起，报业间同质化竞争的加剧以及受众需求日趋多元化，各大党报、机关报以及都市报竞相推出报纸言论版参与竞争，言论版的办版思路、版面结构及意见整合方式呈现多元化格局。[①] 研究者主要关注党报的突围路径[②]、经济言论找准自身定位[③]、地市级党报如何在多层面竞争压力下突出地方特色等问题[④]。

（三）新媒体评论与传统新闻评论的互动是激发研究者兴趣的内在因素

21世纪以来，新媒体技术的发展和完善为新媒体内容业务的拓展奠定了基础。在此过程中，新媒体评论改变了传统媒体主导的舆论格局，尤其是微博评论的兴起，使传统媒体在舆论监督和舆论引导中的支配地位受到了较大冲击。因此，新媒体评论本身与传统媒体评论在表现形态、传播方式及存在问题等方面的差异需要得到学界的理论解释。同时，传统媒体与新媒体在竞争中对各自新闻评论特点的反思，促成了双方间的互动关系。这一变化激发了研究者的兴趣，引起了研究数量的剧增。在研究过程中，研究者并没有将新媒体评论与传统媒体评论的研究置于二元对立关系中，而是置于互动的视野中。

一方面，对传统媒体来说，如何应对新媒体评论的强势竞争，成为从业者

---

① 涂光晋：《搭建"意见平台"——我国报纸言论版的回顾与思考》，《国际新闻界》2007年第7期，第10~14、39页。
② 王武录：《新闻规律要遵守——兼谈党报评论》，《现代传播》2007年第4期，第30~32页；王志贤：《"人人都有麦克风"，党报评论怎么办》，《新闻大学》2011年第2期，第156、164页。
③ 张奕：《紧贴时代脉搏走近百姓生活——近期部分党报经济言论探析》，《新闻记者》2006年第10期，第53~55页；邰小丽：《把脉报纸经济新闻评论》，《新闻大学》2002年第2期，第40~43页。
④ 彭军辉：《浅议地市级党报新闻评论特点及趋势》，《当代传播》2011年第4期，第91~92页；陈昕瑜：《新闻评论贵在积极介入本地突发公共事件——以〈晶报〉"深圳飙车案"系列社论为例》，《新闻记者》2012年第7期，第55~57页。

和研究者不得不思考的问题。研究者认为,应当提高报纸新闻评论的时效性,以"第一时间评论"为要求,利用网络形成报纸新闻评论新局面,而在与新媒体竞争过程中,尤其要注意"避免公信力的缺失"和"僵化的写作模式"①,达到"化被动为主动""化说教为说理""化生硬为生动""化单向为双向""化互动为双赢"的效果。② 电视媒体应着眼于调整评论节目的类型结构和强化节目的时效性,在评论队伍建设、增强节目互动性、简化节目制作流程方面下功夫。③ 传统主流媒体应借鉴微创作的理念和手段,形成具有颗粒小、原生态、播发快、传播广等特征的微内容,"在微时代继续巩固话语权,抢占报道和解释的双重制高点"④。

另一方面,新媒体评论对现有新闻评论研究的影响以及传统媒体参与网络业务后对新闻评论所造成的影响,成为学界着力探讨的问题。新媒体的评论实践更新了学界对新闻评论写作技巧、性质和功能等方面的认识。同时,由于传统媒体纷纷涉足网络经营,网络新闻评论拓展了传统媒体新闻评论空间,形成了网报互动和网台互动格局。⑤ 研究者认为,新媒体评论并不简单地意味着将传统新闻评论纳入新媒体的传播流程,而是在评论的选题、表现形态、议程设置等方面拓宽新闻评论的研究视野。

(四)多种因素助推研究方法的多元化

从21世纪以来新闻评论的研究状况看,以下几方面的因素促使新闻评论的研究方法渐趋多元化。首先,计算机技术在研究者层面的普及,为定量研究提供了基本的操作条件。其次,人文社会科学量化研究的兴起对新闻评论研究的影响。21世纪以来,人文社会科学量化研究方法在跨学科研究潮流中被传

---

① 彭军辉:《互联网时代报纸新闻评论的时效性研究》,《当代传播》2011年第1期,第119~120页。
② 丁法章:《全媒体时代党报评论应对方略》,《新闻记者》2012年第12期,第65~69页。
③ 李德顺:《浅议媒介融合背景下电视新闻评论节目的突围之道》,《新闻记者》2010年第7期,第77~79页。
④ 劳春燕:《电视新闻评论:"微内容"制胜——央视〈环球视线〉的成功尝试》,《新闻记者》2010年第10期,第39~42页。
⑤ 丁法章:《漫谈网络新闻评论》,《新闻大学》2008年第4期,第91~96页。

播学界所采用，而新闻学本身过于注重实践经验研究的状况使其面临"新闻无学"的尴尬境地，在此背景下，新闻学研究者也开始采用定量研究的方法对新闻传播现象进行研究。最后，新闻评论的研究越来越强调针对性和精确性，这要求研究者更新研究方法，从而催生了研究方法的多元化。

三 新闻评论研究的展望

从总体上看，21世纪以来国内学界对新闻评论的研究全面覆盖了新闻评论研究的基本范畴。但从总体水平来看，现有研究还存在研究过于微观，与实践脱节等几个方面的不足，亟须在今后研究中注重微观与宏观、理论与实践等方面的结合。

（一）提升新闻评论整体研究水平，增强研究的系统性和现实性

21世纪以来的新闻评论研究多数属于对策性研究，这些研究并没有考虑到新闻评论与媒体制度、社会状况等宏观因素间的关联性，过于局限于新闻评论这一研究分支的界限内。这一趋势忽视了中国新闻评论生成的具体背景，使得研究缺乏针对性和现实性，尤其是系统性、理论化的成果不多。同时，现有研究中一般采用"存在问题-对策建议"的研究模式，使得相当多的研究停留在见子打子的微观操作环节上，多讨论新闻媒体和新闻评论"应当如何"的问题，忽视了对策建议本身在中国具体媒介制度下是否可行的问题。因此，新闻评论研究应置于宏观社会结构背景下进行整体研究，强化研究的系统性和现实性，以增加研究的理论性和针对性，这也是新闻评论未来研究亟待注意的问题。

（二）拓展研究视野，增强新闻评论研究的理论深度

新闻学研究一直备受"新闻无学论"的困扰，说明新闻学研究的理论深度确实不足。究其原因在于新闻传播现象并不是简单的社会现象，不可能在新闻传播学现有理论框架之内得到具有深度的阐释。从国外近年的研究来看，新闻学研究比较具有分量的研究成果基本上是与社会学、政治学、法学、经济学

等学科进行交叉研究而形成的，因此，新闻评论现有研究总体水平不高，与研究的封闭性、研究视野过窄有相当大的关系，具体表现为在引用其他学科研究成果时，基本上是被动运用以进行解释性研究，这导致新闻评论的研究具有较强的临时性和封闭性，无法与其他学科研究形成对话和交流。

从研究主体来看，现有研究者多为新闻学学科内从事教学和研究的人员以及新闻从业人员，而其他学科学者很少介入新闻评论乃至新闻学研究。单一的学科背景使得交叉研究停留在低层次水平，难以形成多角度、多视野的研究向度。因此，对于新闻评论研究来说，跨学科研究既是新闻学特殊的学科性质之要求，同时也符合当前学科交叉的大趋势，是新闻评论未来研究的大势所趋。

（三）推动研究方法的多元化趋势，改变思辨研究一方独大的局面

实务研究和思辨研究主导着新闻评论的研究，这既是新闻评论研究的特点，也是新闻评论研究的缺陷。现有研究多数采用思辨的方式展开，研究者多从自身体验和感受出发，阐释新闻评论在理论建构、实际操作中"应当"如何。这样的研究缺乏对当前新闻评论基本状况的深度思考，一方面降低了研究的质量和价值，另一方面使得研究成为个人主观思考的结果，影响了研究的科学性和客观性。

从整体趋势来看，新闻评论的研究更需要强调研究的科学性和精确性。当前新闻评论研究方法虽有多元化发展倾向，但目前依旧以思辨的研究为主，在今后的研究中应逐步改变这一状况，侧重多元化的研究方法。其一，在计算机技术日益成熟的条件下，新闻评论的研究可进一步强化对其他学科研究方法的借鉴力度。其二，随着近年来新闻评论传播生态的复杂化以及年轻学者的成长，来自其他学科的研究方法在新闻评论研究中将会得到更加广泛的运用。其三，从目前的研究来看，新媒体评论已经成为新闻评论研究重要议题，而由于新媒体评论研究多倾向于采用量化的研究方法，加之其在数据统计、网络调查等方面具有一定优势，这将有利于推动新闻评论研究方法的多元化。

"我是建设者"新闻理论实践的机制分析*

——湖北主流媒体开展"我是建设者"
新闻实践活动常态化的四个维度

2013年3月22日,《湖北日报》刊载了一位老新闻工作者的来信:"新闻工作者也是中国特色社会主义的建设者,是全社会各行各业建设者中的一员,而绝不是社会主义事业的局外人。因此,遇到社会问题,我们应该与广大人民群众同忧乐、共患难,绝不能有'黄鹤楼上看翻船'的'看客'心态,也不应该有高居人民群众之上的'无冕之王'错觉。"① 这引起湖北省委宣传部、省记协和省主流媒体的高度关注,由此在全省新闻战线拉开"我是建设者"大讨论序幕。自3月25日《湖北日报》刊发首篇讨论文章以来,以《湖北日报》为代表的湖北主流媒体积极践行"我是建设者"的新闻实践活动。在一个月内,《湖北日报》开辟"我是建设者"大讨论专栏,共刊发讨论文章28篇。参与讨论的包括《湖北日报》《楚天都市报》《楚天时报》、湖北广播电视台等多家媒体的新闻工作者,中国记协以及《中国新闻出版报》、中央电视台、《人民日报》等国家主流媒体也纷纷响应,引起学界、业界的共鸣和社会的广泛关注。但要想让"我是建设者"新闻理论实践真正深入下去,就必须巩固现阶段大讨论的成果,解决实践中存在的问题,实现"我是建设者"活动的常态化。本文从媒体建设者理论实践的长效机制、激励机制、创新机制、路径机制四个维度来推动"我是建设者"理论的实践性、持续性和创新性。

---

* 发表于《新闻与传播评论》2013年卷。本文的第二作者是博士生、湖北大学新闻传播学院副教授张瑜烨。
① 许万全:《一封老新闻工作者的来信》,《湖北日报》2013年3月22日。

一 "我是建设者"新闻理论实践的长效机制

"机制"一词最早源于希腊文,原指机器的构造和原理。现在"机制"常用于社会学、管理学等领域。"所谓机制,是指一个工作系统的组织或部分之间互相作用的过程和方式,是能够保证制度正常运行并发挥功能的制度体系。"① 机制属于事物内因,强调的是内部组织和运行变化的规律,重点在于事物之间的协调关系和运行方式。依据功能来分,机制分为长效机制、竞争激励机制、人才开发机制、创新机制、决策机制、监督机制、制约机制、预警机制、路径机制等。所谓长效机制,就是"促使工作目标得以顺利实现的长期有效的运行机制,是集体和个体在执行制度的过程中形成的相互作用、相互影响的关系及其变化过程,是长期作用于集体和个体的功能和机理,是能够长期保证制度正常运行并发挥预期功能的制度体系"②。规范、稳定、配套的制度体系和推动制度正常运行的"动力源",是长效机制的两个基本条件,规范化、稳定性、长期性是其特征。具体到"我是建设者"新闻理论实践的长效机制,就是指新闻宣传部门及全体媒体工作人员,依据"我是建设者"新闻理论实践活动的目标,在其驱动下,在一定条件保障和相关措施的控制下,共同协调、运行所形成的、能够长期起作用的,相对稳定的、规范化的程序与方式。

"我是建设者"新闻理论实践活动长效机制的建立,具有很强的现实意义,是实现新闻"走转改"活动常态化的客观要求。刘云山强调"要建立完善有利于新闻工作者深入基层、深入群众的制度机制,推动走基层、转作风、改文风成为新闻战线的自觉行动和新闻工作者的职业追求"③。建立"我是建设者"新闻理论实践活动的长效机制,是要让"走转改"新闻实践活动更加深入、有效、长久,媒体组织、媒体管理者、媒体生产者、媒体经营者必须转变自己的身份角色,以建设者的身份参与到新闻实践活动中,用建设者的眼光

---

① 曾乐元:《论社会主义荣辱观建设的长效机制》,《攀登》2007年第2期,第46页。
② 曾乐元:《论社会主义荣辱观建设的长效机制》,《攀登》2007年第2期,第46页。
③ 刘云山:《新闻战线"走基层转作风改文风"活动动员会召开 刘云山出席并讲话》,新华网,http://news.xinhuanet.com/politics/2011-08/09/c_121836184.htm,2011年8月9日。

去看待"走转改"新闻实践活动中的新闻现象,用建设者的姿态去解决"走转改"新闻实践活动中的新闻矛盾。

"我是建设者"新闻理论实践活动长效机制的建立,是对马克思主义实践观的长期坚守和永久传承。马克思主义实践观是一个长期过程,需要新闻人长期坚守。"人类社会的一切'问题'都是在实践中发生的,解决这些问题也只能通过'变革的实践',而不能停留于'解释世界'。"① 随着国际国内政治环境的变化,社会结构出现分层化,社会矛盾出现激烈化,社会利益诉求出现多方化,社会价值观呈现多元化,社会处于一种混沌之中。对于激烈冲突的社会问题,新闻媒体必须重新审视自己的角色,用实践的眼光重新构建现实世界。马克思主义实践观是媒体为实现中国梦鼓与呼的思想基石。"人类社会存在的基础和发展的动力是以物质生活资料的生产为根本的实践活动。社会发展规律的'秘密'只能到实践中去探求,而不应当与此相反。"②

"我是建设者"新闻理论实践活动的长效机制的建立,是新闻战线立足当前、着眼长远、取得实效的长久举措。刘云山指出,"'走基层、转作风、改文风'活动是立足当前、着眼长远,推动新闻事业健康发展的基础性工作,必须高度重视,强化领导责任、细化工作方案、精心组织实施。"③ 5月中旬,刘奇葆在广东、海南调研时强调:"深化党的十八大精神学习宣传贯彻,重点是开展中国特色社会主义和民族复兴中国梦宣传教育,要突出思想内涵,把握实践要求,创新方法手段,在干部群众中展开,在全社会展开,坚持不懈地抓、扎实有效地抓,增强针对性实效性和吸引力感染力,唱响中国特色社会主义和中国梦的时代主旋律,坚定道路自信、理论自信、制度自信,积聚追梦圆梦的正能量。"④ 前一段时间通过湖北省宣传部门集中强化宣传和学习的方式

---

① 陶德麟:《践行马克思主义的实践观,为实现中国梦而奋斗》,《光明日报》(理论版)2013年4月16日。
② 陶德麟:《践行马克思主义的实践观,为实现中国梦而奋斗》,《光明日报》(理论版)2013年4月16日。
③ 刘云山:《新闻战线"走基层转作风改文风"活动动员会召开 刘云山出席并讲话》,新华网,http://news.xinhuanet.com/politics/2011-08/09/c_121836184.htm,2011年8月9日。
④ 刘奇葆:《唱响中国特色社会主义和中国梦的时代主旋律》,新华网,http//news.xinhuanet.com/zgjx/2013-05/21/c_132396555.htm,2013年5月23日。

来推进"我是建设者"新闻理论实践活动,取得了阶段性成果,对广泛普及营造新闻战线践行"我是建设者"新闻理论舆论氛围和社会氛围起到了积极的推动作用。但是"我是建设者"新闻理论的真正践行是一个逐步积累的渐进过程,是一项长期而艰巨的任务,不可能一蹴而就、毕其功于一役。如何将"一阵风"式的宣传和学习教育活动与经常性的实践活动结合起来,双管齐下,把集中强化宣传的"一阵子"变成"一辈子",从而长期性地发挥"我是建设者"新闻理论指导实践的作用,是长效机制需要解决的问题。所以,应尽快将前段时间集中强化宣传和学习教育活动的成功做法、新鲜经验转化为经常性的实践活动,用规章制度的形式固定下来,持之以恒地把"我是建设者"新闻理论贯穿于新闻实践的全过程,体现在媒体的管理、生产和经营的各个方面,渗透到新闻宣传日常的生活、学习和工作中,形成具有规范性、稳定性和长期性的机制,使之成为一项历久弥新的经常性工作。"我是建设者"新闻理论实践要真正解决媒体和新闻工作者在市场竞争中"腿子发软""眼睛发黑""脑子发晕"的突出问题,同时要"力戒形式主义,做到'不虚';解决突出问题,做到'不空';紧紧围绕主旨,做到'不偏',真正击中痛处、打在点上,这一活动才能取得实效、获得长效"①。结合湖北省新闻战线近期新闻实务开展"我是建设者"大讨论活动实际和新闻实践现状,建立健全"我是建设者"新闻理论实践的长效机制的主要内容,重点应在于构建长效的规范的制度机制,责任到人的落实机制,严格的检查评估机制。

构建长效的规范的制度机制,就是对当前"我是建设者"大讨论活动中行之有效的成功做法和新鲜经验,适时进行总结、归纳和提炼,尽快制定出既符合当前的新闻工作实际,又有一定的前瞻性,既有工作重点,又有奋斗目标,既适应社会环境,又能够充分动员社会各方面力量,充分调动每个新闻工作者积极性、主动性和创造性的规章制度。构建"我是建设者"新闻理论实践的长效机制,就要善于"抓住那些带有普遍性、规律性、科学性的做法,将有效的一时之策转化为制度规范,在工作中长期坚持并不断完善"②。制度

---

① 《始终保持与人民的血肉联系(社论)》,《人民日报》2013年6月19日。
② 刘子强:《关于创先争优活动长效机制建设的实践与思考》,人民网,http://cxzy.people.com.cn/GB/194307/18010446.htm,2012年5月29日。

是有关机构制定并以强制力保障实施的行为规范,"制度问题更带有根本性、全局性、稳定性和长期性"①。制度在规范和约束人们的行为上具有鲜明导向作用。因此,要广泛动员和发动各级党政宣传部门、媒体管理机构、媒体行业和高校理论界,根据十八大精神和"走转改"相关要求,结合"我是建设者"新闻理论实践的实际,修订完善各项党政规章、管理制度和宣传制度,把"我是建设者"新闻理论渗透到新闻管理制度之中,细化到新闻实践具体工作之中,形成各宣传部门、各新闻单位以至每个新闻人的行为规范。"在方法上,要注重建立长效机制,制定新的制度、完善已有制度,经常抓、长期抓。"② 同时在制度的制定过程中,要防止对制度规范性的错误认识:用一两条制度代替制度的长效机制;用一时的行政命令、长官意志和业务管理规章制度代替"我是建设者"新闻理论实践的长效制度机制。

构建长效的责任到人的落实机制,就是把"我是建设者"新闻理论实践活动实现责任到人,明确每个新闻人的具体责任。在其实践过程中,将责任量化、具体化,把制度的实施落实到人、到岗,从而让"我是建设者"责任意识深深扎根,内化于心,外固于行。责任到人的落实机制,在步骤上,一是"要坚持领导带头,力争认识高一层、学习深一步、实践先一着、剖析解决突出问题好一筹"③。媒体领导是"我是建设者"责任意识落实的关键。"领导是研究、制定制度的主体,同时也是落实制度的主体,职务越高,责任越重,权力越大,抓落实的作用和意义也越大。"④ 二,责任到人的落实机制要强调常抓不懈、持之以恒。"我是建设者"责任意识是与时俱进的、是与现实社会息息相关的,也是紧密联系工作实际、学习实际与思想实际的,要有长抓常新的心态。"冷热病""突击落实""短、平、快"等都是急功近利,急于求成的短视行为。

构建严格的检查评估机制,就是针对当前"我是建设者"新闻理论实践活动实际状况和特点,通过全面调研、检查,严格依照相关新闻管理程

---

① 《邓小平文选》第 2 卷,北京:人民出版社,1994,第 333 页。
② 《始终保持与人民的血肉联系(社论)》,《人民日报》2013 年 6 月 19 日。
③ 《始终保持与人民的血肉联系(社论)》,《人民日报》2013 年 6 月 19 日。
④ 曾乐元:《论社会主义荣辱观建设的长效机制》,《攀登》2007 年第 2 期,第 48 页。

序和方法，对"我是建设者"新闻理论实践活动运行过程和客观效果做定性和定量分析，从而对评估对象得出客观、公正、准确的评价。检查评估机制是"我是建设者"新闻理论实践活动工作实现由虚到实、由软到硬的重要保证，它分为媒体内部检查评估机制和媒体外部检查评估机制。媒体内部检查评估机制主要包括检查评估的主体、标准及方式。检查评估的主体主要是媒体管理者、生产者和经营者。检查评估的标准主要在于媒体领导干部的任用、评优奖励等与党员干部切身利益相关的竞争制度，在于媒体一线工作人员的绩效考核制度，媒体组织评议等方面的奖惩制度，从而构建检查评价体系。检查评估的方式可以结合新闻工作的专业特点，采用灵活实用的方式，如加大对能体现"我是建设者"新闻实践作品的宣传与奖励力度，对违背"我是建设者"精神实质的新闻作品和行为采用"一票否决制"，把"我是建设者"新闻实践纳入对新闻单位、新闻领导及新闻一线记者的年终考核，在职称的评定、新闻奖的设置、评先评优等方面，优先考虑"我是建设者"新闻实践活动的标兵。媒体外部检查评估机制也包括评价主体、标准及方式。其检查评估的主体主要是公众。这里的公众必须独立于任何媒体，有对媒体进行评价的能力和时间。可以是媒体主管部门指定的人士，也可以是长期从事媒体研究的专家、高校理论研究教师、社会各阶层代表等。外部检查评估的标准主要立足于以责任意识、质量意识、大局意识、整体意识、服务意识、主流意识等为指标，构建媒体外部检查评价体系。评价的方式既可以是公开发表的理论研究文章，也可以是走绿色通道的内参；既可以是大张旗鼓的学术讨论会，还可以是小范围的学习交流会等。通过内外部两个检查评估机制，把"我是建设者"大讨论实践进一步深化和推进。

二 "我是建设者"新闻理论实践的激励机制

激励理论在媒体管理中应用越来越广泛，其内涵也更加丰富。"激励机制是在分析被管理者的需求与动机基础上，通过组织管理资源的合理配置及管理方式方法的优化组合，所形成的能够激励与约束被管理者行为趋向，组织目标的相对固定化、规范化的一系列制度与工作规范。"① 新闻理论实践的激励机制，可以提高媒体的管理水平，可以调动媒体人员最大积极性，可以形成媒体的团队精神。"我是建设者"新闻理论实践的激励机制建设，关键是抓住"目标激励"意蕴，活用活化。

目标激励理论主要来源于目标设置理论。1968年美国马里兰大学心理学教授洛克（E. A. Locke）和休斯提出了目标设置理论。目标设置理论认为，目标本身具有激励作用，目标能把人的需要转变为动机，使人的行为朝着一定的方向努力，并将人的行为结果与既定的目标相对照并及时进行调整和修正，从而实现目标。这种由需要转化为动机，再由动机支配行动以达成目标的过程，就是目标激励。"我是建设者"新闻理论实践的目标设置，首先在于目标设置的具体性。媒体管理人员在制定"我是建设者"新闻理论实践的具体目标时，要使媒体工作人员清楚目标对他们的要求，以把他们的精力和时间用在正确的方向上，最好是能够清楚地衡量是否达到目标。如在"我是建设者"大讨论中，湖北省委宣传部文成国副部长认为，新闻工作者作为建设者，应该做到"四个维护"：应该维护改革、发展、稳定大局，应该维护政府公信力，应该维护群众利益，应该维护社会理性。这"四个维护"为媒体工作者建立了清晰的目标。如中共武汉市委宣传部在4月中旬，向全市宣传思想文化战线下达了今年落实"我是建设者"活动各项绩效管理目标任务。其次，要想让"我是建设者"新闻理论的实践更有成绩，更能让媒体工作者话语权发挥作用，就需要设置更加行之有效的近期目标和长期目标。"我是建设者"新闻理论是湖北传媒人针对中国当前特殊的环境提出的一种创新新闻理论。其理论实践的近期目标就是：举行高规格高层次讨论会，把"我是建设者"活动主动引向高层，并使该活动得到中宣部和中央相关领导人的重视及批示；吸引全国主流媒体的参与，把"我是建设者"活动引向全国，为"我是建设者"下一步理论的实践营造舆论环境；该理论的探讨不能停留在讨论会层面上，而是要深入全省报纸、广播、电视、网络等媒介的具体实践中，引起湖北省媒体从业人员

---

① 樊斌：《非合作博弈条件下企业内部知识共享激励机制研究》，哈尔滨工业大学博士论文，2009年，第23页。

的高度关注，实现全省宣传思想文化战线全覆盖，形成全方位、立体的探讨和实践风尚，把"我是建设者"活动引向深入；对理论的践行要从业界推入学界，发挥湖北高校乃至全国理论界的资源，解决"我是建设者"一系列理论问题，实现业界与理论界的对接，把理论引向深度。理论的推广和深入，最终还是要落脚到新闻基层的实践中，即一线编辑、记者的日常工作中来。考量"我是建设者"活动在媒体基层、新闻一线践行的情况，使"我是建设者"活动变成媒体基层的常态工作，从而实现媒体一线工作的长效管理，把"我是建设者"活动引向基层。其长期目标就是：把大讨论活动作为全省新闻战线推进"三项学习教育"和"走转改"活动以及"群众实践活动"的延伸。把"我是建设者"活动作为促进新闻队伍进一步转变作风，提高素质，牢固确立社会主义事业建设者、时代记录者、优秀文化生产者和传播者的角色定位，切实增强主体意识、责任意识和精品意识的系统工程。把"我是建设者"活动作为树立和坚守马克思主义新闻观，为实现中国梦传递正能量的核心内容。

三 "我是建设者"新闻理论实践的创新机制

"我是建设者"新闻理论的实践要想在复杂多变的社会环境中深下去、深进去，必须建立科学的创新机制。"在实践决策层面上为了鼓励和激发个人的创新潜力，创新机制的确立需要从物质、制度、社会组织与运行方式等环节上提供足够的基础性保证。"① 因此，要实现"我是建设者"新闻理论实践的持续发展，客观上需要两种创新途径的有机结合：一是媒体外部的"顺势"与"借势"，二是媒体内部的"育势"和"运势"。为此，本文提出两种途径、三个主体、六种力量、四个层次的"我是建设者"新闻理论的实践创新体系。媒体外部的"顺势"主要指客观复杂多变的社会环境急需媒体以社会主义建设者的身份参与到社会建设中去的大势所趋、马克思主义新闻实践观的坚守与传承等。"借势"主要指媒体借势于"走转改"新闻实践活动、"中国梦"对媒

---

① 张锋：《创新过程的系统模型与创新机制的创新》，《云南师范大学学报》2001年第5期，第20页。

体的感召、践行群众实践活动等。媒体内部的"育势"和"运势"主要指通过媒体内部的领导、组织及全体工作者的共同努力,完善和推行"我是建设者"新闻理论实践的相关举措。如湖北传媒人通过高规格高层次讨论会、新闻专题、新闻报道等形式,把"我是建设者"活动主动引向高层,引向全国,引向深入,引向深度,引向基层,以得到政府、新闻界、文化界、理论界和大众的大力支持。三个主体主要指高层政府及宣传部门、媒体组织、市场三个行为主体。六种力量主要包括媒体的内生力量和外生力量。"我是建设者"新闻理论实践的创新机制,必须考虑媒体的内生力量和外生力量。媒体内生力量包括媒体组织的公信力、媒体新闻影响力、媒体话语权的建设力。媒体外生力量包括市场的竞争力、政府的推动力、受众的消费力。"我是建设者"活动的四个层次是指"我是建设者"活动的开展、"我是建设者"活动的推广、深入、总结。它们综合反映了"我是建设者"活动开展过程中,以媒体组织为主导的行为主体,通过运筹媒体内外发展力量而形成的"我是建设者"新闻理论实践活动的创新机制。在创新机制的保证下,2011年9月上旬,在中共湖北省委宣传部组织领导下,湖北省高校教师和媒体记者"双向挂职"交流活动启动,他们将分别到对方单位进行为期一年的挂职锻炼。开展高校教师和媒体记者"双向挂职"活动,是深入开展马克思主义新闻观教育的一次有益尝试。

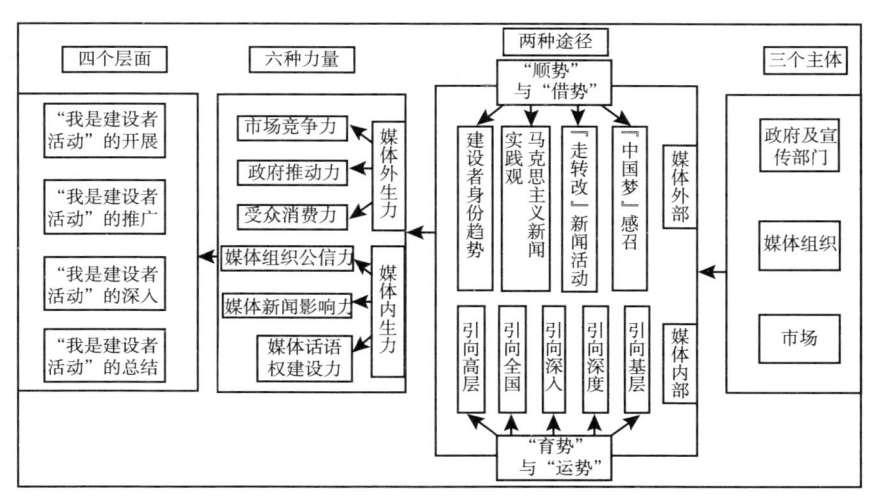

图1 "我是建设者"新闻理论实践活动的创新机制关系图

借助"双向挂职"的效应和媒体"蹲点调研"的新形式,湖北传媒力争在这两个新的新闻实践活动中,为社会呈现建设性记者、建设性媒体与建设性报道。

四 "我是建设者"新闻理论实践的路径机制

"路径"在"百度"词条中可作"道路",也可作"到达目的地的路线",还可作"比喻办事的门路、办法"等。在本研究中"路径"专指"到达目的地的路线"。"我是建设者"新闻理论实践应该有属于该理论特有的实现路径。

政策导向型路径。"中国的社会政策时代已经来临,尤其是当前金融危机席卷全球,党和政府越来越认识到社会政策的重要性。"① 政策是执行路线的保证。"我是建设者"新闻理论实践在第一阶段应该采用政策导向型路径。政策导向型就是宣传部、媒体主管部门及媒体组织通过制定一系列政策、制度、计划等来干预、调节、指导"我是建设者"新闻理论的实践,且干预、调节、指导力度较强。其中,政策作为一种生产要素,对理论的实践具有重大影响。不同的政策导向会产生不同的实践绩效。政策导向型路径,能够对"我是建设者"新闻理论的实践产生积极作用。特别是实践初期,它能够将政府、市场、媒体企业三者紧密地结合起来,相互配合、相互作用,并由此产生出其特有的社会效益。中共湖北省委宣传部以及相关政府和党政部门多次发文,制定相关政策以保证"我是建设者"活动的顺利开展,坚定不移地把"我是建设者"大讨论引向深入。通过政策的导向作用,保证"我是建设者"实践活动全省覆盖、全媒体覆盖、全员覆盖。但也要防止政策的失误性、政策的间断性和政策的僵化性。

问题导向型路径。所谓问题导向型,是指当某一问题成为较严重的社会问题之后,党政宣传部门、媒体组织及媒体从业人员为解决问题而采取的各种媒体行动的总和。问题导向型路径因具有明确的问题导向特征,直接针对问题的解决,具有一定的优点。如它有利于媒体决策部门迅速调动一些政策资源,集中媒体组织的人力、物力、财力解决问题。在面对严重社会问题的挑战时,可

---

① 查明辉、谭小军:《试论问题导向型政策》,《三峡大学学报》2009年第3期,第23页。

使其他矛盾暂时处于缓和状态，凝聚各方面力量。问题的解决也容易为媒体决策部门赢得一些声誉等。"我是建设者"活动的实践，可以寻找当前社会的突出问题为突破口：浮躁情绪严重，舆论环境的无序、非理性，新闻从业者方向迷失等社会问题。在寻找突出问题中，用建设者立场，建设者眼光和建设者心态、姿态、状态，把理性奉献给社会，真正体现媒体建设者的作用，实现建设者的价值。

培训学习型路径。培训学习是时代赋予媒体工作人员的迫切任务，也是社会发展对媒体工作人员的基本要求。"我是建设者"新闻理论活动的开展与践行，是媒体工作人员长期培训学习的过程。"我是建设者"新闻理论活动的培训学习，首先要建设培训学习型党组织。培训学习型党组织是建设马克思主义新闻实践观的基础工程。"建设马克思主义学习型政党的战略任务必须落实到基层，每一个党组织都要认真履行组织党员学习的职责。"[1] 新闻传媒必须按照科学理论武装、具有世界眼光、善于把握规律、富有创新精神的要求，以提高全媒体组织和媒体队伍理论水平为基本目标，深入学习马克思主义新闻实践观，指导新闻实践、推动新闻工作取得新成效；强调坚持用"我是建设者"新闻理论体系武装头脑，深入学习实践科学发展观，学习总结"我是建设者"新闻理论实践中的成功经验。发挥媒体基层党组织在培训学习中的示范作用。其次，要建设培训学习型团队。培训学习型团队是指通过培养整个媒体团队的学习气氛、充分发挥媒体团队成员的创造性思维能力而建立起来的一种有机的、能持续发展的团队。这种团队最大特点在于具有持续学习的能力。它要求全员培训学习、终身培训学习、全过程培训学习、全团培训学习。媒体团队的决策层、管理层、生产层等都要全心投入学习，尤其是管理决策层，他们是决定媒体团队发展方向和命运的重要阶层，因而更需要培训与学习。如在深化"我是建设者"新闻理论实践阶段，中共湖北省委宣传部今年6月初在武汉开办"我是建设者"新闻理论实践活动研讨班，并举行了"树立建设者主体意识，为实现中国梦传递正能量"的辅导报告，培训学习对象是全省主要新闻媒体负责人和业务骨干。通过培训学习型途径，新闻工作者更加明确了自己的

---

[1] 胡锦涛：《努力开创新形势下党的建设新局面》，《求是》2010年第1期。

角色定位、职责意识，有利于树立大局观念。"我是建设者、坚守建设性"的学习氛围在全省新闻战线更加浓厚。

全媒体覆盖型路径。"我是建设者"新闻理论实践活动，还必须借助传播渠道。现在的传播渠道是传统纸质媒体、电视广播媒体和网络等新媒体的立体渠道。传播渠道的多元，给一种新理论的实践带来了机会。传统媒体要充分加大与新媒体结合的力度，要善于进行传播渠道优化整合，将"我是建设者"新闻理论实践活动的内容通过多元化渠道传播给市场，再进行传播策略和传播机制的转型。湖北省委宣传部部长尹汉宁强调："要把'我是建设者'大讨论引向深入，伸下去，深进去。伸下去，即进入到各类媒体，进入到高校新闻院系，全省覆盖、全媒体覆盖、全员覆盖。"① 不同类型的媒体，可以通过不同的路径来推动"我是建设者"活动的深入。传统主流媒体可以凭借公信力、传播力和影响力推出一批有建设性的报道，培养一批有建设性的记者。网络媒体可以凭借传播快速、影响范围广、受众参与性强的特点，打造一批能正确引导舆论、弘扬社会主流价值观、传递社会正能量的具有建设者立场的新媒体。全媒体新闻人的建设者角色的转型，需要全媒体机构在路径策略上做出更多考量。"在全媒体框架内，把传媒人身份的想象改换为身份的现实，消除'身份焦虑'、角色迷茫与观念的'具体迷思'，并据此逐步构建起全媒体'职业共同体'，对任何新闻业的意义是颠覆性的。"② 因此，把"我是建设者"角色作为湖北媒体未来的"职业共同体"，是全媒体时代社会给予媒体人的身份的重新架构。

五 结论

新闻媒体作为建设者身份参与新闻实践，是"走转改"新闻实践活动的专业要求，是实现中国伟大复兴的"中国梦"的政治任务，是对马克思主义实践观的坚守和传承。要想让"我是建设者"新闻理论活动真正深入下去，

---

① 尹汉宁：《坚定不移地把"我是建设者"大讨论引向深入》，《湖北日报》2013年6月7日。
② 麦尚文：《全媒体融合模式研究》，中国人民大学出版社，2012，第269~270页。

让"我是建设者"理论真正指导新闻实践，巩固现阶段大讨论的成果，解决实践中存在的问题，就必须从"我是建设者"新闻理论实践活动的长效机制、激励机制、创新机制、路径机制四个维度来推动"我是建设者"理论的实践性、持续性、创新性。

"我是建设者"新闻理论实践活动的长效机制的建立，是实现新闻"走转改"活动常态化的客观要求，是新闻战线立足当前、着眼长远、取得实效的长久举措。建立健全"我是建设者"新闻理论实践的长效机制的主要内容，重点应在于构建长效的规范的制度机制，责任到人的落实机制，严格的检查评估机制。"我是建设者"新闻理论实践的激励机制，可以提高媒体的管理水平，可以调动媒体人员的最大积极性，可以形成媒体的团队精神。其激励机制建设，关键是抓住"目标激励"意蕴，活用活化，其重点又在于新闻理论实践的目标设置。"我是建设者"新闻理论实践的目标设置，首先在于目标设置的具体性，其次在于设置更加行之有效的近期目标和长期目标。"我是建设者"新闻理论实践活动的创新机制，是一种建立在两种途径、三个主体、六种力量、四个层次上的新闻理论实践立体创新体系，它们综合反映了"我是建设者"活动开展过程中，以媒体组织为主导的行为主体，通过运筹媒体内外发展力量而形成的"我是建设者"新闻理论实践活动的创新机制。创新机制的建立，保证了理论与实践的相互推动，是实践活动的丰富的不竭动力。"我是建设者"新闻理论实践的路径，应该采用政策导向型路径、问题导向型路径、培训学习型路径和全媒体覆盖型路径。只有这样，作为党的重要执政资源的新闻事业，才能更好地面对竞争，处理好竞争与合作、批判与探讨的关系，才能在不断变化的时代背景下，当好一个合格的建设者。

强化改版创新意识 增强省级党报舆论引导力

所谓报纸改版，简单说是根据媒体格局、报纸受众和市场的变化，对报纸的内容结构、版面风格、出版周期等做出调整和改变。通常来说，改版是报纸根据社会传播环境的变化而采取的调适措施。而近年来，随着生存压力的加大，报纸改版逐渐成为维护报纸系统运行、保持市场份额稳定的常规手段。

经过多年的发展，中国报业市场已经形成了党报、都市报、晚报、晨报等多类型报纸竞争的格局，党报不再凭借其行政优势而一统天下。发行量下滑、读者流失、广告持续低迷、舆论引导能力弱化，使省级党报生存空间进一步缩小，原有地位受到严峻的挑战：一方面，发展势头强劲的都市报和晚报从党报的补充和茶余饭后的阅读物逐渐发展为中国报业格局中的强势媒体；另一方面，随着新媒体对社会的全方位渗透，信息传播格局的改变使得读者的信息来源越来越广泛。尤其是近几年随着新媒体的发展，受众获取信息的渠道日趋丰富，省级党报如何通过不断改版，提升其传播力、公信力和影响力，以在富信息时代捕获受众的注意力，从而占据舆论引导的主流地位，已成为省级党报改版必须面对的现实。

在这种社会背景之下，省级党报改版不仅关乎报纸信息传播效果和舆论引导力的提升，而且也关系到报纸是否能维持生存并在竞争中占据主动和优势地位。因此，近些年来，省级党报改版周期越来越短，频率越来越高。改版的最终目的是要将省级党报的政治优势有效地转化成市场优势，进而成为有传播力、公信力和影响力的主流大报。

一 更新定位理念，打造面向主流群体的主流党报品牌

"定位，从哲学角度讲，是指主体确认客体在一定时空范围内的位置。在

新闻学领域里，人们基本认同的是指在功能明确的前提下，找准报纸的位置和读者，明确报纸发展的方向，确定自己的风格和特色。"① 定位包括受众定位和功能定位两个层次，其中，受众定位的出发点是媒介市场的分析，而功能定位则是"媒介所要担负的功能和所要发挥的功用"②。精准定位是省级党报改版的出发点和基础，也是改版成功与否的关键。省级党报的定位应从如下几个方面加以考虑。

首先，从功能角度来说，省级党报要明确办报的基本理念，即省级党报姓"党"。省级党报在其改版过程中必须始终坚持"党的新闻事业"和政治家办报的基本立场不动摇，坚持正确的舆论导向，找准定位，把握灵活性，服务大局，努力成为全国一流大报。这一基本理念是省级党报改版的前提和基础。

其次，在明确办报理念的前提下，制定省级党报的发展战略，以确定改版的方向和目标。省级党报的改版必须坚持市场化的战略方向，非市场化的战略方向在当前激烈的市场竞争条件下很难取得成功。但也应该注意，省级党报的改版不能照搬晚报、都市报的模式，以弱化党性为代价增强可读性。

最后，目标受众定位：高端读者。省级党报要明确自己的读者是谁，面向什么样的受众，然后根据定位不断调整发展方向和办报策略。在受众细分的报业市场中，省级党报不能贪大求全，既想立足党政机关和企事业单位等，又要兼顾普通百姓，而是必须有所舍弃，实施差异化受众定位，有所为有所不为。都市报、晨报和晚报针对的是城市市民和普通大众，省级党报的基本读者应是社会的主流人群，即具有社会决策权、管理话语权、经济消费话语权、知识话语权的人群。该群体主要包括党政机关领导者和公务员、企事业单位管理者、不同层面的社会管理者、经济领域的管理者和投资者以及文化领域的研究者等。这些人群对于党委、政府的决策信息和公共事务政策具有较强的导向需求，是报纸受众群体中较为高端的读者，同时在日常生产和生活中具有较强的影响力，在一定程度上发挥着意见领袖的作用。

需要注意的是，主流报纸的发行量在报业市场中不一定是最大的，但必须

---

① 尹维祖：《更好发挥党报在改革开放中的引导和鼓动作用》，《新闻战线》1999 年第 2 期，第 12~14 页。

② 蔡雯：《谈新闻媒介的受众定位与功能定位》，《中国报业》2002 年第 3 期，第 71~74 页。

是影响力较大的。以西方为例,《太阳报》和《泰晤士报》的发行量曾经分别达到 300 万份和 100 万份。但是,《太阳报》的影响力不可与《泰晤士报》同日而语,其根本原因在于《泰晤士报》的读者群是社会中的主流人群。因此,省级党报想要成为全国一流大报,成为主流报纸,首先应满足的条件之一就是要对社会主流人群有较大影响力,并成为他们思想、观念、信息的基本来源。省级党报"主要是通过影响社会精英人士而成为全国或某个地区的舆论中心,但是不可能占有很高的市场份额"①。

总的来说,在同质化竞争过程中,省级党报的政治优势来自主流新闻、权威信息和深度分析。要成为全国一流大报,省级党报的改版可从以下几个方面入手:首先,根据办报方针确定报纸的目标受众;其次,在确定目标受众的基础上,了解目标受众对于报纸的需要;最后,既努力满足目标受众的需要,又正确引导目标受众的需要。通过明确目标受众,从品牌建设方面入手,如采用评论署名等方式,打造一批读者耳熟能详的评论员队伍,或打造一批名记者、名编辑甚至品牌栏目等,建立起自身的形象识别系统,形成自己的特色,将党报的品牌资源优势转化为市场优势和经济优势。

二 处理好新闻与宣传的关系,以新闻性强化宣传效果

党报姓"党"又是报,处理好新闻与宣传的关系可以说是党报的一个恒久命题。如果过分强调宣传而忽视了新闻,则可能使党报的报道采用单一的自上而下的视角,导致说教色彩过浓和信息服务功能过弱。因此,党报如果不从新闻性的角度而仅从宣传需要的角度去采写新闻,其吸引力便会面临降低的危险。而不尊重新闻规律,宣传效果也会大打折扣。

省级党报应在提高新闻产品的权威性和亲和力上多下功夫。消息的权威性是党报所独有的优势,但仅有权威性还不能收到较好的传播效果。省级党报还需在增强新闻性和亲和力上下功夫。因此,问题的关键是如何发挥省级党报权威性优势的同时,又赋予宣传内容以新闻性和亲和力。这就要求省级党报改变

---

① 魏永征:《论党报和"都市报"的依存关系》,《新闻与传播研究》1999 年第 4 期,第 14~22 页。

传统的报道视角，转变新闻写作的文风。换言之，在报道内容上，既要坚持正确的政治导向，保证信息的权威性，同时也要贴近读者的生活实际，贴近读者的心灵，关心老百姓所关心的话题，把主流新闻做"活"。在这方面，"走转改"活动取得了阶段性效果，但尚需将之深化和常态化。

因此，省级党报要吸引读者的注意力，就必须将宣传性与新闻性有机地结合起来，把党的路线、方针和政策的宣传与普通老百姓的具体期望和诉求结合起来，深入改革开放的第一线，立足基层，从普通人的身边事入手，以老百姓喜闻乐见的形式使宣传内容接地气，"把体现党的意志同反映人民心声统一起来，防止媒体舆论与群众口头舆论严重脱节"①，增强宣传内容的贴近性和感染力。从某种意义上讲，党报的新闻性增强了，报道做到位了，才能赢得读者和市场，从而提高党报的传播力和影响力，也才能更好地发挥党报宣传和引导舆论的功用。

三 创新报道形式和内容，盘活"官方新闻"

在美国，总统和白宫是决定事件能否进入媒体议程并在媒体议程中占据显著位置的关键，同时，也是影响该议题能否引起民众关注的关键因素之一。②从这一研究结果来看，"官方新闻"是美国媒体议题的重要来源。这提醒我们，"官方新闻"同样能取得较好的传播效果。问题的关键是我们如何盘活"官方新闻"？

具体到我国，党和政府通常是党报的重要新闻来源。党报搞改版、搞改革，不是不要"官方新闻"。相反，"官方新闻"应作为党报的重点，但党报要学会创新内容和形式，学会经营"官方新闻"。只有把官方新闻盘活，党报才能充分发挥自身优势，赢得自我发展和生存的空间，才能在报业日益激烈的竞争中保有稳定的读者群。

党报一般都具有丰富的党政信息资源，绝大部分党政部门都很愿意向党报记者说实话、反映问题。如何以一种合适的方式和视角来报道这些新闻事实，

---

① 南振中：《把密切联系群众作为改进新闻报道的着力点》，《新闻战线》2003年第11期，第4~9页。

② 迪林、罗杰斯著《传播概念·Agenda - Setting》，倪建平译，复旦大学出版社，2009。

而不是以一种官方的视角和口气做新闻,这要求省级党报要多琢磨,多创新,努力挖掘党报资源优势,在政策解读、政务活动报道方面多下工夫,寻找百姓喜闻乐见的切入点,尽量将新闻做得有声有色。

如会议新闻是党报的重头戏,也曾经是受众获取新闻信息的重要渠道。但20世纪80年代中后期,会议新闻过多和改进会议报道的呼声越来越强烈。①尽管中央多次提出要精简会议新闻和领导人的活动报道,但会议新闻的精简效果并不太好。到目前,部分省级党报报道会议时,仍只是简单地将领导讲话通篇见报,毫无新闻性可言。面对这种状况,省级党报应跳出会议新闻的传统报道套路,努力寻找一些群众感兴趣的视角去采写新闻,立足于会议新闻提出的政策和措施,将新闻做得全面而又有深度。

同时,对于省级主要领导的报道,省级党报可适当减少见报次数,而增加领导活动每次见报时的报道分量,在重要活动的报道中突出省级领导的个人风格及其全局谋略眼光,使读者不至于产生视觉疲劳,这对领导个人形象的塑造和维护其实更有优势。

四 强化主题报道,以焦点议题打造"注意力产品"

主题报道是报纸新闻的核心,是省级党报形成舆论引导能力的拳头产品,同时也是省级党报在新的媒体竞争格局中吸引受众注意力的重要砝码。在新媒体时代,信息源的增加使受众在信息获取渠道方面可选择性更大,由此带来的无法回避的问题是,受众的注意力越来越多地转向以网络为代表的新媒体。同时,海量的信息使得受众在频繁的信息轰炸下疲于接受信息,成为被动的信息接受者。他们对碎片化的信息缺乏足够的解读和识别能力,最终成为富信息时代的信息穷人。而与此同时,省级党报的读者数量大幅度下滑,市场严重萎缩。省级党报应如何应对?

议程设置研究的结果表明,新闻媒体在较长时期内集中对某一社会问题进

---

① 廖圣清:《中国受众与新闻媒介——从15年来受众调查看获取新闻主渠道和对传媒总体评价的变迁》,《新闻大学》1997年第2期,第18~25页。

行较大规模报道,能够使该问题获得受众较为集中的关注,取得较好的传播效果。[1] 因此,省级党报应加强新闻策划能力,对社会的焦点和热点问题进行持续的报道和关注,集中优势力量打造一批具有相当规模的主题报道,从而增强传播效果。同时,这种集中的报道也能形成对新闻事件有深度的全方位解读,避免新媒体信息传播中存在的碎片化问题,为省级党报挽回失去的受众群体。

具体而言,省级党报可在两方面对议题进行集中报道,实现议程设置效果。其一,强化记者和编辑的问题意识,多问"为什么",以挖掘在突发新闻事件中所蕴含的具有公共性的问题,从而形成具有普遍意义的议题,如环保报道、健康报道等。如此,将突发新闻事件作为引发公共问题报道的切入点,可以增强事件报道的深度和影响力。其二,时刻关注如贫困、就业、医疗等常规性议题,组织精干力量打造具有深度的主题报道,从而摆脱如高校开学报到贫困新生交学费难、病患报道就医难等应时应景的报道模式。

五 加强报网融合,实现线上线下的良性互动

报纸和网络属于不同类型的媒介,各自拥有自己的媒介特点。具体而言,网络最大的优势在于具有信息交流的互动性和即时性,而报纸则适合刊载深度文章,利于读者反复翻阅和深度阅读。整体而言,两者具有很强的互补性。目前来看,报网融合可谓是传统媒体在全媒体时代探索的有效模式,可将报纸的品牌优势、影响力、权威性和公信力移植到网络版,将媒体的运作与报纸运作融合,实现资源最有效的整合。

省级党报的改版要能够利用网络的优势,加强报网融合和互动,并积极开发全新的数字报,从而更好地发展自己。概括而言,省级党报应开辟一个拥有独立域名的省级党报网,充分利用网络链接的便利性将有关某一新闻事件或话题的海量网络信息连接在一起,通过数量的累积达致新闻信息传播的多元化和全面性,灵活使用视频、音频、交互式图表等多种符号,多形态地呈现新闻事

---

[1] 马克斯韦尔·麦库姆斯著《议程设置:大众媒介与舆论》,郭镇之、徐培喜译,北京大学出版社,2008。

件的全息景象。就目前的发展状况来看，省级党报的网站基本上是纸质版的翻版，这样的运营方式，实际上不利于发挥网站的作用，因此，在改版过程中，省级党报网站"绝不是母体的电子版，而要积极利用网络技术特点，紧跟网络信息动态，研究网民旨趣及其变化，努力提高各种信息服务的质量以及与网民互动的能力"①。

因此，独立域名的省级党报网应当成为省级党报搜集舆情并引导舆论的平台。省级党报应充分挖掘网络版的互动功能，通过发掘网民对网络版新闻的评论和 BBS 论坛的言论，寻找网民关注的焦点话题，据此采写新闻报道，有针对性地进行舆论引导。"舆情收集的内容除了调查已经形成的'显舆论'外，也应该调查处在意见酝酿、意见表达、形成多数等阶段的'潜舆论''准舆论'。"② 而目前我们的舆论引导通常是在舆论热点事件爆发之后才介入，忽视了对舆情的前期发展状况的预判，具有较强的时滞特征。这样的做法实际上难以对舆论尤其是"潜舆论"和"准舆论"进行有效引导。因此，在舆论热点事件爆发之前就了解舆情，掌握舆情，以之为目标组织人员采写报道，并在报纸上刊发，从而增加省级党报新闻报道的针对性和贴近性，弥补报纸互动性不足的缺陷，形成线上（网络版）线下（纸质版）良性互动的报道格局，增强舆论引导的针对性和效果。

整体上看，省级党报的改版不能仅限于版面的美化、版面容量的扩展和版式的调整，而应当从办报的理念、报纸运营机制等宏观层面入手，并根据宏观战略发展的需要，进一步落实到具体而微观的部分，从而达致改版的整体性、系统性和协作性。具体而言，省级党报的改版可根据发展战略将报社组织架构甚至采编流程等进行相应的调整和改变，如要进行内容创新，盘活"官方新闻"，那么可根据需要成立相应的深度策划机构等，以更好地进行内容创新，挖掘新闻点。另外，可考虑成立专门的行业自律委员会等机构，规范和约束记者的行为，或成立专门的智囊机构等，为报纸更好地发展出谋划策。

---

① 郑智斌、刘莎：《公众议题的兴起——网络传播与传统新闻传播互动》，《南昌大学学报（人社版）》2004 年第 3 期，第 139~143 页。
② 雷跃捷、唐远清：《论如何建立健全舆论引导工作格局和工作机制》，《现代传播》2007 年第 2 期，第 32~34 页。

二
媒介经济

新时期报业竞争阶段论*

1978年12月召开党的十一届三中全会以后,我国进入了一个改革开放的新时期。30多年来,随着我国社会主义市场经济的逐步建立和完善,我国新闻传媒(首先是报纸)的管理体制、报道方式、传播手段、品种结构都发生了巨大的变化。报业竞争作为这一发展历程的主线,大体经历了粗放型竞争、同质化竞争、集团化竞争和综合竞争四个阶段。

站在21世纪,回首我国报业改革开放这30多年的发展历程,总结新时期我国报业竞争阶段及其特征,对21世纪我国报业继续向前发展无疑是一件很有意义的事情。

一 1979~1992年:粗放型竞争

从1956年所有制改造基本完成,确定计划经济,直到1979年实行"改革开放"前的20多年里,我国所有的编辑出版报纸的机构均为国家财政拨款的事业单位。在当时这种完全计划经济的时代,报纸无须自身"造血",无须竞争,无须刊登广告,即能维持生存与运行。

1978年12月党的十一届三中全会后,各行各业吹响了全面改革的号角。伴随着"事业单位,企业化管理"这种双轨制体制的实施,中国报业从萧条走向繁荣,具体表现在以下几个方面。

1. 不断产生新报纸,由单报种走向多报种时代

经过短短几年的发展,到1986年,全国报纸种数由1979年的186种发展到1574种,是新中国成立初期报纸种数的16.72倍。所有较大的城市几乎都同时存在至少两至三份报纸,最典型的是当地日报加当地晚报加当地广播电视

---

* 发表于《中华新闻报》2002年2月28日第5版。本文第二作者是硕士生沈倩。

报，常常还会有法制报、科技报、青年报、家庭生活报、体育报等交错伴生，分工不同，各司其职，形成多元复合结构。

2. 办报属于朝阳产业，新闻纸供不应求，报业处于卖方市场

办报的经济利益，在一定程度上引发了全社会的办报热，一时间，只要能弄到办报刊号即可获得丰厚利润。但是，这种全社会办报热，并非都是靠报纸质量而求生存的。事实上，一些行业报或专业报，是由权力部门向下摊派解决发行的，这种报纸大部分甚至都是以任务的形式开展广告；有的非正式报纸没有广告经营许可权，就以专题报道企业形象等名义，变相收取企业的广告费，或拉赞助。这种报纸经营手法，一方面，既损害了新闻事业的严肃性，又造成了报业格局的散与滥；而另一方面，随着改革开放的深入发展和人民生活水平的提高，大众对信息数量与多样化的需求极大增大，社会对新闻纸的消费欲远远不能得到满足。因此，在报业市场上便造成了信息量供不应求的局面，报纸仍处于卖方市场。

3. 晚报复兴

在经历20世纪80年代初的复苏期以后，我国晚报也迎来了大发展的黄金时代。晚报的复兴，是由内外两方面的因素决定的。内因是报纸面对市场经济增加"造血功能"的需要。现存的晚报，大都是由各地省报创办的子报，创办的动因就是增加广告收入，其在主报"断奶"之后开辟新的经济增长点，壮大经济实力，支撑报纸在竞争中步入良性循环。外因则是受众的需要。晚报以城市居民为主要对象，其编辑方针是"短、广、软"。

二　1992~1996年：同质化竞争

1992年，党的十四大进一步破除了"左"的思想束缚，明确提出了"建设社会主义市场经济体制"的新目标，中国的经济改革由此开始向纵深发展。短短几年，我国的报纸行业获得了前所未有的巨大发展。总体来说，这一时期的报业竞争呈现出如下几个特点。

1. 由"周末版"引发扩版高潮，报业格局趋同化

1992年新年伊始，《经济日报》增出的扩大版和在原星期刊基础上改进而成的周末版，以各具特色的形式和内容出现在读者面前，很快引起了各方注意。至此，扩版在1992年的报界更显红火，这种以中国报刊史上前所未有的普及速度形成的前所未有的趋同格局，被业界人士称为"周末版"现象。

"周末版"现象归根结底是传媒竞争的直接结果。报纸数量的激增必然导致日趋激烈的竞争，而所有这些竞争都是围绕"读者"二字展开的，失去读者就意味着失去了一切。为了尽可能地贴近读者，各家报社纷纷采取了扩大报道面，增加知识性、趣味性、可读性，强化服务性、娱乐性、人情味等应对手段。

2. 都市报异军突起，竞争同质化

20世纪90年代中后期，在竞争日益激烈的报业市场中，以《华西都市报》《南方都市报》为代表的都市报群迅速崛起，成为中国新闻界一道亮丽的风景线。综观各家都市报，其办报特色主要有以下两点。（1）及时生动地采集市民新闻。打开一张都市报，我们看到的新闻都真真切切地记录了发生在市民身边的事。这些发生在街头巷尾，被广大市民关注的日常事件，构成市民生活的组件。（2）具体周到地服务市民生活。都市报立足于"可读性"，在"必读性"上做足文章，在"服务性"上下功夫，使读者感到报纸不仅"有趣"，而且对生活"有用"。

但都市报在快速发展的同时，也出现了一种媚俗化倾向。某些报纸单纯追求经济利益，一味迎合社会上少部分品位不高的读者的口味，刊登煽情、庸俗的新闻。另外，在越来越多的城市里，无论是晚报、晨报、都市报，还是综合类、经济类、文艺类报纸，其内容大多一致，满足于"一地鸡毛"式的信息收集，结果导致信息重复、质量低下。

3. 自费订阅逐渐取代公费订报，报业买方市场形成

一方面，随着机关报一统天下的局面被打破，各种专业类、服务类、生活类的报纸更符合读者的需要。党政机关以及许多事业单位的行政经费在改革的过程中或受到了缩减或实行了包干，相对来说减少了可用于订阅报纸的公费支出。另一方面，自费市场的主角是以都市报为代表的生活服务类报纸。随着国家经济的飞速发展，居民的收入大幅度提高，用于获得信息、闲暇消费的支出也在不断增加。这些新创办的报纸按规定不享受发行费率的优惠，因而都走上了自办发行的道路，这也使得读者能够更方便、更容易地获取报纸。有新闻界人士认为，中国报业的买方市场已初步形成，报纸要想获得利润，必须得抢先占领市场份额。

三　1996年至今：集团化竞争

1996年1月，经中共中央宣传部同意，国家新闻出版总署批准广州日报社进行报业集团试点，广州日报报业集团正式挂牌。在广州日报一马当先组建报业集团之后，南方日报、羊城晚报、光明日报、经济日报、文汇新民报、深圳特区报、大众日报、北京日报、解放日报、四川日报、浙江日报、辽宁日报、哈尔滨日报、沈阳日报等报业集团相继成立，中国的报业格局呈现出一种崭新的气象。

报业集团的成立，意味着报社在改革开放的市场经济形势中，开始以集团公司的形式在社会生活中寻找更佳的位置。这也表明，报业从"跑马圈地"的粗放式发展，逐步转为深度开发、规模扩张、质量取胜和专业化等实力竞拼式的发展。

报业集团化竞争较之以前是一种更高规模、更高层次的竞争，具有以下两个方面的特点。

1. 走市场扩张路线

首先表现为报纸版面的扩展。以《广州日报》为例，该报的崛起是伴随着扩版进行的。早在1987年《广州日报》便扩为八版，此后的十年里又一而再、再而三地扩版，并且每次都采取扩版不提价的策略，直到1997年三十几个版仍然定价为0.5元。另外，不断增加专版专刊，相继开办了"珠江三角洲新闻""娱乐新闻""读书""求职广场""一周证券"等，其专刊、专版总数在1996年就达到了67个，每日刊载新闻、文章共有13万字，信息量可谓丰富。

另外，组建报业集团的一项重要指标是报刊种类数量。在集团化发展的形势下，《广州日报》先后兼并了《现代画报》《广州商报》《老人报》等，截止到2001年，其旗下共有十报两刊。

其次表现为社会影响的扩展。仍以《广州日报》为例，随着广州日报报业集团综合实力的大幅度提升，《广州日报》在广州市民的社会生活中扮演着越来越重要的角色。20世纪90年代末，《广州日报》在广州市区发行近50万份，占总量的65%，在珠江三角洲发行25万份，占总量的30%，还有5%发往国内外其他地区。在发行量中，自费占80%以上，这在全国的日报中是独一无二的。同时，近百家连锁店、众多建筑项目与物业，这种存在无疑也是其实力的表现。

最后表现为产业经营的扩展。报业集团的一些下属公司是在原有专业的基础上扩展经营的，如广告、印务、纸张、摄影、酒楼等企业，都是在原报社部门的基础上改组为经营实体的。此外，产业的扩展还涉足金融、房地产、出租车、商业等市场领域，而这几个行业都是资金密集型的，必须有可观的先期资金注入。报业集团具有较为雄厚的资本实力，也就能够在市场上占到先机。

2. 竞争逐渐趋于跨地区、无疆域

虽然国内的报业体制是条块分割，按部门与区域进行管理的，但在一般意义上的市场营销方面，却从来都是采取全国统一大市场的政策。在发行方面，正式报刊基本上是全国发行，广告经营同样也可以在全国开展业务。因此，在报业经济起步并且逐渐成熟之后，区域性的报业集团为了发展的需要，便不约而同地都选择了跨区域扩张。

按照以往的观念，《北京青年报》和《广州日报》都是严格意义上的地方性报纸，但是，如今它们都已发展成影响力、发行与广告范围远远超出一个城市的报纸。2001年，《北京青年报》建起了天津办事处，拓展天津的发行与广告市场。天津作为一个直辖市，一个华北的工商业中心城市，显然在发行与广告两方面都有极可观的市场潜力。《北京青年报》在天津本来就有一定影响，建立了分支机构，就相当于建立了桥头堡，这对《北京青年报》今后的市场扩展，有着重要意义。《广州日报》在几年前就对首都市场表现出极大兴趣，建立了一支自办发行队伍，为其配置的面包车上有"广州日报"四个字鲜明的标志，在京城街头游弋。2000年夏天，《广州日报》悄悄在北京王府井开设了一家广州日报连锁店，非常不起眼但却意味深长。在中关村、王府井等地区的报摊上每日都可见到《广州日报》——这也是首都报摊上唯一一家纯地方性综合新闻报纸。

3. 报业资本运营

近几年来，随着新闻媒体的蓬勃发展和激烈竞争，新闻界资本运营以及社会资金注入新闻媒体，已成为社会各界日益关注的热点。

（1）合作经营。报纸通过转让一定时期的广告经营权、发行权，来换取社会资金的注入。如1997年广东省新闻出版局创办的新闻性社会文化刊物《新周刊》，三九集团以提供纸张和投入2000万元资金，获得《新周刊》的印刷、发行权。1999年三九集团的"三九文化公司"又承担深圳商报的《焦点》月刊、《人生十六七》等杂志的全国发行业务。

（2）子公司直接上市。新闻媒体将优质的经营性资产剥离出来，加以整合重组，注册成立隶属于新闻媒体管理部门或新闻媒体的、有国有资产控股的、具有独立法人资格的、股份制的子公司，然后申请成为上市公司，公开募集资金，如1994年上市的东方明珠、1997年上市的中视股份和1999年上市的电广传媒。

（3）子公司控股上市公司。与其他企业一样，新闻媒体子公司直接上市过程烦琐漫长，于是一些纸介质媒体按照市场经济规律和证券市场规则，采取通过子公司收购上市公司的办法，快速进入证券市场，获得稳定的融资渠道。如1999年成都商报下属博瑞公司控股四川电器。这种运作方式是进入证券市场融资的"捷径"，但是比子公司直接上市风险要大。它不仅要求新闻媒体有较强的经济实力，有专业的经营人才，还要选好上市公司（最好是有配股权的公司），并得到上市公司原控股股东的支持，否则容易出现股份纠纷。

（4）新闻媒体网站以商业模式吸纳社会资金。在与商业网站的竞争中，不少传统新闻媒体网站突破"网络版"概念，兴起改版、独立、商业运营的热潮，按照市场经济规律和网络发展规律，借鉴商业网站经验，转变机制，从股市和社会上吸收发展资金。如《羊城晚报》与上市公司"广东高速公路网络有限公司"合组了"羊城晚报高速网络有限公司"。

四 21世纪：综合竞争

迈入21世纪的报业市场，总量的扩张已趋饱和，结构的调整正在演进，报业竞争的新走向表现在以下几个方面。

1. 品牌竞争

所谓品牌，具体就报纸而言，是指报纸的标识、品质、风格、特色、自身文化等要素的总和，与其他报纸形成明显差异，为相当数量的读者所认同、追逐、偏好、忠诚，以独有形象获得良好的品牌。注重品牌经营，打造品牌已开始成为媒体参与市场竞争的第一要素。

品牌的打造通常是依靠报纸精品栏目的开发而进行的。强势品牌报纸有一个显著标志，那就是不断引起其他报纸模仿，这除了它代表本地区报业最高水准之外，还在于它不断地开发"领先精品"，代表报界的时尚。

另外，随着同类报纸的增多和竞争的加剧，在内容上进一步开掘的潜力相对缩小，报纸的同质化程度提高，读者对报纸的选择性大大增强。在这种情况下，报纸的品牌形象越来越成为读者选择的重要原因，报业经营从单纯注重内容的生产经营时代过渡到以内容为基础的品牌经营时代。

2. 人力资源竞争

我国著名老报人赵超构先生将其一生的办报经验，精辟地概括成一句话："说到底，报业的竞争就是人才的竞争。"这句话，在中国媒体按市场规律运作的过程中已被实实在在地验证了。

以《体坛周报》为例，该报所奉行的"以人为本"策略在短短一年间便见奇效。在一个体育并非强项的内陆省份，居然办起了一种体育报纸，并且发行量很快超过 100 万份。2000 年，《体坛周报》和《足球报》相互之间开始了在全国范围内对驻站记者的争夺。由于前者对体育记者许以房子和车子的巨大诱惑，两名本已和《足球报》谈好价钱，只待签约的记者最终被挖走。可见，对人才的不惜一切代价的追逐，才是报业崛起的决定性因素。而引起轩然大波的"李响事件"更是《体坛周报》的一个大手笔。

总而言之，人才是报业发展的决定力量。一方面，报业要尽可能地去争夺人才，肯定人才的市场价值，必须具有大投入大产出的现代经营观念；另一方面，报业也要尊重人才，给人才提供更为广阔的发展空间，形成培养人才、鼓励涌现人才的机制。这样才能让我们的报纸长盛不衰。

3. 媒体合作，达到"双赢"

中国的媒体走过了一个飞速发展的时期，并进入了一个新的整合期。随着市场经济的推进与完善，经济领域日趋开放与扩大，资本市场力图寻找新的利润增长点，可以说竞争促进了媒体的发展，这在广东地区表现得尤其明显。

20世纪80年代以来，广东的经济获得了飞速的发展，这为媒体的发展提供了物质基础。广州在全国最早成立了三大报业集团。广东报业的竞争进入了一个新的阶段。经济发达地区的媒体分享了竞争带来的成功与喜悦，并开始尝试通过跨媒体的合作开拓媒体经济新的生长点。在广州，《羊城晚报》《南方都市报》相继与中央电视台建立合作关系，各自开辟了"新闻联动""新闻互动"版面，编发央视已播出的新闻类专题节目。通过报纸，中央电视台的新闻资源获得了二次利用，纸质媒体本身的优势及其在本地的影响力巩固与扩大了中央电视台新闻传播的效果与效益。对于省级报纸而言，一方面它挖掘了新的信息资源，降低了新闻成本；另一方面，它借助央视的影响力来提高自身的影响力，这对于两者均是一种双赢的行为。

传媒市场特征的经济学分析*

一般认为,传媒业是一项高度意识形态化的、担负着信息传播功能的社会事业。随着中国社会主义市场经济的发展与完善,人们逐渐认识到,传媒业不仅具有信息传播的社会功能,而且具有巨大的和潜在的经济功能。因此,为了进一步推动我国传媒市场的发展进程,有必要从经济学的角度对传媒市场的特征进行分析,由此我们才能对传媒业的经济功能有一个更为明晰的认识,从而有助于对传媒业的经济活动进行必要的规范与引导。

所谓传媒市场,实际是传媒、传媒的受众和传媒的广告商之间所有关系的总和,也就是传媒产品从供给者到达需求者之间的各种经济活动关系的集合。构成传媒市场的主体包括:(1)作为传媒产品消费者的公众;(2)作为传媒产品供给者的各个传媒机构;(3)传媒的广告商。而传媒产品作为传媒市场的交易与传播对象,则是传媒市场的客体。传媒市场的主体与客体共同构成传媒市场的基本要素。

一 我国传媒市场的现实和发展动因追寻

在市场经济形成之后,我国的传媒业进入了一个大市场。这个市场既包括新闻传播业也包括其他产业,如工业、农业、服务业等,传媒是其中的一部分。对于我国传媒市场的确定,著名新闻学者丁柏铨认为有四个标志:(1)我国的新闻传媒被程度不等地推向市场,迄今为止无一没有进入市场;(2)在传媒市场中受众的重要地位得以确立,传媒已经认识到受众是传媒产品的消费者,新闻传媒最终是为了满足受众的需要;(3)传媒之间的竞争格局已经形成;(4)传媒融资方式受到人们重视。②

---

* 发表于《现代传播》2004年第4期。本文第二作者是硕士生邓敏。
② 丁柏铨:《我国传媒市场已经形成》,http://news.xinhuanet.com/newsmedia/2003-02/10/content-722573.htm。

我们认为中国传媒市场产生与发展的根本动因来自三个方面：经济的市场化、社会的信息化以及传媒自身的内在需求。

第一，经济的市场化。"市场的发展必然促进媒介产生对利益属性的自觉并且产生追求利益的行为。"[①] 从20世纪70年代末至今，中国的经济体制通过逐步改革，完成了从计划经济、有计划的商品经济到市场经济的巨大转变，从而实现了经济的市场化。在经济从计划向市场转化的过程中，以下三个因素对传媒的市场化产生了至关重要的影响。首先，计划经济体制的逐步消亡使媒介逐渐失去了政府对媒介物质资源的保证，从而形成了对媒介的巨大经济压力。1978年，政府对媒介再次提出并运用了"事业单位、企业管理"这一体制，这成为传媒在市场中追求利益的巨大压力和动力。其次，生产的发展需要不断扩大的市场需求，而面对越来越多的可选择的商品，消费者也需要更多的关于产品的信息，对市场的鼓励和消费者关于产品的信息的获得，必须依赖一个强有力的中介进行，而传媒无疑最适合承担这一功能。因此，广告市场的发展，为媒介提供了商业运营的最初市场。最后，市场的出现带来了传媒间的竞争，市场的发展又使媒介间的竞争逐步升级。失去了经济保障的媒介不得不依靠自身的经营谋求生存，而首先面对的就是发行和广告两个市场。这两个市场虽然非常巨大，但并不是无限的，生存于有限的市场中的传媒为了获得更多的经济利益，就需要对市场进行争夺；而在对市场的争夺中，媒介的市场行为也不断发展，市场运营能力不断提高。因此，经济的市场化不但成为媒介市场化的最初动力，也成为传媒市场继续发展的持续推动力。

第二，社会的信息化。经济改革以来，市场的扩大、经济交往的增加促进了大量的非政治新闻的纯信息的产生，同样也激发了大众对于政治新闻以外的信息的需求，从而使整个社会形成了信息需求的规模市场。社会信息化的发展必然促使媒介产生对其信息组织属性的自觉。随着整个社会信息量的增加和信息需求的增加，传媒开始突破以往单纯传播政治性新闻的信息传播模式，其传播的信息更为丰富，信息传播行为也更加自觉。更为重要的是，传媒在信息组织属性的发展中也发现了信息传播的潜在利益，从而使信息传播行为与利益行

---

① 黄升民、丁俊杰：《媒介经营与产业化研究》，北京广播学院出版社，1997，第51页。

为紧密结合起来。传媒角色多元化，功能也大为拓展，越来越多的媒介从单纯的意识形态媒介向商业传媒转变，发展成为独立的信息传播机构，这在很大程度上又成为整个传媒市场化的一个重要动力。

第三，传媒自身的内在需求。谋求自我生存和发展的媒介在对商业化运营方式的探索中逐渐意识到自身所面对的是一个有着巨大获利潜力的市场，而且在实际的运营中，广告、发行、多种经营等活动也为媒介带来了丰厚的收入。媒介越依靠自我谋生，就越需要更多地介入市场；而越多地介入市场、参与竞争，就越来越以市场和利益作为行为指向。这样，在媒介内部，商业运营的驱动力就随着商业运营行为的发展而逐渐增加，直到市场化已经发展到一定程度的今天，利益已经成为传媒以商业化方式谋求生存和发展的主要驱动力。

二 传媒市场特征的经济学分析

1. 传媒市场本质上是信息市场

从本质上来说，传媒向大众传播的内容基本上都可以纳入信息这个范畴。1987年，国家科委首次编制了我国信息产业投入产出表。在"中国信息商品化产业"一项中就包含有"新闻事业"及"广播电视事业"。这表明国家已经开始将新闻事业视为投入必须有产出的信息产业的一个组成部分了。因此，传媒市场从本质上来说，仍然是信息市场。所以，传媒市场具有信息市场的一些基本特征。

第一，传媒市场具有扩张性。进入信息时代，无论是政府、企业还是普通民众，对于信息的需求越来越多，而其信息需求的满足将主要依赖于传媒市场，因此，随着传媒产业的发展与传媒商品化程度的提高，传媒商品的供给将呈扩张之势。以上海为例，上市公司青鸟华光宣布和江苏一家传媒公司携手，共同向原上海《青年报》注资3600万元人民币，对该报进行全面改版。与此同时，北京某报业集团斥资进军上海，组建一份早报。而在此之前，上海报业市场已经接连诞生两份综合性日报：《外滩画报》和《东方早报》。其中《东方早报》由上海文汇新民报业集团控股，联合浙江、江苏两地报业集团外来资本，投资近1亿元人民币。对于蓬勃发展的中国传媒市场，境外的大型跨国传媒公司也在积极谋求合作。世界传媒业巨子默多克从 1993 年斥资 10 亿美元从李泽楷手中买下星空传媒（Star TV）开始，就对中国传媒市场抱有强烈的企求。2002 年 12 月 31 日，经国家广电总局批准，美国彭博资讯下属的彭博财经电视亚太频道、凤凰卫视资讯台在中国有限落地（三星级以上宾馆和涉外社区可以收看）。至此，中国批准的境外有限落地电视频道已达 30 个之多。

此外，传媒市场的扩张性，还体现在传媒商品消费的连带性上。由于信息只有通过积累才会更加系统，效果才会更大，因此对某类传媒产品的需求一经产生，这种需求将演变为连续性需求，而且还会引起对相关信息的需求。

第二，传媒市场的市场形态具有多元性。传媒市场形态的多元性是由多重出售方式决定的。一般认为，传媒市场呈现双元结构，即发行（收视）市场和广告市场。比如报纸，一方面报纸的新闻版面可供出售，购买的对象是读者；另一方面报纸的广告版面也可供出售，购买的对象是广告主。[1] 我们认为，传媒市场除以上两种形态外，还应包含节目市场，传媒在这里变成了购买者，节目生产者成为供应商。内容市场、广告市场、接收市场共同构成传媒市场的多元形态。[2] 此外，传媒商品的内容十分丰富，不同的传媒商品，在交换的过程中又表现出不同的个性，这影响到市场形态上，使传媒商品的市场形态更加复杂多样。

第三，传媒市场的交易具有广域性。传媒商品的实质是信息，它在流通的过程中不会像物质商品那样受商品技术因素的影响。物质商品由于受技术因素的影响，流通的时间和空间范围都是有限的。如新鲜蔬菜，为不使其变质，只能在最短的时间内就近销售。而传媒商品则不同，只要其信息的使用价值存在，它就有流通的可能，而且其使用价值并不随流通次数的增加而减少，也不随载体的改变而改变，这就为传媒商品的广域传播创造了条件。同时，现代通信技术的广泛运用又使传媒商品的广域传播变成了现实。因此，传媒市场交易的广域性是其他商品流通无法比拟的。如世界著名的新闻频道 CNN、福克斯新闻网等，它们在多个国家或地区直接落地或者被其他媒体广泛转载引用，其

---

[1] 屠忠俊：《当代报业经营管理》，华中理工大学出版社，1999，第 17 页。
[2] 欧洲通讯委员会：《e 经济学——数字化市场的战略问题》，苏晓鹰译，辽宁人民出版社，2002，第 25 页。

新闻传播可以说是遍布五大洲、七大洋。在 2003 年的伊拉克战争中，CNN 和半岛电视台的报道就被世界各大媒体纷纷采用。随着互联网 20 世纪 80 年代的飞速发展，信息的实时传送已经远远超越了过去报刊、电视台、电台的物质条件的限制，"地球村"的概念深入人心，全球化的信息传播已经成为现实。不少学者认为，传媒市场真正的全球化时代已经到来。

第四，传媒市场的交易具有非唯一性。一般来说，物质商品的交换就意味着所有权的转让，也就是所谓消费者独享性，传媒商品的交换则不尽然。传媒商品的共享性，使得传媒商品的卖方在出售传媒商品之后往往仍然拥有对传媒商品的所有权甚至使用权，因此，同一传媒商品在交换过程中，对于其第一所有者而言，可以多次出售，直至传媒商品的使用价值完全丧失为止。当然，传媒商品的交易次数并不是无限的，其交易次数的多少主要取决于传媒商品的新鲜性、适用性、区域性等。传媒商品的交易次数若要实现唯一性，必须借助于法律手段，如专利法、知识产权法等。

2. 传媒市场是典型的公共性市场，这是由传媒市场产品特征及传媒特征决定的

说到公共性市场，在这里，我们必须先引入一个经济学上的"公共品"的概念。所谓公共品（public good），也称"公共物品""公共产品"，是指那种不论个人是否愿意购买，都能使整个社会每一成员获益的物品，[①] 如国防、社会基础设施等。在公共性市场中，单个市场主体利益的最大化并不是其主要的追求目标，公共性市场所追求达到的是全社会共同利益的最大化。毫无疑问，我国的新闻传媒也可以算在"公共品"范畴之内，传媒市场也属于公共性市场的一部分。传媒市场作为社会主义市场体系中的一部分，实现市场效益最大化是它的必然规律。市场经济体制鼓励追求经济效益，在市场经济条件下，可以使用一切正当手段追求市场效益。传媒产品的生产和销售以市场为导向，使产品能为消费者所消费，最终实现市场效益，这不仅是允许的，而且是应当倡导的。

---

① 〔美〕保罗·萨缪尔森、威廉·诺德豪斯著《经济学》（第 16 版），萧琛等译，华夏出版社、麦格劳·希尔出版公司，1999，第 268 页。

但是，传媒市场又不同于一般的市场。它在追求市场效益最大化的同时，还有一个遵守法律法规、恪守职业道德和社会公德的问题，有一个尽可能和社会效益相统一的问题。① 因此，传媒市场既要顾及市场导向而又不能唯市场导向是瞻，传媒市场所要追求的应该是社会总体收益的最大化。

传媒产品和一般的物质产品相比，无疑有着某种本质上的相通之处：它们都有商品的属性，都要经由市场而为消费者所消费。所不同的是，物质产品供消费者进行物质消费，精神产品供消费者进行精神消费。物质产品的生产和销售，应当以市场需求为导向；而传媒产品既不能不顾市场需求的导向作用，又不能完全为市场需求的导向作用所左右。之所以说不能不顾市场需求的导向作用，是因为没有市场需求的传媒产品，既不可能有经济效益，也不可能有社会效益。之所以说不能完全为市场需求的导向作用所左右，是因为作为精神产品，传媒产品毕竟包含着对某种价值观的倡导、对不良社会倾向的否定、对理想境界的追求等思想内涵。而这些内容是物质产品所不具备的。

更何况，新闻传媒和传媒工作者负有引导社会舆论的使命。他们是"把关人"，负有信息过筛和选择的使命，掌握着解释信息的权力和把守着信息传递的关口。信息每经过一道"把关人"把守的关口，都会发生量或质的变化。② 新闻传媒若一切为市场导向所左右，那么就会片面追求"卖点"，就会一味搜异猎奇，就会迷失正确的方向。现在有一种错误观点，认为讲社会效益就不讲经济效益；讲经济效益就不择手段地去赚钱，完全不顾社会效益。比如目前传媒市场上出现的一些现象：有的经营者借口受众需要，大搞低级趣味的传媒产品；有的经营者借口发展传媒市场，大搞假产品、低质量的产品。这些行为都是违背传媒市场运行规律的，是不能允许的。

3. 传媒市场是注意力资源生产和消费的主要市场

"注意力资源"是一个经济学概念。如何有效地吸纳受众的注意力，并将这种注意力稳固地维持下去，这是现代传媒在市场竞争中的焦点所在。加拿大著名传播学家麦克卢汉最早进行了注意力研究。他以电视为例指出，电视台实

---

① 丁柏铨：《论传媒市场》，《新闻记者》2002 年第 4 期。
② 甘惜分主编《新闻学大辞典》，河南人民出版社，1993，第 62 页。

际上是在租用我们的眼睛和耳朵做生产。电视台购买大众注意力的投入，是要制造人们爱看的电视节目，而观众是用注意力来为看节目交费。观众交给电视台的注意力就成了电视台的巨大资源，然后他们将这一资源高价卖给需要这种资源的人（需要做广告的商家）。对于广告商来说，做广告就是在高价收购注意力。此后美国传播学者麦克尔·高尔德哈伯发表了《购买注意力的人们》(Attention Shoppers)，提出了注意力资源的商业价值。

我们知道，注意力是由信息所引导的，信息时代最明显的标志就是信息的无限量递增即信息爆炸，注意力稀缺是信息出现相对过剩的必然产物。随着当代社会逐步进入后信息时代，注意力成了稀缺资源。诺贝尔经济学奖获得者赫伯特·西蒙曾在对后信息社会特征研究后说，"随着信息的发展，有价值的不是信息，而是你的注意力。在信息社会里，硬通货不再是美元，专注就是硬通货。"[①]

由于海量信息的出现，注意力资源成为当今最稀缺的资源之一。现在，人们把收视率、收听率和阅读率称为"注意力资源"。大众传媒想方设法推陈出新为的就是吸引受众的眼球，形成注意力资源。而广告商向媒体购买的并不是报纸的某块版面空间或广播电视的某个节目时段，而是这块版面空间、这一节目时段所实际吸纳的受众的阅读或收视行为所形成的注意力。正如中国人民大学舆论研究所所长喻国明所说："真正能够为媒体赚取大量资金的最终产品是其报道和节目所吸纳到的受众的注意力。"[②]

[①] 王德禄：《注意力是一种稀缺的资源》，《中外管理》2000 年第 3 期。
[②] 喻国明：《试论受众注意力资源的获得与维系——关于传播营销的策略分析》，《当代传播》2000 年第 2 期。

传媒价格串谋初探*

2001年10月下旬，持续两年多的南京报业大战以《现代快报》《南京晨报》《金陵晚报》签订价格同盟的形式告终。① 时隔不到一个月，11月23日，北京、山西、黑龙江、重庆等12家省级卫星电视台在北京举办"携手共创未来——媒体推展会"，签署《省级卫视联合服务公约》（以下简称《公约》），省级卫视联盟浮出水面。②

随着四川、北京、云南等地区报业价格战的频频上演，报业间签订价格协议的现象不再鲜见。笔者以为，在当下国内传媒走向竞争与合作时代的大背景下，报业价格协议的签订、省级卫视同盟的创建以及传媒业界更多类似的行为，已超越了单纯合作的层面，形成了"串谋"。

"串谋"（collusion）一词源自于现代产业经济学，指各个厂商通过签订价格协议的方式谋求共同利润极大化。一个市场能否形成串谋并使之得到有效的维持，取决于以下两点。（1）卖者的数量。串谋较多地发生在卖方数量较少的垄断行业，而在卖方较多、分布较广的竞争性行业，串谋协议往往难以达成。因为卖方数量越多，协调所有串谋方的成本就越高，且出现违约者的可能性越大。（2）产品异质性。产品越是同质，管理固定价格的串谋协议就越容易。事实上，对完全同质的产品来说，竞争的唯一途径就是改变价格。这时以联合利润最大化为目标的寡头间协调就变得较为容易了，因为这时的变量只有价格。③

以产业经济学的视角分析国内传媒在价格方面建立同盟的现象，将为传媒经营管理的研究与实践提供新思路。

---

* 发表于《新闻与传播评论》2004年卷。本文第二作者是硕士生吴永奎。
① 夏文蓉：《媒介价格战的得与失》，《新闻知识》2002年第3期。
② 赵曙光：《媒介经济学案例分析》，华夏出版社，2004，第69页。
③ 肯尼斯·W. 克拉克森等著《产业组织：理论、证据与公共政策》，华东化工学院经济发展研究所译，上海三联书店，1989。

传媒价格串谋的表现形式

经济领域里厂商之间的串谋形式多样,既有公开的串谋卡特尔(Cartel),也可以订立私下的价格协议,同时,政府对某些特定行业进行管制也会造成厂商之间的被动串谋,即特许经营与价格管制。

国内传媒业主要采取以下三种形式结成串谋。

其一,公开的价格协议。

价格协议是一种最常见也最具灵活性的串谋方式,既可以是长期协议,也可以是短期协议;既可能是一种正式协议,也可能只是一种价格默契。因此,大多数串谋行为都以一项固定价格的协议作为基础。

国内传媒,尤其是报业,往往以价格协议的形式结成串谋。南京报业的串谋,便与《关于调整报纸价格的协议》(以下简称《协议》)和《关于进一步规范南京地区报纸价格的紧急通知》(以下简称《通知》)密切相关。[1] 而湖北省新闻出版局2002年1月10日发布的"武汉地区所有晚报类、都市报类报纸今日起实行统一零售价"的通知[2],则促成了武汉都市类报纸《武汉晨报》《武汉晚报》《楚天金报》《楚天都市报》之间在报纸售价上的串谋。

不管正式与否,厂商之间的价格协议通常都不受法律保护,甚至经常被明令禁止。但是,由于国内传媒业具有特殊属性——党、政府与人民的喉舌,受到各级政府部门的领导监督,在报业价格串谋的背后,政府相关部门的身影清晰可辨:《通知》由江苏省委宣传部、省新闻出版局、省廉政办联合发出,武汉报价的调整是湖北省新闻出版局干预的结果。行政力量的大力介入,赋予报业之间的价格协议以合法性和公开性,报业价格串谋行为因此无须藏头缩尾,而可坦然行之。

其二,传媒卡特尔。

卡特尔的严格定义是指由那些希望限制产量、增加行业利润而联合在一起

---

[1] 赵曙光著《媒介经济学案例分析》,华夏出版社,2004,第6页。
[2] 张锐:《媒体价格战》,摘自博客中国网(Blogchina.com),详见 http://zhangr.blogchina.com/16636.html。

的厂商联盟。一个典型的卡特尔协议有其成员同意的规则和惩罚条例。但是，同一行业的厂商为提高它们各自股东的净价值而联合在一起的形式也可以被认为是卡特尔。

"或许没有什么其他的力量能像竞争一样摧毁厂商的利润了。竞争越激烈，厂商的赢利能力越低。由此，竞争的厂商有积极性通过组建卡特尔进行合谋以弱化竞争，提高市场力量。"① 显然，相互联合以弱化竞争，实现多赢是促成卡特尔建立的重要因素。

省级卫视联盟的创建为我们提供了这方面的范例。

建立联盟，主要的动因在于互相联合以提高省级卫视的市场地位，协调定价水平，增加集体利润和个体利润。

2001年11月23日，北京、山西、重庆、黑龙江等12家省级卫视签署《公约》，试图发挥省级台的整合传播优势，但《公约》并未统一价位，条款也流于空泛，没有规定如何应付成员违反协议或者不予配合的情况。

针对《公约》的缺陷，2002年10月25～29日，32家省级电视台成立了"全国省级电视台广告协作委员会"（以下简称"卫视协委会"），决定从2003年1月1日起，各省级卫视台将在每天全国新闻联播前后的65秒时间里进行广告联播，即抽掉中央电视台的广告，改为插播自己的广告。② 至此，省级卫视的联盟迈出了实质性的一步。

其三，组建报业集团。

报业集团的组建以相当隐蔽的形式实现了报业内部的价格串谋，巧妙地将外在于报业集团的价格厮杀消弭在集团内部，转化为集团成员之间的合作。

1996年1月，中国第一个媒体集团——广州日报报业集团正式挂牌。紧随其后，很多报社积极行动起来向报业集团方向努力，报业集团化一时间成为报界热潮。殊不知，报业集团的组建，在整合报业资源的同时，也悄无声息地为报业的价格串谋敞开了大门。曾经以降价为利器同台拼杀的元老《北京晚报》与新秀《北京晨报》握手言和，同归北京日报报业集团的旗下；而四川日报

---

① 石磊、寇宗来著《产业经济学》，上海三联书店，2003，第199页。
② 赵曙光著《媒介经济学案例分析》，华夏出版社，2004，第69页。

报业集团的组建也化《华西都市报》与《天府早报》之间的干戈为玉帛。其他如深圳报业集团同时将《深圳晚报》与其竞争对手《深圳商报》招至麾下；长江日报报业集团的组建，化解了《武汉晚报》与《武汉晨报》的争斗等。这些案例无不昭示着：当同质化程度较高的报纸集中到同一屋檐下时，出于对集团整体利益至上的考虑，摒弃先前惨烈的价格厮杀、实行统一的价格政策成为昔日的竞争对手、今日的合作伙伴的共识，报纸之间达成串谋便成为报业集团化过程中的应有之义，亦是报业集团化的必然产物。

传媒价格串谋的特点

在市场经济条件下，企业作为完全独立的市场经济主体，自主经营，自负盈亏，因而厂商的串谋行为在大多数情况下是主动行为。然而，国内传媒作为党、政府和人民的喉舌，负有传播信息、引导舆论的重要社会职责，以良好的社会效益为最高准则，坚决反对传媒的精神产品商品化。因此，传媒与属于营利性的经济组织的企业有很大不同。国内传媒的特殊属性，决定了传媒价格串谋必然呈现出新的复杂的特点。

（一）浓厚的被动色彩

在南京早报业与武汉都市类报纸串谋行为的背后，政府相关部门的身影清晰可辨。尤其是南京早报业，几乎完全是在政府部门的推动下一步步走向谈判桌，达成串谋的。2001年1月，《新华日报》《每日桥报》《现代快报》《江苏商报》等6家传媒机构的负责人，依次在江苏省记协牵头拟定的《协议》上签了自己的名字。但是，《协议》规定的报纸最低限价0.3元很快被突破。新一轮报业大战再度爆发后，2001年2月22日，江苏省委宣传部、省新闻出版局、省廉政办又联合发出《通知》，重申报纸定价。主管媒体的政府部门基于报业以价格为手段进行恶性竞争的认识，怀着推动报业竞争重返良性轨道的良好愿望，敦促报纸之间达成价格协议或遵守政府部门规定的报纸售价。然而，行政力量的介入固然为报业间的价格协议披上了合法的外衣，也为其串谋行为涂上了一层浓厚的被动色彩。

（二）串谋多发生在同质媒体之间

产品的同质性是促成串谋的重要因素。产品的同质化程度与达成并维持串谋协议所承担的风险和耗费的成本成正比。因此，在考察传媒业内的串谋行为时，显然不能忽视这样一个前提：串谋各方必须具有一定的同质性。

事实证明，传媒业内的串谋多发生于同质媒体之间。

无论是最初参与价格大战的《服务导报》《金陵晚报》《每日桥报》《江苏商报》《现代快报》《江南时报》6家报纸，还是最终缔结价格协议的《江苏商报》《现代快报》《江南时报》，彼此在办报理念、读者定位、报纸内容等方面趋同。曾经参与降价的《江苏商报》后来因改版专攻经济报道，走专业路线而退出综合性早报市场的竞争。

联盟之前，省级卫视同盟所囊括的32家省级卫星电视台在广告业务上面临着相同的困境：上有中央电视台的打压，下有城市电视台环伺紧逼，维持上星频道的运营带来巨大的资金压力，单一的广告推荐模式不能引起投放全国广告市场的客户的重视。联合起来发挥每个台的优势的想法逐步成为省级卫视的共识。

（三）串谋的双重性

通常情况下，厂商之间的串谋内容单一，直接针对产品的最终销售价格。但是，传媒业的产品是一种特殊的产品。传媒学术界"二次销售理论"认为，传媒产品通常要经过两次销售，第一次销售是将产品即报纸与电视节目等销售给受众，第二次销售则是将受众的注意力资源销售给广告商。因此，传媒价格串谋呈现双重性，即各方不仅可以在产品的销售终端价格上进行串谋，也可以在广告价格上进行串谋。

南京与武汉地区报业仅仅就报纸的零售终端价格达成协议，而西北五省区省级都市报则在广告串谋上迈出了步伐。2001年8月18~20日，首届西北五省区省级都市报总编辑峰会在兰州召开，《三秦都市报》《兰州晨报》《新消息报》《西海都市报》《新疆都市报》决定从即日起联手成立"西北五省级都市报互动联盟"。峰会就"联盟"驻外广告合署办公和实行广告互动的细节问题及其操作办法达成了共识，签署了五报《广告互动合作协议》。① 协议虽然并未明确规定各方面进行广告合作的统一价格，但彼此合谋以求共同利益最大化的目的则显而易见。

传媒价格串谋的效果分析

国内传媒价格串谋的达成，既是传媒主动为之的结果，也与行政力量的介入干预密不可分，传媒串谋的社会效果也因此而变得复杂。

（一）价格串谋在优化传媒资源配置的同时又造成了传媒业的进入壁垒

在频频爆发的报业价格战中，报纸的售价一度被降至不可思议的地步：南京《现代快报》仅售 0.1 元，成都《四川青年报》一度免费赠阅。省级卫视联盟创建之前，各省卫视台互相杀价，广告客户最低时可以拿到一折以下的广告折扣。这种通过降低价格，甚至使价格低于平均成本的方法来驱使竞争对手退出竞争的行为，被现代产业经济学称为掠夺性定价。实施掠夺性定价的目的是驱除或消灭现有的竞争对手，教训不合作的竞争对手，但在短期内会大大亏损。②

在报业价格战中，无论新老报纸大都实施了掠夺性定价，最终盈利的屈指可数，出现杀人八百自损三千的局面，使得报业竞争变成了与所有的市场游戏规则都格格不入的赤膊战，对传媒资源造成了巨大浪费。

串谋的达成，将报业从单纯的竞争时代引入竞争与合作的新阶段，重新整合与优化了传媒资源。受串谋协议价格的制约，报纸失去了可比较的价格优势，不得不摒弃降价竞争的手段与短期利益，转而寻求更为理性、更具战略眼光的竞争方式。串谋各方在协议允许的空间内进行合作，扬长补短，做大市场，保证共同获得极大利润，从而使现有报业传媒资源得到良好的配置利用。

创建省级卫视联盟，整合分散的卫视台资源，杜绝重复建设，使得省级卫

---

① 王文龙：《西北五省区省级都市报成立"互动联盟"》，360 慧聪网。
② 戴伯勋、沈宏达主编《现代产业经济学》，经济管理出版社，2001，第 152~154 页。

视台按照一个整体的模式参与竞争，可以大大增强省级卫视在全国广告市场的竞争力，改变单打独斗、弱小无援的局面。

然而，传媒的价格串谋一旦达成，无形中为传媒业新的进入者设置了一道进入壁垒。

现代产业经济学认为，在集中或寡头垄断市场上的守成者会制定一项限制进入价格，以阻止潜在进入者进入市场，且又可以保证自己获得利润。这种限制进入价格与进入壁垒密切相关。[①] 传媒的价格串谋，如若得到长期有效的贯彻，无疑会给串谋各方带来稳定利润。然而，对潜在的传媒市场进入者来说，串谋协议绝非福音，而具有某种负面的震慑作用，它为潜在进入者提供了这样的暗示：进入该行业必须参照已有的串谋价格，这无形中设置了传媒业的进入壁垒。南京早报业的最终售价定在 0.3 元，武汉都市报的统一售价为 0.5 元，对于潜在的进入者而言，正起着一种价格参照系的威慑作用。

（二）价格串谋打破传媒市场垄断格局的同时又制约着传媒内部的竞争

在利益推动下，处于任何市场中的媒介都有互相联合以提高市场地位、协调定价水平以增加集体利润和个体利润的动机。省级卫视联盟的创建，则将这种动机变为了现实。但是，联盟自诞生之日起，便同时扮演着两种自相矛盾的尴尬角色。挟政策、资源等各方面优势的中央电视台几乎占据了全国电视广告市场的半壁江山。但是，联合起来的省级卫视实力强大到足可与央视分庭抗礼：卫视联盟的覆盖人口总计达到 75.2 亿，7 倍于央视覆盖率最高的一套节目的 10.8 亿可收视人口，收视率的状况也类似于此。而"卫视协委会"的主要规定，矛头更是直接针对央视：从 2003 年 1 月 1 日起，各省级卫视台将在每天全国新闻联播前后的 65 秒时间里进行广告联播，即抽掉中央电视台的广告，改为插播自己的广告。[②] 可见，联盟真正建立，央视的全国广告市场的垄断地位必将遭到削弱。

[①] 戴伯勋、沈宏达主编《现代产业经济学》，经济管理出版社，2001，第 156 页。
[②] 赵曙光著《媒介经济学案例分析》，华夏出版社，2004，第 69 页。

然而，联盟要求成员统一步伐，以一个整体的模式参与竞争，《公约》明白无误地提出整体营销的新广告投放方式：服务公约成员将对企业进行共同维护和支持促进企业在各地市场的销售和发展；成员信息资源共享；对联合投放的广告公司，提供良好的服务等。"卫视协委会"也规定：广告客户如需在各省级卫视进行覆盖全国的广告投放，不需要分别与每家电视台谈判，只需一次性与代表所有省级电视台的"卫视协委会"签订协议即可。[①] 尽管联盟并未建立完善的违约惩罚机制，各卫视台单方面与广告客户签约无疑会被视为对联盟利益的侵害，省级卫视台彼此之间的竞争在一定程度上受到了制约。

报业内的串谋也面临类似的两难境地。在南京，当价格战的硝烟散尽，报业市场已被重新分割。号称"东方不败"的《扬子晚报》，垄断地位已经受到威胁，总发行量下降近10万份；而《现代快报》从其前身《现代经济报》最高2万多份的发行量飙升到如今的30万份；《南京晨报》脱颖而出，占据了早报市场1/3的份额。[②]

从某种意义上说，串谋协议是对报业市场新格局的认可与巩固。串谋协议的诞生，对协议各方实行统一的报纸销售价格，使得这些趋同化程度较高的报纸失去了彼此可比较的价格优势，对于价格战中的胜出方，无疑是一个巩固已占据的读者市场的大好时机，而对于《扬子晚报》，其垄断地位已被动摇，又受到协议无形力量的冲击。

但是，降价毕竟是报业采取的一种最常规、最具杀伤力的手段。比之改版、扩版、发行政策转移、广告政策转移等竞争手段效应的长期性与不确定性，降价以其立竿见影、效果显著备受报业青睐。但是，价格串谋一旦达成，报纸必须遵守统一的价格政策，这相当于剥夺了报纸杀伤对手的利器，不利于报业内部通过价格竞争实现优胜劣汰与资源整合。

[①] 赵曙光著《媒介经济学案例分析》，华夏出版社，2004，第69页。
[②] 周伟主编《媒体前沿报告》，光明日报出版社，2002，第177页。

我国传媒经济研究的量化分析*

一 传媒经济研究的现状及特点

为了方便统计,这里将20世纪80年代传媒经济研究的文章归纳在一起,90年代以后的文章则分年份统计,截止到2003年,统计文献就是指《新闻与传播研究》《现代传播》《新闻大学》《国际新闻界》《中国广播电视学刊》等5种新闻类学术期刊上发表的文章。

回顾20世纪80年代以来我国传媒经济研究的发展历程,以下几个方面的特点比较突出。

(一)传媒经济研究范围不断扩大

据统计,上述5种刊物中传媒经济研究的数量从20世纪80年代的23篇增长到90年代的275篇,增长了10倍多,2000~2003年仅4年就著文168篇,增长速度更是迅猛。这表明,传媒经济研究已从不被重视的角落日益走到了学者视觉的中心。

随着传媒经济研究成果数量的增加,相应地传媒经济的研究范围也不断扩大。为了了解研究者的研究方向、关注焦点,本文对5种期刊上发表的有关传媒经济研究的文章进行了主题分类。需要说明的是,传媒经济研究本身可能涉及多个方面,而不只论述一个主题,所以各个类目之间难以严格划清界限。为了研究方便,也为了满足统计上的排他原则,本文将每篇论文以其论述的重点为依据,只划归一个类目。我们发现,20世纪80年代以前传媒经济的相关研究论文十分鲜见;20世纪80年代末至90年代初,相关的研究主要集中在对传媒经济的宏

---

* 发表于《武汉大学学报》(人文科学版)2006年第2期,《中国新闻年鉴》2007年观点摘编。
本文第二作者是硕士生郭韶明。

观理论政策的探讨上；90年代中后期以后，传媒经济的研究范围不断扩大，研究主题日趋丰富。主要包括以下几个方面：（1）宏观理论探讨（Theory Discuss）：主要是从理论上宏观探讨传媒经营，比如传媒的商品属性、传媒产业的经济学分析、产业经营等；（2）广告（Advertisement）：主要是与传媒经营有关的广告行为，如广告经营、广告市场等，以及单纯论及广告的，如广告传播、广告创意、广告效果等；（3）发行与营销（Publishing and Marketing）：发行经营也是传媒经营的一个重要方面，主要包括发行经营、发行代理制与传媒营销方面的内容；（4）传媒市场（Media Market）：传媒市场又有广义和狭义之分，这里的传媒市场较为宽泛，是指围绕媒介产品所集结的各种经济关系的总和；（5）集团化（Collectivism）：包括有关集团化的理论探讨以及集团化的实践现状；（6）资本运作（Capital Operation）：是指以产生社会效益和经济效益为目的，通过资本市场对资本流动进行管理和控制的过程，包括传媒资本的内容、运营方式和应采取的策略等；（7）国外传媒（Overseas Media）：包括国外传媒的概况介绍、经营运作等；（8）个案研究（Case Study）：主要是有关传媒经济个案的分析研究，其中，集团化、资本运作、国外传媒的个案研究都归于此。

在主题归纳中，从论文数量来看，宏观理论探讨经营的文章明显占据主流地位。在466篇传媒经济研究的论文中，宏观理论探讨的文章占了35.6%。由此可见，在目前传媒经济的研究中，宏观理论上的探讨依然占据着重要地位。研究传媒市场的占17.8%，也是研究的兴趣所在。随着市场化进程的不断加快，中国的媒介市场已基本形成，总体上具备了较强的实力，有了一定的规模。学者们围绕传媒如何走向市场，我国传媒市场的现状与存在的问题、应对策略等方面进行了分析与探讨。"集团化"研究文章的增长速度令人瞩目，1996年以前，仅有少量文章介绍集团化理论与国外集团化的现状；1996年以后，随着中国报业集团化进程的加快，有关集团化的文章日益增多，所占比重也日渐增大，到2003年末，达到12.7%。"资本运作"虽然所占比例不大，但是随着传媒资本市场的成熟，传媒经济研究在这一方面还有很大的增长潜力与空间。"国外传媒"研究也不少，这方面的论文多来自《国际新闻界》。值得一提的是，个案研究的文章占10.5%，这说明我国传媒经济研究开始深入微观领域，重视案例分析，不论是失败的还是成功的，都对传媒的发展有借鉴作用。

（二）传媒经济定量化研究成果增多

从研究方法来看，传媒经济研究正在逐步改变"定性研究"包打天下的局面，"定量研究"开始受到重视，所占比例也不断增大。"所谓定量研究，是指依据一定的有代表性数量的新闻现象、新闻实践、新闻观点，运用科学的测量手段，如调查、实验、模型、表格、统计等，对其进行数字描述和分析，得出符合客观实际的结论的研究方法。"①

定量研究中的统计分析、数学模型、抽样调查等方法在如今的传媒经济研究中极为常见。经统计，5 种期刊传媒经济定量研究的文章从 20 世纪 80 年代的 2 篇增长到 90 年代的 13 篇，2000～2003 年，4 年间就有 16 篇，超过了过去 20 年的总和。可见，传媒经济研究的定量分析文章随着社会的发展、时代的进步在不断增多。这是因为，传媒经济学是传媒与经济学交叉而产生的分支学科，而定量研究是经济学领域的重要研究方法，因此，定量方法被广泛应用于传媒经济研究就不足为奇了。

二 传媒经济研究迅速发展的原因

20 世纪 80 年代，关于传媒经济的研究凤毛麟角，而且仅仅限于讨论传媒的商品属性、国外传媒运作介绍、鼓励多种经营等几个方面，范围狭窄而且数量有限。到了 90 年代，特别是 1994 年以来，传媒经济的研究论文如雨后春笋一样迅速成长，关注焦点日益增多，传媒经济研究俨然成为新闻传播学的又一研究显学，出现这种状况，自然有着深刻的历史原因和现实原因。

（一）传统的传媒理念与传媒发展的现实冲撞，是传媒经济研究发展的直接动因

长期以来，由于历史和体制的原因，人们在思想认识上受传统思想的影响较深，对媒介产品的商品属性、产业属性有一定的误解，以至到了 20 世

---

① 强月新、宋兵：《我国新闻学定量研究的回顾与前瞻》，《现代传播》2003 年第 4 期。

纪80年代仍有不少人对传媒产品的商品属性持否认态度，坚持认为我国传媒是事业单位，不能搞经营等。为了提高人们对传媒经济的认知度，一些学者开始对传媒经济做"科普性"的介绍、对一些涉及传媒经济的新现象进行理论上的解读，同时开始介绍西方媒介经营管理的经验，以逐渐消除人们认识上的误区。

近年来，随着人们对传媒经济认识的提高，传媒产品的商品属性得以确认，传媒业开始走向市场，按市场规律办事，并运用市场机制促进传媒经济的健康发展。到目前为止，我国所有的传媒都无一例外地走向了市场或者至少面向了市场，这种现象的出现是和人们认识观念的转变密切相关的。

如果说人们传统的传媒理念与传媒经济发展的现实冲撞是我们传媒经济研究的直接动因的话，那么传媒经济不断发展的实践，又为传媒经济的研究提供了源源不断的驱动力。当读者的选择已经成为报业生存与否的决定性因素时，理论界还在争论着报纸是不是"商品"；当广告已经成为传媒的经济基础时，理论界还在小心翼翼地论证能不能把"市场"引入传媒；当企业资金已经以各种方式渗透传媒时，理论界还在探讨着传媒的经济形式能不能多样化。[①]

在传媒经济实践的有力推动下，20世纪80年代后期尤其是90年代以来，学者们逐渐开始身体力行，著书立说，有关传媒经济的研究日渐增多且日益成熟，新的学术范式逐步形成，传媒经济的研究开始受到各方面的重视。各个层次的研讨会开了一个又一个，各种主题的论文也呈几何速度增长，有力地推动了实践的发展。"实践先行、理论滞后"的旧局面得到一定改善。

（二）媒介生存、发展的压力是传媒经济研究发展的现实需要

在计划经济体制下，传媒生存和发展所需要的物质条件由国家财政供给，媒介自身没有对利益属性的自觉追求，也没有追求利益的内在驱动力。随着计划经济体制的逐步消亡，传媒逐渐失去了物质资源的保证，从而面临着巨大的经济压力。事实上，改革开放以来，在经济利益和传媒自身发展的推动

---

① 唐绪军：《报业经济与报业经营》，新华出版社，1999，第1页。

下,传媒从经营广告开始,就启动了自己的市场化过程;特别是20世纪80年代中后期开始,国家分期分批减少对传媒的事业经费投入,国家对传媒的政策调整为"独立核算、自负盈亏、照章纳税、财政不给补贴"。"吃皇粮"的安逸终于成为过去,传媒市场竞争日趋激烈,生存的压力成了传媒的首要问题。

网络传播技术的迅猛发展和普及,加剧了传媒之间的竞争。网络传播不仅打破了信息单向传播的传统模式,也打破了信息传播的地域性和垄断限制,网上无限量、即时的信息产品对传统传媒形成了巨大挑战。此外,我国正式成为WTO一员,进一步扩展了传媒竞争的空间,使之趋近于跨国界、无疆域。"中国加入WTO实际上是向世界庄严地承诺我们要坚定地推进市场化。"① 尽管我们在加入WTO的过程中没有对传媒业做过任何承诺,但这并不意味着国际传媒和境外资本不可以进入非核心的传媒业务。除有线电视网、宽带网络、报刊发行、广告之外,一些科技、体育、娱乐节目也开始与中国媒体"面对面"对话,这不可避免地带来传媒运行和经营模式的转变。传媒竞争趋向"跨国界""无疆域"。

随着传媒竞争的加剧,我国传媒生存与发展的压力也日益增大,这就必然对传媒经济理论产生渴求,希望理论能对其进行指导和约束,也希望能借鉴其他传媒成功和失败的经验,趋利避害,更好地进行自身的经营管理。这也是促进学者热衷传媒经济研究的一个原因。

三 当代中国传媒经济研究的趋势展望

(一)传媒经济研究领域将进一步拓宽

从近些年发表的论文看,传媒经济研究领域在逐步拓宽,20世纪80年代,研究主要集中于传媒的商品属性、产业属性等宏观理论的探讨和国外传媒

---

① 罗以澄:《解读经济全球化背景下的中国媒介市场》,载于《中国媒体发展年度报告》,武汉大学出版社,2002,第58页。

经营的经验介绍。90年代以来，随着传媒产业的快速发展，大规模的媒介兼并不断出现，各种新现象、新问题层出不穷，这些都需要研究者及时跟进，总结普遍性的理论来概括实践、指导实践。与此相适应，传媒经济的研究范围也在不断拓宽。如今，传媒产品营销、传媒上市融资等已成为一种普遍现象，对其研究自然也有了更多的涉及。

30多年来，学者对传媒经济的研究已经积累了大量的成果，其研究涉及实践领域的方方面面，不一而足。但我们都知道，实践是在不断发展前进的，在未来的传媒经济实践中，必将有新兴的、未被摄入研究内容的新现象出现，这就需要研究者时刻把握时代脉搏，对新事物保持高度的敏感。

此外，经济学的多元视角也势必使传媒经济的研究呈现出多元化走势，从而拓宽研究内容。传媒经济与经济学有着天然联系，在近年来的传媒经济研究中，学者运用经济学的视角、经济学的术语、经济学的研究方法来研究传媒。对各种传媒现象、传媒活动进行经济学分析已成为一种常见方法；新的词语也层出不穷，如"影响力经济""核心竞争力""传媒资本市场"等，极大地丰富了传媒经济的内涵，从而使得传媒经济研究更加多样化、丰富化。

（二）传媒经济研究深度将进一步增强

传媒经济的研究深度也将进一步增强，从表述层面逐渐进入机制层面，标志着这一领域的研究日趋成熟。

纵观30年来传媒经济研究，不难发现这样一个现象：20世纪80年代，传媒经济论文概念式解读、全景性介绍的文章占很大比例，很少涉及深度挖掘。进入90年代，传媒经济研究，早已不再局限于单纯的理论探讨和经验介绍，逐步深入现象内部的本质，逐步涉及传媒经济运作的机制层面，深度分析文章、实证调查文章、典型个案研究等都备受读者青睐，这些文章着重探析一些深层次的原因与未来的风险规避，对实践有很大的指导作用。但是总体来看，机制层面的研究还比较欠缺，特别是有关传媒市场运行机制的研究，虽然也有论文涉及，但尚未见到系统的论述。

我们有理由相信，随着传媒经济发展不断成熟、完善，相关研究也必然不断拓展、不断深入，在广度和深度上都有更大程度的进步。

（三）传媒经济研究方法将进一步多样化

研究方法的优劣对于理论的发展有着十分重要的影响。正如英国科学家梅森指出：科学方法主要是发现新现象、制定新理论的一种手段，因此不断地在扩大人类知识的体系，只要科学方法运用得当，旧的科学理论就必然会不断地为新的理论推翻。传媒经济是一门新兴的交叉性边缘学科，选择科学的研究方法，对于巩固和发展传媒经济理论具有重要意义。

在对传媒经济论文进行考察时，笔者发现，定性研究的文章占了绝大多数，既包括宏观理论探讨，也包括具体领域的微观理论探讨。对传媒经济现象进行调查、实验、模型、表格、统计等的描述和分析的定量研究文章虽然份额不大，但增长速度却很快。这表明，学者们在重视传媒经济定性研究的同时，更多地采用定性研究和定量研究相结合的研究方法。

究其原因，主要来自人们思维方式的转变。在新时期，传媒经济研究开始从政治本位、宣传本位向新闻本位、学术本位过渡，加上不断东渐的西学的冲击和影响，传媒经济研究与过去相比，开始注重选择新的研究方法，而定量分析对传媒经济研究来说，无疑是一种新的尝试。这是传媒经济研究的本身需要。传媒经济涉及媒介经营者如何在各种资源稀缺的情况下，做出最优的选择，实现利润最大化的目标。这种经济学的研究方式使传媒经济的研究必然运用统计分析、数学模型的方式，因此，定量化的研究方法将成为传媒经济研究的一种重要范式。社会科学研究科学化趋势的推动和新技术的支持，将使社会科学研究不断深化，人们深感社会科学研究越来越借助于"数据说话"，数据诠释的说服力和真理度在社会科学中的地位和作用明显增强。另外，现代科学技术的发展使传媒经济的研究在收集、整理和分析数据资料方面完全摆脱手工而全部依靠计算机来完成，这也为定量研究提供了极大支持。还受到传媒经济研究传播学研究方法的启发，在改革开放后，新闻界引进了不少传播学的理论，传播学一些新的观念、思维方式，在一定程度上推动了定量研究的发展。许多传媒经济研究方法借鉴、移植了传播学的研究方法，如内容分析方法、实验方法等。

媒介成本在构建和谐经济中的转嫁分析*

一 国内媒介成本研究情况

目前国内对媒介成本研究主要立足两个方面。其一，从媒介财务管理角度探讨媒介产业成本的管理，包括成本预测、计划成本控制和成本核算等，以周鸿铎、赵立文的《媒介财务管理》为代表。其二，从媒介经营管理角度探讨媒介成本问题。这种理论主要立足于宏观和微观。以赵曙光的专著《M-MBA媒介经济学》为代表的文献，从宏观上研究了媒介战略成本的内涵和媒介成本的控制问题。而杜迈驰的《报纸的两次销售及其策略》、杨芳的《浅析报纸的两次销售理论》、禹建强的《对广告的理性思考》等论文则更多的是从媒介微观的角度分析媒介成本的预算、节制以及媒介成本在报纸、广播、电视等传统媒体中的作用和扮演的角色。上述研究主要还是在媒介组织内部探讨媒介的成本问题，没能跳出媒介的藩篱。

而本文主要针对当前在和谐社会经济发展中，媒介成本如何利用自身特殊的角色和功能，合理转嫁成本，化解均衡各阶层、各集团的矛盾和利益。既包括媒介组织，也包括非媒介组织。把媒介成本置于整个大的和谐经济之中。"当前，在我国构建和谐社会所得到的物质资源支持是有限的，因此新闻传媒要担当这样的任务：引导社会动用必要的物质资源来调节各阶层的利益"，[①]而媒介成本的合理转嫁正是立足于新闻传媒与和谐社会经济发展的结合。从和谐社会建构的媒介成本角度出发，利用媒介公共物品的属性，结合媒介的市场化、商业化，从而实现和谐传媒与和谐社会的共荣共赢的最佳契合。

---

* 发表于《华中科技大学学报》（社会科学版）2008年第22卷第1期（总第89期），人大报刊复印资料《新闻与传播》2008年第5期全文转刊。本文第二作者是湖北大学文学院新闻系讲师张瑜烨。

① 罗以澄、詹绪武：《新闻传媒和谐发展与构建和谐社会》，《光明日报》2005年11月15日。

二　媒介成本与媒介成本转嫁

媒介在生产、经营、管理、消费等过程中所消耗的全部费用，称为媒介成本。媒介成本按经济内容分为：生产、经营、管理、消费过程中的信息资料费，信息资料时效损失费，基础设施运行费，工资及工资附加费，物质材料的消耗费，固定资产折旧费，相关管理费等。一般情况下，商品的销售价格会高于其成本，但是在媒介商品交易过程中，常常会出现以低于成本价格出售商品的情况，或者免费赠送商品的情况，如报纸的低价发行和广播电视免费收视等。"对商人来说，报纸出版者的举动十分奇怪。他们卖那些'煮熟的松树'的价格比买进它的时候低1/3。这似乎是一次魔术表演：出版者卖出他的原料比买进时更为便宜，而他们却获利数以十亿计的美元。"[①] 消费者在获取和利用媒介商品时不需要支付所获得的媒介商品的全部或部分成本，消费者未付的成本由其他机构或个人来承担，这就是媒介商品成本的转嫁。它分为全部转嫁和部分转嫁两种形式。

三　媒介成本转嫁的方式

1. 财政补贴式转嫁

当信息商品转嫁于公民时，公民在政府的政策、法律规定下，以纳税人的身份向政府交纳享用信息产品及信息服务的费用，政府又以财政补贴的形式向信息商品生产者支付信息商品的成本，这种转嫁形式称为信息方面的财政补贴式转嫁。它是无偿地对媒介行业和从事媒介的人员所实施的专项财政补贴支出，也是一种转移支出，用于生产、流通、消费等多个环节，它通过补偿外部经济，维持媒介市场的正常运行，从而达到构建和谐传媒的目的。

用于媒介领域的财政补贴可从不同角度进行分类。按补贴对象可分为对媒介企业的补贴和对个人的补贴；按补贴环节可分为生产环节补贴、流通环节补

---

① 〔美〕本·巴格迪坎：《传播媒介的垄断》，林珊等译，新华出版社，1986，第146页。

贴、消费环节补贴；按财政补贴的透明度可分为明补和暗补；按政策目的可分为价格补贴、职工生活补贴、企业亏损补贴、财政贴息、税收补贴等。因为媒介是公共品，并非是一种纯粹的经济工具，在民主和法治国家中，媒介是人民言论自由的一个通道，也是统治者言论的通道。因此，国家实施财政补贴是为了一定的政治经济目的——保障这两个通道的畅通，避免一些媒介因为商业利益而限制一部分人的言论自由，所以按政策目的分类是媒介财政补贴最主要的分类方法。它可分为：媒介价格补贴、媒介企业亏损补贴、媒介从业人员生活补贴、财政贴息、税收补贴等。从总体上说，事业单位提供的是混合商品，但不同事业性单位提供的商品属性不同，例如媒介提供的更近似于公共商品，专业教育（高等教育和职业教育）提供的是私人商品。另外，同一事业单位提供的商品属性也有所不同，例如媒介中的大众宣传提供的是公共商品，广告提供的是私人商品。因此，根据媒介提供的商品属性的不同，对媒介应采取不同的补贴方式。

第一，财政拨款补贴。例如外部性受益的大众宣传教育。

第二，财政拨款与市场相结合。一是像无线广播电视等这种纯公共产品的媒介，可以运用市场原则有偿交易，如与广告商交易，财政对社会效益较为显著的部分给予必要的拨款；二是对于像有线电视、有线广播、报纸等这种具有价格排他性的公共产品媒介，可以采用谁付费谁受益的原则对这类媒介产品进行分配，差额部分由财政拨款补贴。

2. 税收补贴式转嫁

"税收补贴，亦称'税式支出'。它是一种特殊的财政补贴，是对减税、免税、退税、税收抵免等税收优惠措施的统称。"[①] 简言之，税式支出就是不属于某税的基本结构的税收放弃。通常它是为了税收以外的一些原因而引入的，诸如为给予某一特定等级的纳税人或某一特定种类的收入或支出以特别优惠。这样的税收放弃将导致税基缩减，并包含一笔税收收入的损失，等于国家在这些享受特别优惠的课税对象上的直接支出，由此产生了"税式支出"。

税收的这种财政支出功能是通过各种形式表现出来的，如永久地排除于"所得"之外，税负的免除、递延、税收扣抵，适用于降低特别税率等，然

---

① 高培勇：《公共部门经济学》，经济科学出版社，2003，第79页。

而，不论表现形式如何，最终都体现为企业的成本通过税收制度进行成本转嫁，其转嫁部分最终由国家补贴。国家对媒介在税式支出方面的补贴主要表现在以下几方面：第一，增值税的优惠；第二，进出口税收的优惠；第三，企业所得税的优惠；第四，城镇土地使用税的优惠；第五，房产税的优惠；第六，车船使用税的优惠；第七，印花税的优惠。当然，在中国媒介市场上，税收补贴政策并不完全平等。例如在报业市场上中国超过百万发行量的报纸，如《人民日报》《参考消息》等，几乎都享有政府特别赋予的某些垄断权利，其他小报则没有。在这里需要说明的是，随着我国媒介市场的不断完善，媒介的产业属性进一步凸显，国家对媒介的财政补贴范围和力度都有弱化的趋势。"广播电台、电视台和报纸、刊物等广告媒介单位以及户外广告经营单位，按经营收入的3%缴纳文化事业建设费。"① 但是，由于媒介具有公共物品的属性，为了维护媒介社会总收益的最大化，国家进行适度财政补贴和税收优惠仍然是必要的。

3. 低价销售式转嫁

有些媒介商品以低于其成本价格出售，而将一部分成本转嫁于媒介商品生产者、媒介服务者或公民。朱春阳在《国外传媒收入的三种类型与结构分析》中把传媒的收入按结构类型分为三种模式：内生型收入主导模式、外生型收入主导模式、内生—外生型收入均衡模式。内生型收入主导模式，"传媒收入以发行、视听收入为主"。外生型收入主导模式，"传媒收入以广告收入为主"。内生—外生型收入均衡模式，"该类型的传媒收入结构呈现动态分布，内生型收入和外生型收入所占的比例较为接近"。这三种收入模式的媒介产品销售定价各不相同。以内生型收入主导模式为主的媒介主要以成本为基础进行定价，如"《体坛周报》，2000年售价为1.2元，而成本仅0.6元左右"②。以外生型收入主导模式为主的媒介，主要以交叉补贴为基础进行定价，在现实生活中，大多数媒介以外生型收入主导模式为主，主要采取以交叉补贴为基础的定价方法。"内生—外生型收入均衡模式则是综合了上述两种模式的优点，强调传媒

---

① 国办发［2006］43号：《关于进一步支持文化事业发展若干经济政策的通知》，详见 www.gov.cn/zwgk/2006-06/16/content_311963.htm。

② 朱春阳：《试论报刊价格规划的影响因素》，《新闻记者》2005年第7期。

在内生收入和外生收入两个方向上提升能力,面对不同的市场环境调节变化收入结构,以保证传媒获取最大化的收益。"① 一般来说,报纸定价并不遵循要弥补生产、分销和销售报纸成本的原则。

4. 广告依附式转嫁

这种转嫁的方式是将媒介产品的成本依附于广告并转嫁到广告主身上。在市场经济条件下,媒介产品的定价,例如报纸的定价往往低于其生产成本,原因就是媒介除了其产品销售收入外,还有广告收入。媒介的经济收入一般分为三部分:产品收入、广告收入和其他收入。在产品收入这部分中,媒介属于智力产品,决定了媒介产品的成本比其他产品的成本高,媒介产品的高成本是否意味着可以把媒介产品的价格定得高于成本呢?从媒介的生产者看,媒介产品的销售可以获得二重收入:消费者支付的货币和时间,媒介生产者能够把消费者的时间通过广告形式出售给广告客户,前者就能获得另一种经济回报即广告收入。如果媒介生产者只要求获得消费者对产品消费的货币,不刊登广告,则媒介生产者的实际经济收入仅仅是其产品的发行或销售收入,消费者的时间对媒介生产者来说只是一种被放弃的资源,如果媒介生产者更重视以消费者时间形式获得的收入,并有效地将以消费者时间形式存在的收入转化为货币形式的收入,则可以充分地获得收入的实际经济价值。而在一般情况下,消费者对货币支出的敏感性会高于对时间支出的敏感性,也就是说大多数消费者更倾向于多接触一些广告即多支付一些时间而希望少支付一些货币。因此,大多数媒介实行的是低价格、高广告比重的经营策略。

因此各媒介就把广告收入当成媒介经济收入的主要来源。可以这样说,媒介并不主要是靠卖产品来赚钱的。比如,一张市场化程度较高的报纸在其经济构成中占主导地位的是广告收入,如果刨去广告收入,其发行收入根本无法弥补办报的成本支出,并且报纸发行越多亏损越多。2004 年,我国全年报纸总定价达 252.9 亿元,而报纸广告经营额达 230.7 亿元。报纸广告经营额占全年报纸总定价的 91.2%。广电总局数据显示,2006 年上半年全国广播电视行业

---

① 朱春阳:《国外传媒收入的三种类型与结构分析》,《中国传媒科技》2003 年第 10 期,第 28 ~ 29。

总收入为434亿元,在收入构成中,广告收入仍然是广播电视机构最主要的收入来源。2006年上半年广播电视广告收入为239亿元,占行业总收入的55%。可以被视作中国电视广告价格指标的央视,2007年黄金资源广告招标总额达67.95亿元,相比2006年的58.69亿元招标总额,上升了16%,再度创历史新高。仅2006年1~6月,《广州日报》广告收入就有73639.25万元,位居2006年上半年全国报纸广告收入第一名。

2005年,中国广告市场中传统主流媒体——电视、广播、报纸、杂志广告营业额为675亿元,比上一年增加99.5亿元,增长17.3%,占广告经营单位营业额的47.6%。其中,电视广告占广告经营单位总营业额的25.1%;报纸广告营业额占广告经营单位总营业额的18.1%;广播广告占广告经营单位总额的2.7%;杂志广告占广告经营单位总营业额的1.8%。而户外广告(主要指户外媒体广告,如户外电视广告等)营业额占广告经营单位总营业额的10.2%,互联网营业额占广告经营单位总营业额的2.2%;其他广告类型的广告经营单位营业额为565.3亿元,占广告总营业额的40%(其他广告类型的广告主要指除了电视、广播、报纸、杂志、户外以及互联网等广告类型以外的广告形式,如包装广告、交通广告、直邮广告等)。2005年各媒体广告营业额和各媒体市场份额①,分别如表1和图1所示:

表1 2004年和2005年媒体广告营业额状况

单位:亿

媒体	2004年	2005年	同比增长率
电视	291.54	355.3	21.87%
广播	32.9	38.9	18.2%
报纸	230.72	256	10.96&
杂志	20.3	24.9	22.7%
户外	115.8	144.6	24.9%
互联网	11.67	31.3	77%
其他	555.63	565.3	
所有广告合计	1264.56	1416.3	12%

① 李杨斌:《媒体广告行业竞争结构及企业成长分析》,详见 http://www.ccafm.com.cn/neikanq/chuanmei.htm。

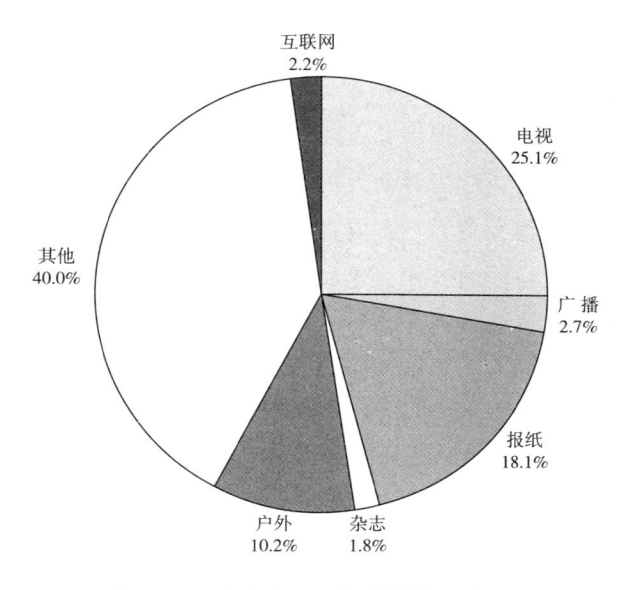

图1 2005年广告行业各类媒体生产份额

5. 拉赞助式转嫁

赞助式的转嫁是指一些组织和个人出资赞助媒介的生产和媒介的服务，用户在使用媒介商品和享受媒介相关服务时不需要支付费用或少支付费用。赞助式转嫁分为两种情况：其一是媒介主动出击，寻找某些栏目、版面、频道或时段的赞助，当然这里不指那种用广告时段去交换的形式；其二是相关财团、社团或个人的主动赞助。

6. 智力开发式转嫁

媒体是一个智慧产业，只有人是这个产业中最重要的因素。在媒体竞争中，通常原有的媒介生产者会比新进入者具有更大的优势，特别是媒介生产是知识密集型的生产，积累的知识和经验，使得新老媒体之间的条件不对称更为明显。但是，就媒介这种特殊的产业而言，新进入者也可能存在一定的优势。最突出的是，新进入者的负担较轻，如果财力允许，有可能用较高的报酬吸引在位报社中的优秀人才，即挖人才的策略。从人才竞争的角度看，这是一种使用较低成本的资源争夺方式。因为，人才的培养需要有相当高的费用，人才经验的积累需要经历较长的时间和具备一定的工作环境，而如果从在位媒介中"挖"人才，就可以省去这方面的许多费用和时间。因此，媒介的新进入者如果采取从在位媒介"挖人"的策略，则实际上是后者为前者支付了一定的"培训费"，前者则相当于可以享用降低成本的额外"补贴"。也就是说，媒介的新进入者通过挖人的方式把培养人才的成本转嫁给了在位媒介。另外，目前我国对智力开发费用，或称为劳动力资源的补偿费用，一般不列入成本，而用国家预算拨款中的教育经费弥补，或直接吃掉一部分企业盈利，这样，企业等于无偿使用具有专门技能的人才，比如全国各大媒介每年都可免费从各大中专院校挑选媒介人才。这部分人才的智力开发费用同时转嫁给了国家和每个学生家长。此外，媒介通常还会采用有偿新闻、摊派订阅、强制搭配销售等一些非法的成本转嫁方式。

四 结论

新闻传媒要实现自身的和谐发展，首要的问题是确立和强化新闻的核心价值观。要警惕和防范利润至上的极端媒介消费主义，把新闻传媒作为经营工具，一切以追逐利润最大化、追求成本最小化为目的，一切屈于市场。媒介成本转嫁实质上是从媒介的一次销售到二次销售，再转向 N 次销售的过程。媒介经营在传统上是二次销售，一次销售是媒介的发行经营，二次销售是媒介的广告经营。但现在看来，媒介经营仅仅停留在二次销售阶段是对媒介资源的极大浪费。同时，在媒介经营成本越来越高、经营风险越来越大的新形势下，媒介经营仅仅靠发行和广告已经不行了，二次销售也必须转向"N 次销售"，即媒介经营要引入整合营销的理念，以完整的手段介入市场，进一步延伸媒介产业链，重新打造媒介经营应有的销售宽度，把媒介的人才、资金、管理、品牌、内容、理念等均纳入销售的范围，实现"一次内容，N 次销售"。N 次销售新概念为媒介经营拓宽了思路，是今后媒介经营的新趋势。

因此，我们可以得出结论：媒介成本转嫁现象的出现不仅是必然的，而且是现实的，其转嫁的方式也有利于社会各阶层的和谐，其目的也是尽力实现和谐传媒与和谐社会的共荣共赢。在这里，媒介作为具有公共物品属性的资源，在市场竞争机制中会遇到权利和义务上的困境。从成本转嫁对媒介市场正的影响来看，它有利于降低媒介产品的价格，减轻媒介大众消费者的经济负担，从而更好地发挥媒介公共物品的属性，追求媒介社会总收益的最大化。这样，不但为媒介自身的和谐发展理顺了关系，而且为构建和谐社会关系化解了方方面面的矛盾。从负的影响来看，媒介成本转嫁会造成媒介商品成本承担的不公平性，造成价格信号失真，给媒介市场的发育和运行带来不和谐的局面。这是一个值得继续研究的问题。

2007年我国传媒资本运营回顾与展望*

传媒资本运营，就是将传媒所拥有的可经营性资产，包括和新闻业有关的广告、发行、印刷、信息、出版等产业，也包括传媒所经营的其他产业部分，视为有经营价值的资本，通过价值成本的流动、兼并、重组、参股、控股、交易、转让、租赁等途径进行运作，优化传媒资源配置，扩张传媒资本规模，进行有效经营，以实现最大限度增值目标的一种经营管理方式。与生产经营一样，传媒的资本运营也是传媒经营的一种重要手段。

资本运营是产业发展的必然和高级阶段。随着传媒产业资本的快速增长，资本市场无疑也将是其资本的一个重要归向。我国传媒产业经过初期的积累和增量式发展阶段以后，资本运作的意识已逐步凸显。特别是传媒体制改革的不断深化和传媒产业属性的确立，使得传媒业对资本的渴求空前提高，经营模式向资本运作层面扩展。从生产经营的模式过渡到资本经营的运作模式，已成为我国传媒产业发展的必然。

2007年，在政策环境、经济环境、内生因素等多重因素的共同作用下，传媒的资本运营呈现出活跃状态。从股权交易、买卖国债到委托理财、房地产开发，从借壳上市、买壳上市到直接上市，从分拆上市到整体上市，从产品资本运营、产权资本运营到金融资本运营、无形资本运营，传媒资本运营亮点频现。回顾2007年的历程，对缓缓开启的2008年来说，具有颇多启发。

政策：多措并举　深化文化体制改革

在我国，由于新闻传媒具有特殊的政治属性，因此新闻出版业的发展进程受政策因素的影响很大。在传媒体制改革的30年中，我国的新闻传媒大致经

---

* 发表于《浙江传媒学院学报》2008年第3期。本文第二作者是博士生余建清。

历从依赖政府财政投入,到以广告、发行或经营其他产业为主要收入,再到开始尝试与资本结合这样三个阶段的运营发展道路。而每个发展阶段的背后无不存在政策因素的影响。2007年是《国家"十一五"时期文化发展规划纲要》颁布实施的第二年,在这一年里,中央就深化文化体制改革又陆续推出了许多新的举措,相关政策开始调整、松动,这些对促进包括传媒资本运营在内的新闻传媒业的发展产生了积极影响。

(一)整体上市破冰,拓展传媒融资渠道

一段时期以来,我国文化产业融资渠道窄、数量少、贷款规模小、融资难成为制约文化产业发展壮大的重要瓶颈。这一问题受到了中央高层领导的关注。2007年初,中央主管宣传和意识形态工作的政治局常委李长春同志就北京市的一份文化产业融资难、制约文化产业发展的资料做出批示,要求中宣部开展调研,探讨如何利用深圳创业板引进风险投资,解决文化产业融资问题。专家指出,中央主要领导关注文化产业融资问题,对于推动文化产业发展有重要意义,说明中央主管部门对文化产业开始从以往财税优惠的外推式支持,转向通过解决融资问题进行内生式推动。

在中观层面,中宣部、新闻出版总署等部门加快了推进文化体制改革的步伐,开展相关调研和政策研究,着力推动文化产业(包括媒体)整体改制、上市融资,并鼓励媒体与其他文化产业集团跨媒体发展、跨媒体经营。

2007年10月,中国共产党第十七次全国代表大会胜利召开。在大会上,胡锦涛总书记做了《高举中国特色社会主义伟大旗帜为夺取全面建设小康社会新胜利而奋斗》的报告。报告中提出要"深化文化体制改革",要"在时代的高起点上推动文化内容形式、体制机制、传播手段创新,解放和发展文化生产力",从而实现"文化大发展大繁荣";报告明确提出了"兴起社会主义文化建设新高潮"的战略部署,将"提高文化软实力"提升到国家战略高度,为文化产业的发展绘制了新的蓝图。10月17日,新闻出版总署署长柳斌杰对外表示,国家支持符合条件的新闻出版类企业改制整体上市,"允许任何一家新闻出版传媒集团的整体上市,而不是局限于过去将报纸的采编业务与广告等商业经营剥离开来的做法"。中国已经完全放开地方报纸、出版集团、新闻网

站在国内外上市,整体上市将令传媒企业对投资者更具吸引力。

其实,早在2002年中国证监会颁布的《上市公司行业分类指引》中,"传播与文化产业"已被确定为上市公司的13个基本产业门类之一,这为文化企业上市融资提供了政策依据。但是,以往传媒业主要是通过经营和采编分拆,将经营业务剥离出来单独上市,在这种剥离上市的政策背景下,文化传播类企业虽然已经作为13类上市企业之一,但尚未形成独立的文化产业板块。此外,批准上市的文化传播类公司主营业务主要有发行、广告、印刷和广电传输4类,并不包括内容类,即还没有真正的完全意义上的文化企业。同时,证监会认为剥离上市存在关联交易和同业竞争,对投资者不利。限于政策性规章和制度,传媒产业的分拆上市,实际上导致了产业价值链的被迫割裂,因此,整体上市对文化出版传媒业来说,就具有了异乎寻常的意义。柳斌杰的表态受到业内人士的欢迎,认为这是中国传媒业体制改革进入了一个新阶段的标志。

(二) 加强监管,推进国有文化资产授权经营的模式创新

"国有资产授权经营"是我国国企产权制度改革的重要举措,但是,把这一举措运用到对国有文化资产的管理上还是一个新课题。2003年,国务院正式启动了国有文化资产授权经营的探索,宁波日报报业集团、浙江日报报业集团等报业集团参与其中。经过几年的发展,这一探索取得了一些成果,积累了一些经验。2007年,有关部门继续出台相关措施,在文化体制改革过程中加强对国有文化资产的管理,明确职责,创新国有文化资产授权经营的模式。

2007年,财政部、中宣部、文化部、广电总局、新闻出版总署共同签发《国有文化资产管理工作条例》,其要点是:国有文化资产的监管工作由财政部执行;国有文化资产的重大变动,包括股权变动、产权变动等,要由宣传部门审查把关,也就是要前置性审批;建立国有文化资产经营绩效考核体系,该体系的建构由财政部、宣传部以及其他几个部门在2007年下半年共同完成。

9月,五部委下发了《关于在文化体制改革中加强国有文化资产管理的通知》,其核心内容有三条:第一,国有文化资产的监管工作由财政部门负责,中央一级的归财政部监管,地方一级的由地方财政部门监管。第二,对五个部

委的国有资产管理的界限进行划分，财政部负责资产监管，中宣部负责人事、宣传导向，并就文化体制改革过程中涉及国有文化资产的重大变动，包括股权变动、产权变动等进行重大把关。文化部和广电总局、新闻出版总署，协助财政部门监管各自负责领域的国有文化资产。第三，建立针对国有文化资产主要经营者的考核体系。

另外，中宣部改革办相关负责人还表示，国有资产授权经营，涉及一个媒体集团发展方向的问题，因此，国有文化资产授权经营工作要明确两个原则：第一，必须要明确一个前提——媒体集团，特别是新闻媒体是意识形态性的，而不是单纯的经济集团，这个前提必须在实践中把握住，如果偏离了这个前提，授权经营是没有意义的。第二，要明确媒体搞授权经营的意义在于，具有意识形态属性的文化经营单位也必须在市场经济条件下自我发展和完善。探索国有资产授权经营问题，并不单纯是为了国有资产的增值，主要在于增强我们的文化竞争力和发展活力。

（三）鼓励发展多元混业经营，建立国有大型综合性、支柱性传媒集团

2006年的最后一天，新闻出版总署印发了《新闻出版业"十一五"发展规划》。规划提出，随着信息、网络等技术的高速发展，各种媒体的界限越来越模糊，相互融合的速度越来越快，以高科技为主要手段和特征的现代内容产业的迅速产生和壮大，已经成为不可逆转的社会发展趋势。为此，新闻出版单位将打破传统观念、传统业态和传统体制的束缚，充分利用书、报、刊等传统媒体、音频、视频媒体和各种网络媒体等形式，对新闻出版内容资源进行全方位、深层次的全面开发利用。大力推动内容产业发展，鼓励新闻出版单位以资源、资产、业务为纽带，开展跨媒体经营，支持传媒集团的建设和发展，努力将新闻出版业打造成为多种媒体业态共存，集内容创新、制造、推广、服务为一体的现代内容产业。据了解，《新闻出版业"十一五"发展规划》是继《国家"十一五"时期文化发展规划纲要》发布后，具体指导"十一五"期间我国新闻出版行业发展的纲领性文件。

2007年，李长春同志多次讲话和做出批示，要求深化文化体制改革，加

快发展文化产业。在武汉琴台大剧院，他强调深化文化体制改革，探索文化事业和文化产业发展的新路。在知音传媒集团，他说，文化产业是朝阳产业，在文化产业发展的新阶段，传媒集团要向多媒体经营转变。在新华社的调研报告上，他批示要加大力度培植一批文化产业的支柱性企业和上市公司。

为落实中央领导指示和《新闻出版业"十一五"发展规划》要求，中宣部、新闻出版总署等部门准备实施综合性传媒集团发展计划，以进一步提高我国报业集中度和集约化经营水平，重点培育发展一批实力雄厚、具有较强影响力和竞争力的国有大型跨行业传媒集团，使之成为报业市场的主导力量和文化传媒领域的战略投资者。具体来说，这项计划就是在现有39家试点报业集团基础上，横向发展一批跨地区、跨媒体，立足传媒业，面向大众文化产业的多元混业经营的国有大型综合性传媒集团。

实践：多面出击　资本运营亮点频现

伴随着我国经济的高速发展和人均GDP的增长，我国居民的消费结构发生显著变化，文化产品的需求空间迅速增大。在经济因素和政策环境改善的背景下，传媒业发展壮大的自身需求也迅速膨胀，资本运营手段的运用成为传媒企业的必然选择。2007年，我国传媒的资本运营十分活跃，呈现出许多亮点。

（一）转企上市，破解企业发展的资金瓶颈

2007年3月，在上海市委宣传部的主导下，新华传媒向解放日报报业集团定向增发6亿股份，解放日报报业集团以控股的解放—中润广告公司（拥有该集团除了《新闻晨报》之外各主要媒体的广告经营权）、《申江服务导报》（整体从事业性质转制为企业性质）、《新闻晨刊》（《新闻晨报》所属周刊）、风火轮发行公司（拥有《新闻晚报》发行权）四部分资产注入新华传媒公司，解放日报报业集团成为新华传媒的控股股东，这大大增加了新华传媒的媒体含量，使其从一个发行公司转变为一个媒体公司。解放日报报业集团也实现了借新华传媒之壳上市的目标，成为我国省级党报集团中借壳上市第一家。

3月，中国农机院所属的机电报社被批准整体转企，并于9月27日挂牌

成立了"北京卓众出版有限公司",公司拥有原报刊社1报10刊的出版权和经营权。这次转制是新闻出版总署第一次明确地将主办权、出版权全部授予了北京卓众出版有限公司,使其成为首个集报刊主办、出版和经营于一体的出版企业,成为一个完整的市场主体,实现了真正意义上的整体转制。此外,在这个报刊集团的产品中,科技期刊所占比重达到90%以上,因此,该公司也是科技期刊出版单位整体转制的第一家。

5月30日,由四川新华发行集团和四川日报报业集团等参股的新华文轩在香港上市,它是在港上市的第一家纯书店股。因为概念稀缺,新华文轩刚上市就引来了各方关注。6月30日,新华文轩公布了上市之后首份中期业绩报表,报表显示,2007年前6个月,新华文轩实现净利润1.68亿元,较去年同期1.38亿元增长了21.73%,每股盈利0.21元。

7月30日,广东九州阳光传媒股份有限公司(粤传媒)的IPO申请正式通过中国证监会审核,并于11月16日在深圳证券交易所正式挂牌上市。这是首家正式拿到国家新闻出版总署批文并在境内主板上市的传媒公司,也是首家从三板成功转到主板上市的公司。粤传媒上市当天开盘价即涨至22.00元(发行价格7.49元/股),升跌幅为+193.725%。11月,辽宁出版传媒股份有限公司的IPO申请获批,并于12月21日成功上市。这是首家获得中宣部和新闻出版总署批准申请发行上市的出版企业,同时,最引人注目的还是其编辑业务与经营业务不再分拆而是合并打包整体上市,辽宁出版传媒集团成为中国第一家实现整体上市的出版类企业。

此外,湖北日报传媒集团也明确表示,已开展上市规划。上市公司国药科技发布公告,称拟以定向增发的方式,向湖北日报传媒集团定向发行A股股票,后者以核心传媒资产认购。增发完成后,湖北日报传媒集团将成为国药科技控股股东,公司主营业务也将变更为报刊出版和传媒经营。据集团高层人士称,如果定向增发成功,湖北日报传媒集团准备将除《湖北日报》外的子报、子刊和网站等的编辑和经营业务整体上市。如果交易成功,湖北日报传媒集团就将成为报业中实现整体上市的第一家。

12月19日,中国最大的铁路媒体运营商——华铁传媒宣布,该公司日前获国际著名风险投资商IDGVC正式注资,并已在海外和内地成立独资公司,公司预计在2008年下半年启动上市准备工作。

2007年，中国互联网企业也掀起了在境外上市的热潮，多家企业先后成功上市：7月26日，完美世界在纳斯达克上市；10月9日，金山公司在香港上市；11月1日，巨人网络在纽约上市；11月2日，网龙在香港上市；11月6日，阿里巴巴在香港上市；12月18日，太平洋网络在香港上市。至此，中国互联网上市公司的股价总价值已近700亿美元。

（二）跨业整合，延伸传媒产业链条

跨媒体融合，是传媒集团发展的一个必然趋势。2007年，传媒业跨媒体联盟和战略合作呈现出加强趋势。

2月，解放日报报业集团注资并最终控股新华传媒，使得新华传媒向报业经营业务延伸，使报刊发行与原有的图书、音像发行渠道可以通过业务结构有效整合，产生并购协同效应，借助新华书店、《申江服务导报》等报刊的品牌优势、资本优势进军全国市场，发展成为综合性、拥有完整产业链的传媒经营上市公司。

3月，Google宣布与"中国图书推广计划"达成合作协议，为其提供技术支持。

4月，新浪网和成都传媒集团正式宣布成为战略合作伙伴，以期刊为起点，逐步在新闻内容、市场活动、市场经营等多个领域开展合作。

5月，百度与湖南卫视正式对外宣布，双方将以百度社区为依托，在跨媒体平台内容、产品品牌、互动电视制作等领域开展深层次的战略合作。

6月，东南卫视与台湾高点电视台签署协议，缔结合作同盟。

8月，新浪网与陕西电视台达成战略合作伙伴联盟，这是新媒体与传统媒体优势互补的一次有益尝试。

9月，湖北日报传媒集团获得IPTV频道开办权。此前，已有上海文广集团、央视国际和南方广电传媒等获得IPTV执照，但湖北日报传媒集团是我国首家经国务院广播电视主管机构批准而得到视频媒体开办权的报业集团，因而受到业界的强烈关注。

11月，内蒙古电视台经济生活频道与内蒙古日报社北方新报缔结战略联

盟合作协议。

12月，深圳广电集团与桂林广播电视组建"深桂广播电视合作体"，合办桂林人民广播电台旅游音乐和桂林电视台科教旅游频道。

在跨媒体发展方面，成都传媒集团值得特别关注。成都传媒集团是国内首家也是目前唯一一家在中心城市成立的，涵盖报刊、广播、电视、网络等多种媒体形态的综合传媒集团。2007年3月，《成都商报》全面介入成都电视台33频道（经济综合频道）运营，此举不仅是原报业经营团队运作广电媒体的尝试，更是对报纸、电视、广播、网络跨媒体运营的深度融合。11月，成都传媒集团旗下的老牌上市公司博瑞传播收购北京手中乾坤信息技术公司20%的股权，投资2000万元建立以博瑞眼界户外广告有限公司为主体的LED显示屏项目，成立注册资金为1000万元的全资子公司四川博瑞书坊（连锁）文化有限公司，向手机业务、户外广告、图书市场等领域全面进军。2007年1～6月，集团实现主营业务收入75234万元，同比增长15.32%，其中广告收入59575万元，同比增长20.09%。截至2007年5月，该集团总资产达到近40亿元。目前，成都传媒集团正按照"发展产业链上的项目优先投资、优先整合；既能产品经营又能资本经营的项目优先投资、优先整合；有优秀经营团队的项目优先投资、优先整合"的原则，力图打造一个跨媒体、跨地区发展的大型传媒经营集团，在传统媒体和新兴媒体之间，在媒体业务和其他业务之间寻找发展空间和利润空间。

（三）多元经营，调整企业收益结构

长期以来，我国传媒的收益渠道比较狭窄，发行和广告收入是传媒收入的主要来源。而两者相较，对广告的倚重更加严重，传媒承受着极大的经营风险。广告市场的一点风吹草动，都会引发传媒经营的滔天波澜。2004年上半年，国家宏观调控政策延迟了国内房地产项目的审批和销售活动，房地产广告和汽车广告这两个平面广告的主体行业在北京地区广告投放大幅度萎缩，这直接导致了北青传媒2005年收入急剧下滑。此种背景下，开展多元经营、拓宽传媒收益渠道、调整企业收益结构，成为传媒企业化解经营风险，实现可持续发展的重要途径。

2007年1月，华商传媒董事会决定利用暂时闲置资金申购新股，申购资金总额不超过5亿元，但不参与从二级市场买入股票的投资。10月19日，董事会又批准了"认购新股申购次级收益权理财计划"，同意华商传媒利用自有资金5000万元认购招商银行或其下属分支机构发行的新股申购次级收益权计划，期限不超过105天。据了解，华商传媒自2007年8月以来，利用不超过3亿元的暂时闲置资金申购新股，截至2007年12月18日，已累计获得收益2091万元。"打新股"成为传媒企业盘活闲置资金，实现资本增值的有益选择。

3月，经中国证监会批准，汇添富成长焦点股票型证券投资基金开始募集，首募规模99.99亿元，开始发售后半小时内达到发行上限。成立于2005年2月的汇添富基金管理有限公司，注册资金为1亿元，其中，文汇新民联合报业集团占26.5%。据了解，文汇新民联合报业集团于2000年5月成立了运作资金规模为5000万元的文新投资公司，从事基金运作。目前，参股基金已成为该报业集团的收益来源之一。

7月23日，浙江日报报业集团有限公司通过浙江产权交易所拍卖出让了所持有的一个福建房地产项目75%的股权。此次竞拍使浙报集团公司在该项目上获净利1.84亿元，年资金回报率超过480%，实现了国有资产大幅增值。这次浙报集团福建房地产项目的成功转让，体现出浙报集团较强的资本经营意识和产业经营意识。在一定程度上标志着我国报业集团已经有能力驾驭较大规模的投资项目，并进行资本形态的自主转换，是我国报业集团经营能力大大提升的一个标志性事件。

此外，浙江日报报业集团还通过其下属的新干线投资公司进行股权投资，即积极寻找有意上市的企业，公司作为发起人投资入股，再将其运作上市，此后通过转让股权获利。8月3日和8月29日，公司先后以每股8.3元的价格，受让900万股华泰保险，以每股7元的价格，认购浙江华康药业350万股股份。对于两个拟上市股改项目集团共投入1亿元资金，作为集团中长期战略投资，上市后这两个集团预计都将会有较好的市场表现。浙报集团通过新干线投资公司这一投资窗口，抓住资本市场的机遇，在不同阶段完成了从打新股、买卖国债到委托理财再到房地产项目融资等持续盈利模式的转型。新干线投资公司成立 5 年来，已累计为集团创造效益 1.8 亿元。另据了解，2007 年浙江日报报业集团经营利润达到 3.4 亿元，主要来自资本运作收入，集团主营业务增幅不大。

（四）无形资产经营，实现自身品牌价值

传媒无形资本运营，是指传媒企业对自身所拥有的各类无形资产的使用进行运筹和规划，通过融资、对外投资等活动使其合理流动，实现最大增值的活动。无形资本运营是传媒企业整个经营活动中极其重要的组成部分。

2007 年 4 月，赛迪传媒以其部分股权投资和部分债权等资产，与关联方赛迪集团受让取得的"中国计算机报"注册商标进行置换，置入"中国计算机报"注册商标，资产价值高达 1.025 亿元。

未来：展望 2008　热潮中保持冷头脑

从国际惯例来看，大的传媒集团发展壮大一般都是依赖资本运营"以钱赚钱"的方式，达到企业在短时间内的快速扩张，从而实现跨越式发展的。在我国，真正要成为实力雄厚的传媒集团，成为行业的旗舰，仅靠自我积累的手段是难以奏效的，必须走一条资本运作、规模扩张、快速发展的路子。这就是过去一年传媒资本运营活跃、频繁的重要原因。展望 2008 年，传媒业将会迎来更好的发展机遇期。

首先，北京奥运会给整个传媒行业业绩增长注入了强劲动力，尤其使数字电视、广告、移动媒体受益匪浅。据估计，奥运会的举办将促使媒体广告收入增长率在 2008 年达到 29%，明显高于 2001～2006 年 24% 的媒体年复合平均增长率。2008 年全国有线数字电视用户有望超过 4000 万，因奥运会带动的付费电视会带动整体 ARPU 值（每用户平均收入）持续提升。预计未来 3 年，中国有线电视行业的收入将保持 25% 以上的增长。

其次，国民经济的高速发展与消费结构升级，拉动了居民在文化娱乐产业上的消费。根据国际经验数据，在人均 GDP 突破 3000 美元时，居民将加大文化娱乐产品的消费。基于此，招商证券研究指出，我国在 2006 年人均 GDP 已

突破 2000 美元，预计在 2009 年人均 GDP 将突破 3000 美元，传媒类公司将充分受益于消费升级。

最后，数字化进程加速、产业升级、政策支持将促使传媒业成为注资、重组及并购的多发地带，而传媒业上市活动频繁，又使传媒板块的市场权重和联动性大幅提高。专家预测，传媒产业总产值将会呈现高速增长态势。据了解，我国近几年传媒产业总产值保持每年 10% ~15% 的速度增长，2008 年后将继续保持这一增速。传媒上市公司的业绩 2007 年以来也呈现高速增长，研究显示，传媒行业上市公司 2007 年中期净利润增长 106.8%，有分析师预计 2008 年总的增速有望达到 40%。

在这样的背景之下，传媒产业的资本运营在 2008 年将会更加活跃，特别是传媒资本市场的运营可能会出现新的气象，上市融资将会呈现出新的亮点。但是，对于传媒经营和管理者来说，越是在这种传媒发展的机遇期，越是要保持一颗清醒的头脑，居安思危，冷静地分析机遇背后可能存在的风险与挑战。

第一，对于整体上市，传媒一定要冷静看待。新闻出版总署署长柳斌杰关于整体上市的表态一公布，立即有评论认为这标志着"中国传媒业的体制改革由此进入一个全新阶段。这不仅对新闻传媒业本身是一大利好，对保障公民的表达权、媒体的舆论监督权乃至发育中国的民主政治，都将是一个大大的利好"。有消息透露，很多地方的新闻报业、出版发行集团都递交了上市的方案，未来会有十多家公司在这一轮进程中先后上市。有舆论也认为，目前关于传媒整体上市的政策性壁垒正在松动。但是，这一说法尚未得到确认，而 2007 年 11 月粤传媒上市时其招股说明书中，也在多个显眼的位置强调了其采编业务不能注入上市公司的政策性规定。

实际上，2002 年证监会的《上市公司行业分类指引》中，已将"传播与文化产业"确定为 13 个基本产业门类之一，为传媒和文化企业上市融资提供了政策依据，但没有具体的实施措施。而传媒企业无论是否将编辑业务打包上市，其上市方案均需通过行业主管单位、宣传部门和新闻出版总署三方的"前置性审批"，然后才能进入一般上市公司的审核程序。基于此，在上市问题上，新政策出台前，应该还是会走"成熟一家上市一家"的个案推进道路。

第二，对资本市场运作的目的要有清醒认识。一般而言，上市融资最大的动因是根据市场需求，选好了投资项目，但缺少足够的投资能力，于是通过上市募集资金，解决瓶颈性问题，获得足够的财力，保障和加快发展。而我国一些传媒集团的资本市场运营目标是很盲目的，千方百计追求上市、实现上市，一旦上市成功募集巨额资金，却苦于没有足够或者相应的投资空间和项目，陷入茫然之中，令人担忧。有"报业海外第一股"美称的北青传媒在香港上市后，迅速融到10多亿资金，但没有找到好的投资项目，处于尴尬的地位，其股票市值一度跌得很厉害。这表明，在当年设计上市时，对需求和投资方向的论证明显不足，或者融资后市场发生了重大的变化，未能及时有效地调整产品和市场战略，或者调整又未到位，这是十分严峻的问题。

第三，企业上市并非融资这一单一目的，也绝不是简单的"圈钱"、解决资金问题。上市更重要的意义在于它给传媒体制改革提供了一个市场化的平台。传媒企业作为上市公司意味着已经不再是行政事业单位，而是转变成了企业，必须按照传媒市场和资本市场的要求和规律从事经营活动。市场对上市公司业绩快速、持续增长的期待，经营状况和财务的公开，资金的使用和投向等都会给企业带来极大的压力。因此，传媒资本运营的关键，就在于理顺产权关系，建立现代企业制度，推进资源配置、经营模式、管理模式、人才培养模式等机制体制方面的创新。

因此，对于上市，传媒企业不要追风而上，不要炒作，先要把基础打好。此外，上市并非是传媒资本运营的唯一模式，在条件不成熟时，可以向市场前景好的其他相关产业投资，搞多元经营以及跨业整合，延伸产业链条，增强竞争能力。

我国报纸发行 30 年的
历史变革与发展趋势[*]

如果把报社比作一只展翅高飞的大鹏的话,那么采编就是它的躯干,而广告和发行则是它的两翼。一般认为,对报纸来说,发行具有以下三个意义:第一,实现报纸的传播功能;第二,度量报纸的传播功能;第三,获得报纸的销售收入。[①] 报纸发行的状况如何,不仅关系到报纸传播功能的实现,更影响到报业经济的发展。

改革开放 30 年来,经济市场化、经济全球化和传播技术网络化重塑了我国传媒的媒介生态,媒介的功能和角色都发生了重大变迁。作为这种变迁的缩影,我国的报纸发行在发行渠道、理念、机制、营销策略等方面经历了巨大变革。检视和反思这个变革过程,梳理其发展脉络,展望其发展趋向,对于进一步推进我国报业经济的发展,是非常有意义的。

历史:四种变革

改革开放的 30 年是我国经济社会取得巨大发展的 30 年,也是我国传媒产业发展变化的 30 年。随着我国传媒产业市场化、产业化程度越来越高,作为报业经营过程中重要环节的报纸发行也经历了巨大的变革。

第一,渠道之变。

报纸发行渠道,也称报纸分销渠道,是指在报纸发行过程中所涉及的一系列相互联系、相互依存的组织和个人,形成系统性的网络化分销通路,使报纸

---

[*] 发表于《中国报业》2009 年第 1 期,中国人民大学报刊复印资料《新闻与传播》2009 年第 5 期全文转刊。本文第二作者是博士生余建清。
[①] 唐绪军:《报业经济与报业经营》,新华出版社,2003,第 322 页。

能够有效地从报社转移到读者手中。

改革开放初期,我国报纸发行沿袭了20世纪50年代形成的"邮发合一"模式,实行"报社负责编辑印刷,邮局负责国内外发行"的制度。这一模式的主要特点是邮局独家垄断发行业务。由于报业之间没有竞争,各报社也没有独立的经济核算,因此"邮发合一"和垄断经营的管理体制,能够满足当时的报纸发行需要。但是随着改革开放的深入、计划经济向市场经济转型,特别是报业的长足发展,"邮发合一"的垄断经营模式的弊端逐渐暴露。1985年,《洛阳日报》率先实行自办发行,开创了报纸发行工作的新局面。据不完全统计,到2002年为止,在全国近2000种报纸中有700多家实行了自办发行,占1/3。

现在,我国报纸发行渠道除了邮发、自发外,还有报刊社零售发行、街道办事处发行、特许经营方式发行、公司化发行等,昔日邮政发行一统天下的局面不复存在,多渠道发行成为发展趋势。

第二,机制之变。

报纸发行的机制变革主要体现在报纸发行部门机制的变革上。随着报业竞争的加剧,报纸发行在报业经营中的重要性日益凸显,报纸发行部门逐渐从报社的附属部门、行政部门上升为独立的市场主体,成为报社的战略决策和运营的中枢机构。

报纸发行的机制变革主要经历了三个阶段[①]:一是行政体制下的发行部模式。发行部是报社的一个行政部门,带有强烈的行政管理色彩,在一个报业集团往往有几个发行部,相互竞争,浪费资源。二是承包体制下的发行中心模式。针对分散的发行部模式的不足,将同一集团内的几个发行部整合为一个发行中心,与各报社签订目标责任书,统一完成发行任务。发行中心模式虽然具有整合资源、减少内耗、降低成本等优势,但发行中心还附属于集团,没有独立的市场主体地位,难以保障报纸发行的可持续发展。三是市场体制下的公司化模式。这种模式按照"产权清晰、权责明确、政企分开、管理科学"的现代企业制度建立发行公司,报社控股,实行自主经营、自负盈亏。一些进行了比较彻底的公司化改制的发行公司取得了市场的领先地位,为集团创造了良好

---

① 吴锋:《报刊发行创新从改变"语法"开始》,《中国报业》2007年第10期。

的经济效益和社会效益，充分体现了发行公司的优越性。

第三，经营之变。

报纸发行的经营活动是指充分利用报纸发行的渠道和人力资源优势，开发报纸发行渠道的客户资源、网络资源和品牌资源，延伸产业链条，进而为报业创造社会效益和经济效益的活动。从20世纪70年代末期实行改革开放到现在，报纸发行的经营之变大致可分为以下几个阶段。

第一阶段的显著特点是，报纸发行处于报业经营管理中的附属地位，报纸发行是"耗利运营"。由于报业的市场化程度不高，报纸发行部门还是报社的行政部门，报纸发行主要依靠党委政府的红头文件和行政命令，邮局独家垄断经营，报纸发行部门还不能为报社直接带来经济效益，发行经营等同于消耗投入。

第二阶段是20世纪80年代中期以后，开创了自办发行、多渠道发行的报纸发行格局，很多报纸都建立了自己的发行网络。这一时期的报纸发行经营主要是"经营报纸"或者"卖报纸"，也就是把报纸当作商品，在激烈的市场竞争环境中，运用推销手段，采取"敲门发行"的策略，通过"洗楼战术"与"人海战术"来迅速占领市场，以完成报社下达的发行指标。

第三阶段是"经营读者"阶段，就是充分利用现有发行渠道，整合客户资源、网络资源和品牌资源，积极拓展产业链，向物流配送、产品开发、广告收集、家政服务、信息加工等领域广泛渗透，在满足读者多种需求的同时，为报业创造效益，以达到开发渠道运营能力的目的。从报业的实践来看，"经营读者"的方式主要有：代理外地报刊，开展旧报回收、投递DM广告、代理分类广告、送票送牛奶等业务，近年还出现了读者数据库经营和电子商务经营等新形式。

第四，理念之变。

发行理念就是报纸发行工作得以开展的指导思想。改革开放以来，我国报纸发行理念的嬗变大致经历了三个阶段。

第一阶段是从改革开放初期到20世纪80年代中期，指导报纸发行工作的是"派发"理念，其显著特点是在卖方市场条件下产生的生产者（报社）本位的行政行为。这一时期报纸处在卖方市场，报社生产什么样的报纸，读者就读什么样的报纸；报社不关心读者的需要，读者也没有选择权。这一时期报业还没有实行市场化，报纸发行主要通过行政手段进行派发，生产经费也由行政划拨，因此，报社根本不用考虑促进报纸发行。

第二阶段是报纸发行的"推销"理念阶段。20世纪80年代中期创立自办发行以后，报业经营者逐渐意识到我国报业市场正经历从卖方市场向买方市场的转型。由于报纸种类的增长，市场上逐渐出现了报纸供过于求的局面；同时，并不是报纸进入市场便有销路，便被读者所接受。报业经营者要在发行渠道和发行方式上做文章，才能达到报纸销量增加的目的。在这一阶段，以都市报为代表的市场化程度较高的报纸创立了"敲门发行学"，把报纸当作一般商品"上门宣传、上门推荐、上门促销、上门征订、上门送报"，迅速占领市场并赢得良好的经营效果。

报纸发行的推销理念，是把报纸当作商品通过各种促销方法让读者接受，并未考虑读者的感受，也没有根据读者的需要来进行生产。它还导致报社之间采取低价策略，恶化报业市场竞争环境，不能真正促进报业的可持续发展。

第三阶段是近几年兴起的"营销"理念阶段，其显著特征是包括报纸的生产、发行在内的经营过程都要以消费者需求为导向。这需要报社经营者的观念彻底完成从卖方市场到买方市场的转变，抛弃生产者本位、产品本位的观念，在读者参与的情况下设计报纸产品，要求报纸的生产者不断保持与读者的接触，使目标读者成为产品生产中的重要一员。

在此基础上，报纸的发行工作就有了营销策划的平台，报纸营销不能简单地停留在产品销售上，而应提升到品牌营销与形象营销的层面上来。与之相对应，报业发行人员也需要树立读者第一的理念、市场导向的理念和服务理念。

现实：三个方向

综观改革开放30多年我国报纸发行的嬗变，我们可以发现我国报纸发行主要是朝着市场化、社会化、产业化三个方向变化和发展。

第一，市场化。

报纸发行的市场化，是指随着报业市场化程度加深、报业之间竞争加剧，报纸发行不再是报社内部的行政管理行为，而是采取市场竞争方式运作，以谋求社会效益和经济效益的市场行为。

报纸发行的市场化，首先体现在报纸发行方式的市场化，即报纸发行从依靠行政手段派发到市场营销手段的运用上。改革开放初期，我国报纸主要依靠行政机关抓发行。在具体工作中，一是找领导，由行政主管部门出面召开发行会，然后再下发红头文件规定各级各地的发行指标；二是找关系，靠感情抓发行，利用朋友感情、哥们感情搞订阅，请吃、请喝、请玩，发行任务拜托给老朋友、老关系，或者靠交易发行，把报纸发行与发稿挂钩，订阅量大的单位就多发稿，反之就少发或者不发稿。随着计划经济向市场经济的转型，报业自身的发展，卖方市场向买方市场的转型，靠行政命令和红头文件的方式搞发行已经越来越不能满足报业自身发展的需要，于是报纸开始实行自办发行，上门推销，运用"敲门发行"和"扫楼战术"扩大市场占有率。近年来，市场营销的观念又逐渐为报纸发行人所采纳，报社在经营报纸的同时也开始经营读者，在卖报纸的同时也开始经营自身的品牌和服务。

报纸发行的市场化，还体现为报纸发行机制的市场化，报纸发行部门从报社的附属部门逐步转变为独立的市场主体，成为报业运营中枢。改革开放以来，报纸发行部门从报社的发行部到集团的发行中心再到发行公司的演进过程，是其市场化程度越来越高的外在体现。从内部管理来看，发行公司纷纷采用科学的管理方法，引入竞争机制和激励机制，进行人事制度改革和分配制度改革，从根本上解决发行部门产权不清、责任不明、运作无序、被动懒散的状况，强化了发行人员的责任意识、成本意识、效益意识，为报业的进一步发展注入了强大动力。

第二，社会化。

报纸发行的社会化，是指依靠社会力量而并非仅仅依靠业内力量来抓报纸发行。主要体现在以下几方面。

（1）社内发行与社外发行。社内发行主要是发行部模式，此时的报纸发行主要是发行部工作人员的事情。随着报业市场竞争的加剧，报纸发行逐步成为报业经营的关键环节，发行中心或者发行公司开始招募大量的社外人员（主要是城市下岗职工和农村进城务工人员），铺建发行网络，充实发行力量，参与报纸征订、配送等环节，报纸发行工作逐渐从报社内部走向报社外部。

（2）自主发行与委托发行。改革开放初期，报纸发行采用邮发模式，20世纪80年代中期以后，许多报纸开始组建自己的发行网络，实行自办发行。应该说报社采用自办发行，其实质是增强了报社的自主权。但是，报社自己铺设发行网络存在重复建设、各自为政、浪费严重、成本较高、利润微薄等缺陷，同时也不能解决本报在外埠发行的问题。因此，在自发的同时，也委托其他发行网络发行。自发与邮发相结合、多渠道发行到目前为止还是大多数报纸的发行模式。

（3）业内发行与业外发行。业内发行是指依靠报业内部资本组建发行网络进行报纸发行，业外发行是吸收报业外部资本（社会资本、民间资本）参与报纸发行。改革开放初期主要是业内发行，随着市场经济体制的逐步确立，国家对传媒管理政策的逐步放开，业外资本也参与到报纸发行中来。主要有两种形式：一是业外资本直接组建发行公司，二是利用资本运营的方式参股上市公司参与报纸发行。

（4）境内资本参与发行与境外资本参与发行。在潜在的巨大利润和较小的政策风险的作用下，报纸发行市场成为中国传媒产业链中最具投资价值的部分之一，这成为吸引境外资本的重要因素。从2003年5月1日起，我国允许外国投资者在中国市场从事图书、报纸和期刊的零售业务，2004年12月，我国报刊发行批发环节放开，2006年外资可以来华开办各种层级的发行企业，可以申请获得总发行权。这标志着中国图书报刊分销渠道已正式并将全面向世贸组织成员开放，也标志着中国媒体市场下游领域开启对外开放的大门。

第三，产业化。

报纸发行的产业化主要是指报纸发行渠道的产业化，也就是说报业依托报纸发行所建立的发行网络，在经营范围上的综合化，在服务对象上的社会化，在投资来源上的多元化，以及以此为基础的组织形式和经济运作方式的相对独立化。[①]

报纸发行的产业化，从产业链来看，意味着报纸发行不再是单一的"卖报纸"的传统业务模式，而是充分利用并开发报纸发行渠道的客户资源、网

---

① 宋建武：《试论我国报纸发行的产业化趋势》，《新闻战线》2000年第1期。

络资源和品牌资源,形成报纸发行—信息营销—物流配送的产业链,形成信息流、物流服务的新型业务模式。从赢利模式来看,意味着报纸发行不再是过去"卖报挣钱"的传统微利行业,而是通过拓展延伸信息流、物流服务,形成庞大的、稳定的客户群,以及互联互动、互相依存的密切的客户关系,建立起发行—信息—配送立体式、循环式的赢利模式。从就业模式来看,意味着作为典型的劳动密集型、劳动服务型产业,报纸发行具有广泛安置就业人员的产业特征,特别是具有广泛吸纳下岗失业人员再就业的独特的就业模式。从综合效益来看,作为报业的有机组成部分,报纸发行产业的发展有助于报业做大做强;作为文化产业的服务平台,有助于繁荣文化产业;而在产业化运作中形成的服务品牌和管理模式又是宝贵的无形资产,可用以探索品牌运作、跨地区运作和资本运作的经营模式和发展道路。①

未来:一条路径

应该说,在将来的很长一段时间里,我国的报纸发行将继续沿着市场化、社会化和产业化的方向发展,而最终影响我国报纸发行市场化水平、社会化水平和产业化水平的,则是报纸发行渠道的发展状况。因为,从本质来看,报纸发行渠道是联系生产者(报社)和消费者(读者)的通道,发挥着沟通与联系终端消费者的纽带作用,从这个意义来看,谁控制了渠道、控制了联系终端消费者的纽带,谁就可能控制消费者,在市场上赢得主动。基于此,业界才会产生"渠道为王""得渠道者得天下"的认识;也正是基于此,各报社才不惜花费重金,冒着重复建设、浪费资源的风险,铺建自己的发行网络。

从发行渠道来看,目前国内的报纸发行主要依靠邮政发行网络和报社的自办发行网络。这两条主渠道都各自存在缺陷,很难适应报纸发行的市场化、社会化和产业化要求。

首先,邮政发行的缺陷主要包括:市场运作机制不灵活,对市场变化缺乏

---

① 刘涵:《得渠道者得天下——关于报纸开放发行渠道开放的思考》,《中国报业》2003年第6期。

有效的应急机制；邮政系统网络从上到下层级太多，管理松散，执行力弱；邮政系统从业人员长期端着"铁饭碗"，没有引入竞争机制，造成工作态度懈怠、服务态度差等问题。尽管近年来邮政系统也进行了革新，提高报纸发行的时效，改善服务质量等，但是由于其特殊地位和性质，很难从根本上解决自身缺陷，满足报业发展需要。

其次，报社自办发行网络过于分散，低水平重复建设严重，网络利用率不高，过分强调自给自足，发行网络之间相互独立、互相竞争，无法吸引到足以盈利的发行业务，而只能成为报社的附庸性服务部门。尽管也有独立的增值服务，但代理发行的报刊产品和物流配送产品偏少，对于支撑起这样庞大的发行网络来说，可谓杯水车薪，改变不了现实的窘境。

由此，笔者认为，未来一段时期内，我国报纸发行的发展重点就是解决发行渠道的整合问题，也就是说，目前报纸发行网络已经很多，接下来要做的就是整合这些网络，使之成为相互联结的整体，以提高发行渠道的整体运营能力，满足报业进一步发展的需要。这就要求业界既要进一步破除报纸发行渠道垄断式的发行观，更要破除自办自发、自给自足的小生产型发行观，树立按照市场规律和产业发展要求建立社会化、专业化、标准化等符合产业发展标准的新观念。为此，有必要引入物流理念，推行报纸发行代理制度，构建起以"第三方物流"为基本特征的现代化报纸发行体系。

第三方物流又叫合同制物流，是物流服务企业接受客户委托，为其提供专项或全面的物流系统设计以及系统运营的物流服务模式。企业为减少成本，提高效率，集中精力搞好主业，把原本属于自己管理的物流活动，以合同方式委托给专业的第三方物流服务企业，通过信息系统与物流服务企业保持联系，对物流活动进行管理和控制。从运作内容看，第三方物流不仅包括仓储、运输和EDI（电子数据交换）、信息交换，也包括订货与自动补货、选择运输工具、包装与贴标签、产品组配等。第三方物流具有关系契约化、服务个性化、功能专业化、管理系统化、信息网络化的特点。

报纸发行的第三方物流，是指介于报社和读者之间的独立的物流企业，为报社和读者提供包括报纸征订、配送、信息沟通等服务，实现报纸产品从报社印刷厂到读者手中的流动的物流服务模式。

报纸发行的第三方物流，是报纸发行真正意义上的市场化。随着中国发行领域的逐步开放，境内外资本开始介入报纸发行市场，市场竞争机制被引入报纸发行领域，发行网络的健全程度、服务质量的好坏、成本的高低成为发行代理公司在竞争中能否取胜的关键。现有的发行公司、社会发行力量以及邮政发行网络都可以通过平等的市场竞争参与报纸发行业务。

报纸发行的第三方物流，是报纸发行真正意义上的社会化。从事报纸发行的第三方物流企业，其显著特征是不隶属于任何一家报社，是独立运营的，其实质是报纸发行代理制。发行代理公司是独立的企业法人和市场竞争主体，拥有一套完备的管理制度和健全的发行网络，只要和报社签订合同，就可承担征订、投递业务，也可承担零售发行业务。

报纸发行的第三方物流，能最终真正实现报纸发行的产业化。第三方物流形成了报纸发行的社会化网络，彻底改变了报纸与发行之间的关系：发行不再是报纸的附庸，它和报纸之间是共生关系；从事报纸发行的第三方企业也不再是报社的附庸，它们之间是基于契约的合作关系。第三方物流企业必须以追求利润为目标，必须最大限度地开发渠道的运营能力，开展多种经营业务，实现报纸发行的产业化运营。

需要说明的是，邮政发行的模式其实也是报纸发行的代理制和第三方模式，但邮政企业集公共事业和经营性业务于一身的官商机制，使得依靠邮政系统建立的报纸发行第三方物流网难以真正参与市场竞争，不能满足报业发展需要。而我们这里强调的第三方物流应主要按照市场规律，通过竞争的方式形成。

从目前国内的实践来看，部分发行公司已经引入了物流理念，利用自身的发行渠道开发了日常用品配送、文化服务、信息服务等多种物流业务，一定程度上提高了报纸发行渠道的运营能力。但是，通过市场竞争形成的独立运作的报纸发行第三方物流还没有出现，这也就成为今后努力的方向。这一过程是对现有的发行网络（邮政发行、自办发行以及其他发行网络）的一个挑战，只有在这一过程中成功实现了转型的发行企业，才能在未来的报纸发行市场中分得一杯羹。

中国传媒产业间的广告资源竞争：
基于生态位理论的实证分析*

一 引言

自改革开放中国传媒历经 30 多年的发展，已从传统的新闻事业逐步演化为具有重要意义的产业，传媒经济成为国民经济的重要组成部分。广告在我国传媒产业经营中一直居于主导地位，营业收入占传媒总收入 60% 以上，甚至高达 80%~90%（周茂君，2001）。1979 年初《天津日报》、上海电视台等率先刊播广告，标志着传媒产业经营正式起步。此后我国传媒产业经营高速发展。以 1979 年和 2007 年的 GDP 和广告营业额为例，此间广告营业额的增长倍数是 GDP 的 285 倍。可见作为中国传媒产业核心的广告经营放大了 GDP 增长速度，反映出中国传媒产业 30 多年的巨变（吴信训、高洪波，2008）。

当传媒愈来愈依靠广告收入而生存和发展，一个值得关注的问题是：传媒对于广告资源的获取和利用呈现出何种景象？根据经典的"相对常数原理"（Principle of Relative Consistency）（罗伯特，2005），一个国家或社会的广告费用总支出相对于国民生产总值而言乃是定值，即广告资源是相对有限的，或者说是稀缺的。在实践层面，不同的传媒（不论是在产业还是组织层面）却在竞争广告这种至关重要且稀缺的资源以维持生存与获得发展。深入分析改革开放 30 多年来传媒的广告资源利用情形，将为检视我国传媒发展提供一个独特且重要的视角。

将广告视为传媒赖以生存和发展的关键资源，考察传媒对此种资源的利用，可从经典经济学的观点，亦可从种群生态学（Population Ecology）理论来

---

* 发表于《新闻与传播研究》2009 年第 5 期。本文第二作者是武汉大学新闻与传播学院讲师张明新。

透视（Carrol，1987；Hannan &Freeman，1977）。在经济学视野中，产业组织的市场结构决定其竞争形态，后者又决定组织的各种策略行为，包括对广告资源的竞争行为；而以种群生态学来考察，所有物种依赖有限的环境资源存活，物种的演变与发展往往可通过其与环境间的互动关系，尤其是其对环境的适应性而得到解释。此前不少研究已揭示出广告、内容和受众是传媒最为倚重的环境资源，尤以广告资源为重（李秀珠等，2002；张意曼与陈柏宏，2003；Dimmick，2003；Dimmick & Rothenbuhler，1984a；Dimmick & Rothenbuhler，1984b；Li，2001；Ramirez, et al.，2008）。本研究拟在产业（即种群）层次考察传媒对广告资源的利用情形，透视我国报纸、电视、广播、杂志和网络五大传媒产业的竞争态势及其变迁轨迹。

二　传媒竞争的生态学视野及生态位理论范式

生态学（Ecology）被认为是"自然的经济学"（Worster，1994）。尽管经济学家和生态学家所关注的对象千差万别，但他们都关注生物体对资源的利用和竞争等问题，这两者在经济学和生态学领域，都是根本性的学术议题。在 *Media Competition and Coexistence：The Theory of the Niche* 一书中，知名传媒学者 John Dimmick 将"竞争"界定为"生态相似性"（Ecological Similarity），或者说"传媒组织或产业使用的资源的相同或相似程度"（Dimmick，2003）。因资源是有限的，当不同的传媒组织或产业存在生态相似性时，竞争便不可避免地出现。在种群生态学和组织生态学研究者看来，"竞争"有如下特点：(1) 只要存在一种资源利用的重叠，竞争即已存在，而不论各竞争者是否已意识到；(2) 竞争不是面对面而是间接的，即利用了相同或类似的环境资源；(3) 竞争并非完全来自组织的理性决策，也不一定有竞标或协商等计划过程（Carrol，1987；Hannan & Freeman，1989）。

种群生态学和组织生态学运用"生态位"（Ecological Niche）的概念具体描述一个种群组织和其他所有组织存在竞争的特定资源空间。生态位（又译为"利基"）作为理论和应用生态学的核心概念，是近几十年来生态学研究的热点。围绕着这一概念，生态学者发展出大量对生物界、自然界甚至对人类社会竞争、共存、发展和演化现象予以解释的相关概念和理论。在概念层面，生态位准确描述某一生物单位（个体/种群或物种）所需的各种生存条件。换言之，生态位是一个生物单位生存条件的总集合体，或者说是生物单位对环境适应性的总和（尚玉昌，蔡晓明，1992：283）。

生态位理论最为重要的相关概念包括生态位宽度、生态位重叠度和生态位竞争优势。"生态位宽度"（Niche Breadth）是生态位特征的最重要指标之一，指任何一个生物单位在环境的现有资源谱（Resource Spectrum）上综合利用资源的能力、利用资源的多样化程度和竞争水平，它表达了生物单位在多大范围内与其竞争对手争夺资源（李振基等，2002：144）。"生态位重叠度"（Niche Overlap）是对两个（或两个以上）物种/组织生态位相似性的量度，表征两者对一种资源的共同利用程度。生态位重叠度高意味着竞争更为激烈（Hurlbert，1978）。从生态位宽度和生态位重叠度的实证测量中，只能看出环境提供给生态元的资源数量、满足的相似性和竞争程度，却不能比较出两个或多个生态元的竞争态势孰优孰劣，"生态位竞争优势"（Niche Competitive Advantage）弥补了此一缺陷（Dimmick，2003）。将上述概念运用于传媒对广告资源利用的研究，有助于认识传媒利用广告资源的广度、竞争广告资源的强度及相互地位。由于广告资源对传媒生存和发展至关重要，此种思路对于考察我国传媒产业发展的历史进程极有助益。

生态位理论范式在 20 世纪 80 年代起开始为传媒学者所注意，被用来分析传媒的市场竞争景象，尤其是新媒介兴起和扩散对传统媒介的影响（Dimmick & Rothenbuhler，1984a；Dimmick & Rothenbuhler，1984b；Li，2001；Ramirez，et al.，2008）。因为新媒介进入市场后往往引起环境资源的再分配甚至重新洗牌，有可能蚕食原有媒介种群的资源，产生"竞争排斥"（Competitive Exclusion）或"竞争替代"（Competitive Displacement）现象。Dimmick 及其合作者关于传媒广告资源竞争的研究发现，电视在 20 世纪 50 年代登上历史舞台时，影响到广播对广告资源的使用状况，广播将全国性广告这种资源让给电视，而增加地方性广告以作为生存资源，其直接表征是广播生态位宽度的显著减小（Dimmick & Rothenbuhler，1984b）。此外，两种传媒的生态位重叠度过高，将使得两种媒体无法共存，促使两者去调整广告资源的使用模式（Dimmick & Rothenbuhler，1984a）。Dimmick 还曾与其合作者分析美国有线电视迅速崛起后对无线电视广告资源利用的影响，发现20世纪80年代的广播已是广告资源的"特化"或"窄用型"传媒（Specialist Medium）（Dimmick，Patterson & Albarran，1992）。除了在广告资源维度，Dimmick、Albarran、Dobos等美国学者及李秀珠、彭玉贤、张意曼、郭贞等台湾学者曾以生态位理论分别在产业和组织层次探讨传媒在受众（主要是受众心理）和新闻内容维度的竞争景象。

此类研究表明，将生态位理论范式运用于传媒竞争、演进等领域的研究，是一种极为有益的思路，拥有广阔的理论生长空间及对传媒实践的指导意义。循此路径，本研究通过对我国五种传媒产业，即报纸、电视、广播、杂志和网络在广告资源维度对上述3个生态位概念的实证分析，揭示我国传媒产业竞争与演化的历史进程。本文的研究问题是：

RQ1：各传媒产业的广告资源生态位宽度（即在竞争局势中对广告资源的利用广度）分别为何？各传媒产业广告资源生态位宽度的历史变迁为何？

RQ2：五种传媒产业对广告资源竞争的强度（以生态位重叠度为表征）具体如何？随着时间推移，此种竞争的强度发生了何种改变？

RQ3：哪种或哪几种传媒产业在广告资源维度更具生态位竞争优势？随着时间推移，上述竞争优势发生了何种变化？

三 研究方法

本研究在产业层次分析我国五种传媒产业对广告资源的利用模式，问题是，到底应如何理解"广告资源"的类别？对此问题有多种答案，如将广告资源以行业来源、地域来源、广告主类别等维度加以划分，并在某一维度下考察不同传媒产业对该维度广告资源类型利用的多样化程度。Dimmick及其合作者的研究，将报纸广告划分为全国性广告、地方性广告和分类广告3种，将电视广告分为全国性广告、地方性广告和定点式广告3种。我们认为此种划分相对粗略，不利于深入考察。本文拟从广告收入的行业来源探索传媒广告资源生态位，理由在于：（1）五大传媒产业的确在竞争不同行业来源的广告费用，且是一种典型的零和游戏；（2）不同行业来源的广告资源可反映不同传媒的特征；（3）数据的获取相对可行。

由于缺乏长时段统计数据，本研究仅得到1999～2006年各传媒产业的广告收入行业来源资料（此前资料太过粗糙而此后的尚不可得）。其中，网络媒体仅有2004～2006年数据。① 数据取自《中国工商行政管理年鉴》（2000；2003～2007）和《中国广告年鉴》（2001；2002）。8年间两种年鉴对传媒产业广告收入的行业划分有变化。1999～2003年，两个年鉴未涉及信息产业、金融保险、招生招聘、农贸、服务业的广告收入数据；2003年后将上述行业增列进去了。由于它们是5种相对新兴的行业，本文将其界定为"新兴产业"，且假定在1999～2003年各传媒产业"新兴产业"的广告收入比例按等差数列增长。

本研究需测量的概念有3个：生态位宽度、生态位重叠度和生态位竞争优势。尽管在生态学领域对上述概念的测量有着多种方法，但在传媒研究领域，被广泛运用同时也颇受认可（如 Dimmick, Patterson & Albarran, 1992; Dimmick, 2003）的方法如注释2中的三个公式所示。② 其中第一个公式中 B 为 Levins 生态位宽度，p_j 为某传媒产业使用资源状态 j（如药品广告）占其所

---

① 《中国工商行政管理年鉴》仅从2004年起才开始将互联网作为一个传媒产业纳入统计范畴。2004年之前的数据，尽管从艾瑞咨询集团等机构的调查报告亦可得到（一直到2000年），但由于《中国工商行政管理年鉴》和艾瑞咨询等机构在统计广告数据时候所采纳的标准差别甚大，尤其是艾瑞咨询集团"网络广告"的范畴比《中国工商行政管理年鉴》的定义宽泛得多，如2006年"网络广告市场规模"，按照艾瑞咨询的统计是60.5亿元，而在《中国工商行政管理年鉴》中仅有18.7亿元。有鉴于此，本文对网络传媒产业广告数据的采用，仅限于2004～2006年，以确保数据采用标准的一致性。

② 生态位宽度 B 计算公式：$B = 1/(p_1^2 + p_2^2 + \cdots + p_n^2)$；生态位重叠度 O_{ij} 的计算公式：$O_{ij} = (p_{i,1} - p_{j,1})^2 + (p_{i,2} - p_{j,2})^2 + \cdots + (p_{i,n} - p_{j,n})^2$；生态位竞争优势的计算公式：$a_{AB} = \dfrac{T_B}{T_A} \left[\dfrac{\sum_{K=1}^{K} (f_{AK}/f_K)(f_{BK}/f_K)}{\sum_{K=1}^{K} (f_{AK}/f_K)^2} \right]$。上述3个生态位测量公式，已为 Dimmick 以及李秀珠等东西方知名传播学者在大量已公开发表的研究文献（如 Dimmick & Rothenbuhler, 1984a; Dimmick & Rothenbuhler, 1984b; Li, 2001; Dimmick, Patterson & Albarran, 1992; Dimmick, 2003; Ramirez, et al., 2008）中反复使用，亦得到众多学科领域研究者的广泛认可。

使用资源总量（广告总额）的比例，$j=1, 2\cdots\cdots n$，n 为资源总类数。$1 \leq B \leq n$。当 $p_j = 1/n$，即使用每种资源的比例相等时，B 达到最大值 n；当仅利用某一种资源而未利用其余资源维度，B 等于最小值 1。

生态位重叠度公式中 i、j 分别代表两个物种（产业），h 代表一物种所使用的某一资源种类（如食品广告），p 代表一物种所用该资源占其所用资源总量的比例，O_{ij} 代表产业 i 所使用的资源 h 之比例减去产业 j 所使用的资源 h 之百分比的平方和，即生态位重叠度。$0 \leq O_{ij} \leq 1$。由于生态位重叠表达的是两个物种的生态相似性，故当所得的值愈小，表明两个产业的生态相似性愈高（即生态位重叠大），即竞争愈激烈。

生态位竞争优势测量公式中 a_{AB} 代表以种群／产业 A 的资源使用为基准，种群／产业 B 优于 A 的生态位竞争优势值；T_A 或 T_B 代表在特定时点上，A 或 B 对总资源（本研究中的广告）的绝对使用量；f_{AK} 或 f_{BK} 代表 A 或 B 对第 k 种资源（如药品广告）的绝对使用量，f_K 代表两个种群／产业对第 k 种资源的总使用量（$f_K = f_{AK} + f_{BK}$）。

将"广告资源"划分为特定的类别（在本研究中共 13 种，分别是：药品、食品、化妆品、医疗器械、医疗服务、家用电器、烟草、酒类、房地产、服装服饰、汽车、新兴产业、其他），计算各种广告资源对每种传媒产业广告总收入的贡献比例，进一步求得每种传媒产业的生态位宽度 B 值和每两种传媒产业的生态位重叠度 O 值。生态位竞争优势 a 值，则需将每两种传媒产业广告总收入以及每一具体类别的广告收入分别加总后再行计算。①

四 研究发现

RQ1：各传媒产业的广告资源生态位宽度（即在竞争局势中对广告资源的利用广度）分别为何？各传媒产业广告资源生态位宽度的历史变迁为何？

1999 年报纸产业广告总收入 1123256 万元，到 2006 年达 3125894 万元。

---

① 本研究所有数据采用 SPSS for Windows 11.0 版处理。凡对本研究的原始数据以及详细分析资料感兴趣的读者，可向本文作者索取。

1999年报纸产业广告收入主要的行业来源是房地产、家用电器、药品，分别占16.02%、13.93%、10.65%。此后各年，除房地产行业维持着接近20%的份额，其他行业的地位均在下降；但例外是2004年"新兴产业"为报纸广告贡献了9.51%，到2006年上升为12.99%。表1第二行是1999～2006年报纸产业广告收入行业来源的生态位宽度。在取值区间为［1，13］的前提下，1999年报纸广告收入行业来源的生态位宽度为7.19，2006年已上升为8.05。在2000～2004年有一定下降。8年间报纸生态位宽度均值为7.49，低于电视和广播。

1999年电视广告总收入1561496万元，后逐年上升，2006年达4040249万元。1999年电视广告收入的主要行业是食品、药品、化妆品和酒类，此后酒类行业的地位不断降低，到2006年仅为3.29%；药品行业地位上升，2006年时占18.95%。此外，医疗服务行业和汽车行业地位上升。"其他"行业1999年份额为26.16%，到2006年仅为17.54%。电视广告行业来源的生态位宽度，如表1第三行，1999年为6.83，此后一直上升，在2003年达到最大值10.41后有所降低，及至2006年回落为8.64。与报纸相比，电视广告收入行业来源的生态位宽度大，但比广播稍低。

1999年广播产业的广告总收入125243万元，此后逐年上涨，2006年为571858万元，约为1999年的4倍多。1999年广播广告收入主要来自药品和食品行业，分别占15.02%和12.83%，家用电器9.55%。此后家用电器行业的地位式微，到2006年仅占5.61%，取而代之的是医疗服务行业。1999年广播产业广告收入行业来源的生态位宽度值为8.10，此后几年稍有下降，在2003年回落到8.08，及至2006年已大幅度上升为9.23，达到最大值。显然，广播是我国最典型的广告资源"宽用型"（Generalist Medium）传媒，从整体上看它拥有着最大的广告收入行业来源生态位宽度（均值为8.47）。

杂志在1999年广告总收入89232万元（为当年广播广告的71.25%），到2006年达241033万元（为当年广播的42.15%）。1999年，药品、化妆品和家用电器是为杂志贡献较大的3个行业，合计为25%。"其他"行业为1999年杂志贡献着45.57%的广告收入，但到2003年已降至23.33%，此时药品行业已急剧上升为23.4%，而房地产行业也增至11.85%。2004年后，"其他"行业地位进一步下降，"新兴产业"成为杂志广告的新贵。所有这些反映在生态位宽度值上，是杂志广告收入行业来源生态位宽度的急遽上涨，从1999年的4.13增大到2004年的9.58；此后回落，至2006年时降为7.62。如果说在1999年杂志是广告资源的"窄用型"传媒（Specialist Medium），那么在2006年它已是广告资源的"宽用型"媒体。

表1　五种传媒产业广告收入行业来源的生态位宽度（1999~2006年）

	1999年	2000年	2001年	2002年	2003年	2004年	2005年	2006年	均值
报纸	7.19	7.65	7.53	7.36	7.14	7.01	7.97	8.05	7.49
电视	6.83	7.42	7.32	10.13	10.41	8.06	8.12	8.64	8.37
广播	8.10	8.05	8.33	8.22	8.63	8.41	8.76	9.23	8.47
杂志	4.13	4.72	3.76	5.17	6.96	9.58	8.98	7.62	6.37
网络	—	—	—	—	—	3.06	7.53	5.46	5.35

注：此处生态位宽度的取值区间为：$1 \leq B \leq 13$，B值愈大表明该传媒产业的广告来源生态位愈宽。

网络传媒产业广告收入可得的数据仅有3年，即2004~2006年。2004年网络广告总收入76378万元，为杂志的37.50%；2006年187441万元，为当年杂志的77.77%。可见两者差距在缩小。3年来网络广告收入的结构发生着急剧变化。2004年"其他"行业占53.24%，药品行业14.39%；而2005年最重要的广告来源行业已是食品和化妆品行业，分别占19.70%和17.04%。富有戏剧性的是，一年后的2006年"新兴产业"已成为网络广告收入的最关键产业，占34.90%；汽车和房地产行业异军突起，合计占1/4。网络广告收入行业来源的生态位宽度值，从2004年的3.06剧增至2005年的7.53，2006年又降为5.46。可见，网络媒体尚未找到适合自身的广告收入来源模式，反映在生态位宽度上是B值的摇摆幅度如此之大。

将五种传媒广告收入行业来源的生态位宽度值综合如图1。可见报纸、电视和广播3种传媒广告收入行业来源的生态位宽度较为稳定，一直居于7.0~9.0之间；但总的趋向是，3种传媒皆在积极发掘和拓宽广告收入的行业来源，表现为生态位宽度值的稳步增大。杂志稍有不同，它原是一种广告资源维度上的"窄用型"传媒，此后逐渐演变为广告资源的"宽用型"媒体，近年来其广告收入行业来源的生态位宽度一度超过电视、报纸和广播。至于网络媒体，

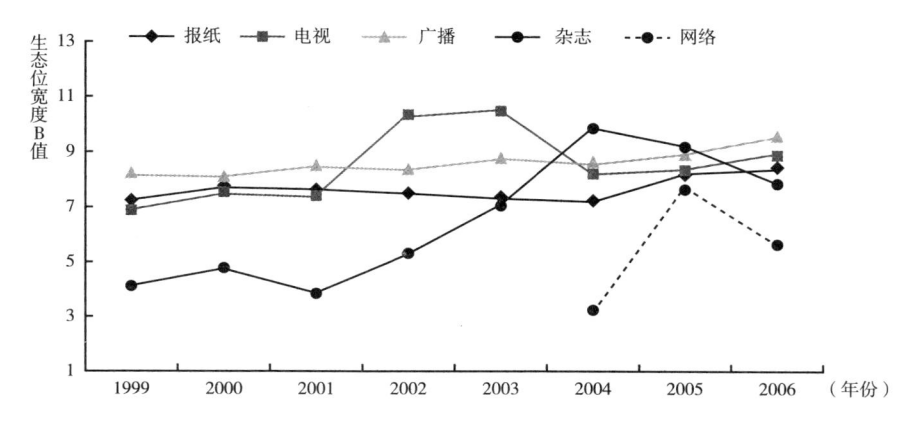

图 1　五种传媒产业广告收入行业来源生态位宽度的变迁

其广告收入行业来源的构成模式尚不稳定，同时生态位宽度值在五种传媒产业中最低。

RQ2：五种传媒产业对广告资源竞争的强度（以生态位重叠度为表征）具体如何？随着时间推移，此种竞争的强度发生了何种改变？

五种传媒在广告收入行业来源维度上竞争的强度如表 2 所示。该表显示每两种传媒的广告资源竞争景象。前已述及，生态位重叠度的值愈小，表明两个产业的生态相似性愈高，竞争愈激烈。图 2、图 3 是对表 2 数据的直观表达。

表 2　五种传媒产业广告收入行业来源的生态位重叠度（1999～2006 年）

	1999 年	2000 年	2001 年	2002 年	2003 年	2004 年	2005 年	2006 年	均值
报纸/电视	0.038	0.026	0.028	0.043	0.050	0.035	0.041	0.041	0.038
报纸/广播	0.019	0.019	0.012	0.028	0.037	0.019	0.026	0.021	0.023
报纸/杂志	0.059	0.043	0.073	0.042	0.033	0.018	0.010	0.039	0.040
报纸/网络	—	—	—	—	—	0.086	0.061	0.085	0.077
电视/广播	0.011	0.014	0.013	0.025	0.018	0.019	0.020	0.016	0.017
电视/杂志	0.060	0.054	0.083	0.096	0.041	0.016	0.019	0.064	0.054
电视/网络	—	—	—	—	—	0.141	0.024	0.126	0.097
广播/杂志	0.063	0.040	0.085	0.040	0.022	0.006	0.010	0.040	0.038
广播/网络	—	—	—	—	—	0.119	0.038	0.100	0.086
杂志/网络	—	—	—	—	—	0.137	0.035	0.021	0.064

注：$0 \leq O \leq 1$，O 值愈小表明两种传媒产业在广告收入行业来源上的竞争愈激烈。

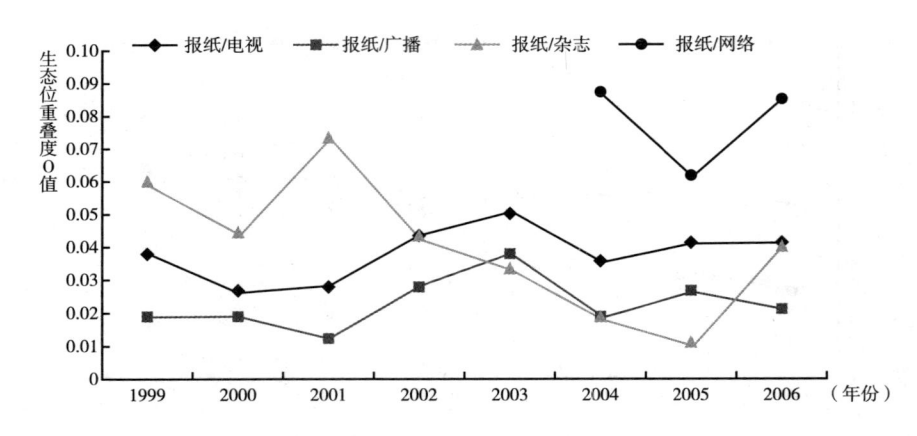

图2 报纸与其他四种传媒产业广告资源竞争强度的变迁

由于生态位重叠度的值和竞争的强度成反比,故在图2中,愈是靠近零点(或X时间轴)表明竞争愈激烈。显然,报纸与其余四种传媒的竞争,以和广播的竞争最为激烈;报纸与电视和杂志的竞争,8年中分别有相对激烈和缓和的阶段。与网络的竞争,则远不如和其余三种传媒的竞争强度之大。参照表2,报纸与广播竞争的强度约是其与电视竞争强度的两倍,而报纸与电视竞争的强度又是其与网络竞争强度的两倍左右。至于报纸与杂志的竞争,2001年前相对缓和,低于与电视的竞争强度;2002年后竞争强度大大增加,逼近甚至超过报纸与广播的竞争。整体上看报纸与其他传媒的广告资源竞争强度在逐渐增大。

图3显示8年来电视与广播在广告收入行业来源的生态位重叠度最大,即竞争最为激烈。其次是与报纸的竞争,强度约是与广播竞争强度的一半。杂志与电视的竞争在2002年前相对缓和,但在2003年后渐趋激烈,甚至超过电视与报纸的竞争强度。电视与网络在广告资源上的竞争相对不稳定,仅在2005年时颇为激烈,强度和电视与其他三种传媒的竞争类似,但其余两年相对缓和。图3显示整体上电视与其他传媒产业的广告资源竞争有所增强。

相对而言,广播与杂志对广告资源竞争的强度,和电视与杂志的竞争强度相仿,但其间亦有起伏。至于网络和杂志及网络和广播的竞争强度,远不如与其他传媒的竞争。然而,整体趋势是网络与其他四种传媒的竞争强度愈来愈大。如网络与杂志的生态位重叠度,2004年时为0.137,仅为当年电视与报纸竞争强度的1/4,但2005和2006年,网络与杂志的生态位重叠度达到0.035

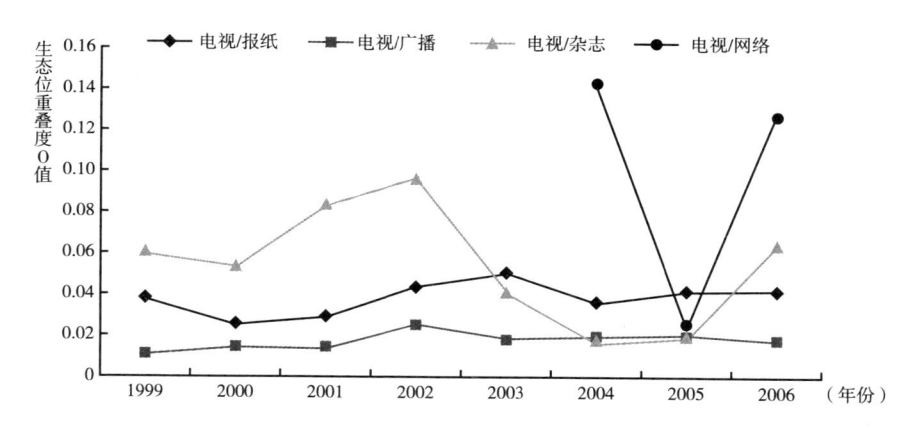

图3 电视与其他四种传媒产业广告资源竞争强度的变迁

和0.021,已超过这两年电视与报纸的竞争强度。

RQ3:哪种或哪几种传媒产业在广告资源维度更具生态位竞争优势?随着时间推移,上述竞争优势发生了何种变化?

表3是五种传媒在广告收入行业来源维度的生态位竞争优势,该表中所有 a 值的计算以报纸为基准。先看第二行。1999~2006年电视始终比报纸在广告收入行业来源更具竞争优势,整体上电视对报纸在广告收入行业来源的生态位竞争处于一个数量级水平且旗鼓相当,但电视稍强。第三行是广播对报纸的竞争优势。广播对报纸的广告收入行业来源生态位竞争优势一直在0.013~0.034之间。可以认为,1999年广播的广告生态位竞争优势相当于报纸的1.53%;但它并不是广告总收入绝对数量的比较(1999年广播广告为报纸的11.15%),而是综合考虑到多种因素,如广告收入在各个行业来源上的综合权衡,以及每个广告收入行业在每种传媒广告总收入中的比重。第四行是杂志对报纸的生态位竞争优势。显然,杂志对报纸的广告收入行业来源生态位竞争优势要低于广播对报纸,严格来说前者仅相当于后者的约1/2~1/4。最后看网络对报纸的生态位竞争优势。网络比杂志更不具广告收入行业来源的竞争优势,比杂志要低一个数量级。图4直观显示8年来广播和杂志对报纸广告收入行业来源生态位竞争优势的变迁及3年中网络传媒对报纸生态位竞争优势的变化。显然,广播的生态位竞争优势在不断增大,杂志整体变化不大,网络对报纸的广告资源生态位竞争优势在迅速上升。

表3　五种传媒产业广告收入行业来源的生态位竞争优势（1999～2006年）

	1999年	2000年	2001年	2002年	2003年	2004年	2005年	2006年	均值
电视 vs. 报纸	1.2870	1.0600	1.0420	1.5550	1.1150	1.4590	1.6200	1.4610	1.3249
广播 vs. 报纸	0.0153	0.0126	0.0147	0.0181	0.0169	0.0255	0.0270	0.0340	0.0205
杂志 vs. 报纸	0.0061	0.0057	0.0052	0.0074	0.0130	0.0115	0.0122	0.0070	0.0085
网络 vs. 报纸	—	—	—	—	—	0.0007	0.0010	0.0029	0.0015

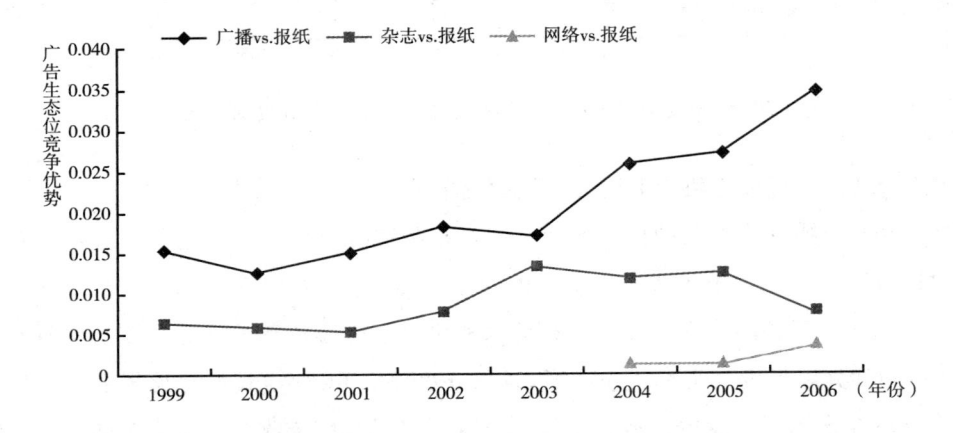

图4　三种传媒对报纸广告收入行业来源的生态位竞争优势变迁

综合以上结论，电视和报纸最具有广告资源行业来源维度的生态位竞争优势，两者旗鼓相当，其次是广播，再次是杂志，最后为网络；从电视和报纸到后三种传媒产业，依次呈现为一个数量级的逐步递减。随着时间推移，这种格局并未发生实质性变化。然而，广播和网络对报纸的广告收入行业来源生态位竞争优势在成倍上升。

五　结论与讨论

生态主义观是当今理解人类社会现象一种普遍性的有益思路和逻辑。以生态学的理论和方法研究当代传媒问题，被西方传播学者认为是所有社会科学研究方法中最为行之有效的一种（邵培仁，2008：1）。然而，当前我国的传媒生态学领域，有待展开真正的传媒生态学本土化实证研究。"生态位理论为探寻传媒产业间竞争现象提供了有益的途径。我不是要用它来替换经典的经济学理论，而是要以它来研究传统经济学理论无法解释传媒竞争现象的那些问题。"（Dimmick，2003）将生态位理论范式运用于传媒研究，不仅在组织（个体）层次，还可在产业（种群）有助于理解传媒的竞争、发展、演化及其相互作用（如传媒组织数量变迁、传媒组织行为和绩效）的过程与机制。

将广告视为传媒生存与发展所倚重的核心资源，本研究通过对1999～2006年我国报纸、电视、广播、杂志和网络五种传媒产业在广告收入行业来源维度生态位的实证分析，透视此间五大传媒产业发展与竞争的历史进程与演进轨迹，对各传媒产业的未来发展做出预测。本文的经验分析表明，此间五大传媒产业的竞争与发展呈现出以下特点。

其一，各传媒产业对广告资源行业来源的利用模式不同，各传媒产业皆拥有其赖以生存和发展的关键性广告收入来源行业。1999～2006年前半期，除杂志外，报纸、电视和广播对来自各行业的广告资源利用范围较大；后半期，四种传媒对来自各行业的广告资源利用宽度皆在扩大。尤其是，当环境资源发生改变时，如"新兴产业"广告出现后，四种传媒皆积极利用了此种广告资源，表现为生态位宽度 B 值的增大。作为一种新兴的传媒产业，网络直至2004～2006年尚未找到较好的广告资源利用模式，生态位宽度值摇摆不定。这表明网络这种新兴传媒产业尚处于适应广告资源环境的探索期。

其二，不同的传媒产业之间广告资源竞争强度悬殊，电视与广播、报纸与广播的竞争最为激烈，网络与四种传统媒体广告资源竞争的强度最弱；随着时间推移，各传媒产业对广告资源的竞争愈来愈激烈。以报纸为例，它与各传媒产业的广告资源竞争强度是变动着的，尤以杂志与其竞争强度的变化最大。一方面，各传媒产业的广告资源利用有着相对稳定的模式，反映着各传媒产业的特征，如报纸广告主要来自房地产、药品、医疗服务行业，电视广告主要来自药品、食品、化妆品，广播广告主要来自药品、食品、医疗服务，杂志广告主要来自药品、食品和房地产行业，而网络尚未形成稳定的广告资源利用模式。另一方面，竞争在逐渐趋向激烈（图2、图3），除网络外，每两种传媒产业之间广告资源的竞争强度皆在增大。

其三，在广告资源维度上，生态位竞争优势从高到低依次为电视与报纸、广播、杂志和网络,其间落差极大;随着时间推移,该格局未发生实质性变化。然而,报纸的生存环境在逐渐恶化。电视对报纸的广告资源竞争优势,8年间缓慢上升;广播对报纸的生态位竞争优势在不断增大,杂志整体上变化不大,网络对报纸的广告资源生态位竞争优势则在成倍上升。整体上看,本研究的结论对于报纸而言并非是一个好消息,需要报纸产业在广告资源行业来源维度做出相应调整以应对此种不利局面。

当今各传媒产业高度依赖广告资源生存,而"相对常数原理"揭示出广告资源相对有限(或稀缺)的必然事实,透过本研究的结论便有助于考察我国 1999~2006 年来各传媒产业发展的历史轨迹:一方面,各传媒产业皆在努力拓宽其广告资源的行业来源,而非朝向广告资源窄化利用的方向发展;另一方面,各传媒产业对广告资源的竞争愈来愈激烈;此外,报纸的生存环境愈来愈恶劣。至于五大传媒产业的未来变动格局,以本文结论看,最可能的趋势将是沿着上述变迁轨迹继续演化。

本研究作为将生态位理论范式在我国五大传媒产业间广告资源竞争和发展过程的实证运用,为理解我国传媒产业的演进提供了一种独特视角。本文结论可为后续研究所检验,亦可为后续研究提供考察更长历史时段我国传媒产业竞争与发展的实证数据。遗憾的是,由于统计数据相对缺乏,本研究仅得以考察 1999~2006 年 8 年来我国五种传媒产业对广告资源竞争的情景;无疑,对更长时段数据的分析将有助于揭示不同传媒产业分割广告资源的历史景象。可以预料,若干年之后对本论题的重复研究,将可能弥补此一缺憾。传媒竞争是一个多层面的复杂现象和过程(Dimmick,2003),本研究仅在产业层次关注广告收入这一种资源维度,并不足以揭示传媒竞争现象的丰富实践,未来研究可在其他分析层次,如传媒组织层次、传媒亚种群层次及其他重要资源维度,如受众、传媒内容(如李秀珠等,2002)等就传媒竞争议题展开进一步探索。

参考文献

[1] 李振基、陈小麟、郑海雷、连玉武编《生态学》,科学出版社,2002。

［2］李秀珠、彭玉贤、蔡佳如：《新传播科技对台湾新闻媒体之影响：从新闻内容之区位谈起》，《新闻学研究》（台湾）2002 年总第 72 期。

［3］罗伯特·G. 皮卡德著《媒介经济学：概念与问题》，赵丽颖译，中国人民大学出版社，2005。

［4］尚玉昌、蔡晓明编《普通生态学》，北京大学出版社，1992，第 283 页。

［5］邵培仁：《媒介生态学：媒介作为绿色生态的研究》，中国传媒大学出版社，2008。

［6］吴信训、高洪波：《从广告数据看中国传媒产业 30 年》，《新闻与传播研究》2008 年第 6 期。

［7］张意曼、陈柏宏：《从区位理论的观点探讨电子报与传统报纸在内容上的异同：以中时报系之电子报与报纸为例》，《传播与管理研究》（台湾）2003 年第 2 卷第 2 期。

［8］中国工商行政管理年鉴编辑部：《中国工商行政管理年鉴》（2000 年，2003 年，2004 年，2005 年，2006 年，2007 年），中国工商出版社，2000～2007 年（不含 2001、2002 年），第 488、590～591、839～841、630～631、682～683、723～724 页。

［9］中国广告年鉴编辑部：《中国广告年鉴》（2001 年，2002 年），新华出版社，2001～2002 年，第 24～25、18～19 页。

［10］周茂君：《我国传媒产业经营政策及其影响》，《武汉大学学报》（人文科学版）2001 年第 54 卷第 2 期。

［11］Carrol G. R., *Publish and Perish: The Organizational Ecology of Newspaper Industries* (Greenwich, Connecticut: JAL Press, Inc, 1987).

［12］Dimmick, J. W., *Media Competition and Coexistence: The Theory of the Niche* (Lawrence Erlbaum Associates, Inc., Publishers: Mahwah, NJ., 2003).

［13］Dimmick, J. W. & Rothenbuhler, E. W., "The Theory of the Niche: Quantifying Competition among Media Industries," *Journal of Communication* 34 (1984a): 103 – 119.

［14］Dimmick, J. W. & Rothenbuhler, E. W., "Competitive Displacement in the Communication Industries: New Media in Old Environments," in R. Rice, eds., *The New Media: Communication, Research, and Technology* (Beverly Hills: Sage Publications, 1984b), pp. 287 – 304.

［15］Dimmick, J. W., Patterson, S. & Albarran, A., "Competition between the Cable and Broadcast Industries: A Niche Analysis," *Journal of Media Economics* 5 (1992): 13 – 29.

［16］Hannan, M. T. & Freeman, J., "Population Ecology of Organizations," *American Journal of Sociology* 82 (1997): 929 – 964.

［17］Hannan, M. T. & Freeman, J., *Organizational Ecology* (Cambridge, MA: Harvard University Press, 1989).

［18］Worster, D., *Nature's Economy: A History of Ecological Ideas* (2nd ed.) (New York:

Cambridge University Press, 1994).

[19] Li. S. C. S. , "New Media and Market Competition: A Niche Analysis of Television News, Electronic News, and Newspaper News in Taiwan," *Journal of Broadcasting & Electronic Media* 45 (2001): 259–276.

[20] Hurlbert, S. H. , "The Measurement of Niche Overlap and Some Relatives," *Ecology* 59 (1978): 66–77.

[21] Ramirez, A. J. , Dimmick, J. , Feaster, J. , & Lin, S. F. , "Revisiting Interpersonal Media Competition: The Gratification Niches of Instant Messaging, E-Mail and the Telephone," *Communication Research* 35 (2008): 529–547.

传媒联动的竞合价值与趋向探析[*]

合作竞争又称"竞合",在媒介融合的背景下,传媒之间相互合作、实现共赢成为当前传媒发展的趋势。传媒联动虽然多表现为外部的业务合作即对于同一新闻资源的共享性操作,但是在竞合的意义上,则通过对不同边界的跨越,开启了传媒合作竞争的历程,并且随着合作范围的扩大,传媒联动实际上为后来的传媒联盟、股权式的深入合作积累了丰富的经验。本文拟在前人对传媒联动运作形态研究的基础上,全面探讨传媒联动对不同边界的跨越以及这种跨越的动因、问题及其趋势,从而凸显出传媒联动对于竞合的价值。

一 传媒联动的跨越式合作

无论是传媒整合还是传媒联动,从资源开发利用来说,都是为了使资源进一步增值。对于新闻信息资源来说,增值大体上有两种方式:一是以"产品链"模式使新闻资源增值;二是以"共享"模式使新闻资源获得增值。[①]"共享"模式的增值可以在传媒集团化的层面上操作,也可以在不同集团甚至不同媒介之间实现。如一些重大新闻报道活动中的"媒介联动"现象就是不同媒介对同一新闻资源的共享性操作,这种操作实现的增值不是以"产品链"的递进式加工整合而成的,而是以同一时间内多样化产品平铺式的加工整合完成的。比如,《北京青年报》在韩日世界杯足球赛期间与31国权威媒体交换稿件,第一时间采用全球重要体育评论和报道,就是一种稿件资源的增值,因为这种操作模式使这些新闻稿件的读者群得到了扩展,稿件的阅读率

---

* 发表于《南昌大学学报》(人文社会科学版) 2010 年 3 月第 41 卷第 2 期。本文第一作者是博士生、南昌大学讲师黄晓军。
① 蔡雯:《新闻报道策划与新闻资源开发》,中国人民大学出版社,2004,第 40 页。

得到了提高。

传媒联动又称媒体联动，业界又称为新闻联动，指在一定时间内媒体个体之间为同一主题相互协作共同报道的活动。有研究者还称之为跨媒体的联动性传播，是不同介质的媒体采取联合行动，共同推出某一方面的新闻报道。[①] 需要说明的是，传媒联动是不同媒体的联合行动，在这里，主要是指不同传媒集团的媒体之间的联合行动，隶属同一传媒集团的媒体的协同与合作，属于传媒整合。传媒联动是发生在不同集团不同的传媒之间，传媒的不同可体现为介质的不同、地域的不同、级别的不同。因此，联动分别表现为跨介质、跨地域、跨级别。

1. 跨介质联动

由于同一地域相同介质的媒体处于同一市场，具有一定的竞争性，因此，同一地域内的媒体之间合作往往发生在不同介质的媒体之间。如广州地区，《南方日报》《广州日报》《羊城晚报》三分天下，彼此各为竞争对手，他们之间很难展开合作传播。在香港回归期间，中央人民广播电台理论部和《经济日报》联合举办《再说基本法》的60集大型专题广播，并同时举办"其士杯"香港基本法有奖竞答活动。[②] 同一地域不同介质媒体之间的新闻联动合作传播效果是很明显的，能够形成强大的舆论合力，为媒体和宣传管理部门所重视。当前值得注意的现象是网络媒体与传统媒体的自发联动。这种联动多是由于所报道事件的争议性和特别的新闻价值，引起网络媒体与传统媒体不由自主地介入而形成。通常的情形是网络媒体为传统媒体进行了议程设置，引起不同地域的媒体以及不同介质的媒体的高度关注，从而形成大面积的广泛的联动。

2. 跨地域联动

从2001年10月1日起，包括武汉在内的全国十大城市的新闻单位开始联动，全面关注黄金周的旅游投诉情况。[③] 这种跨地域的媒体合作是媒体合作传

---

① 董天策：《媒体竞争与媒体合作笔谈》，《西南民族学院学报》（哲学社会科学版）2001年第2期。
② 李正荣：《关于跨世纪广播发展战略的思考》，《中国广播电视学刊》1998年第5期。
③ 金计：《十城市新闻热线联动受理黄金周旅游投诉》，《楚天都市报》2001年9月29日。

播的一种主要的形式。不同地域间媒体的新闻联动，既可以发生在相同介质的媒体之间，又可发生在不同介质的媒体之间。从 1999 年开始，羊城晚报社新闻采编中心与中央电视台《焦点访谈》《新闻调查》《社会经纬》等栏目提出新闻联动。2000 年后羊城晚报社要闻部又与湖南卫视新闻中心《今日谈》《今日报道》等栏目进行新闻联动。① 这种联动实际上是对参与联动的媒体现有资源的进一步开发利用，在规模上还是局部性的，而且联动过程基本上是单向性的，缺乏真正的双向互动。

3. 跨级别联动

从新闻体制看，我国媒体新闻宣传是按照各自的行政区域分级传播的，于是媒体中就有了中央媒体、省级媒体、市县媒体的区分。从扩大媒体社会影响、增强宣传力度和广度出发，对于上级新闻媒体发表的批评报道，有关地区的新闻媒体应及时予以转载。同时，媒体对于同级行政机关的舆论监督职能一般难以发挥，下级媒体在批评报道上遇到阻力时可以和上级媒体联合起来，进行配合宣传，以形成强大的舆论声势。

以上三种跨越形式，是媒体间自发组织进行的合作传播。也有由宣传主管部门组织的新闻联动，一般是同一地域的所有媒体参与的新闻联动，是由当地党委和宣传主管部门出面实施的强制行为。在对重大问题、突发性事件和敏感问题的宣传和报道中，要由宣传部门来统一部署采访和统一宣传口径，进行正确的舆论引导。实际上，联动方式可以不局限于以上分类，在网络迅猛发展的态势下，上述很多因素可以合在一起形成联动，比如不同介质、不同地域的，又是由主管单位统一协调的。如 2004 年 7 月底，由国家广播电视总局和中央人民广播电台主办、全国 31 家省级电视台协办的 "2004 金号奖全国听众喜爱的歌手" 决赛阶段的评选是一个很好的例子，经过专家评委两轮的评选，40 名选手进入最后的决赛，决赛完全以 "新浪网" 娱乐频道上网友投票的结果来决定最终的获胜者。② 需要指出的是，传媒联动已经触及传媒不满足仅仅内生性发展，而是寻求打破介质的和行政的壁垒外向发展，

---

① 孟颖、张向东：《报纸与电视的新闻联动》，《新闻战线》2000 年第 6 期。
② 涂晓路：《与新媒介联动 与听众互动——论广播创新的思路》，《声屏世界》2005 年第 6 期。

为后来传媒的跨媒体、跨地域，乃至跨行业发展开了先河，这意味着传媒从对抗性竞争转向合作竞争。

二 传媒联动的动因与问题

传媒联动的动因和问题，与传媒联动的优势和弊端密切相关。因为传媒联动存在的优势，才产生传媒联动的动因，也因为其弊端，才有一些问题值得注意。早在20世纪90年代末，研究者注意到广播与电视共操作、电视与报纸同策划，甚至在重大题材上广播、电视、报纸一起参与的多媒体合作形式被越来越频繁地运用到新闻宣传实践中来。① 那么，原因在哪里呢？

1. 不同介质的媒体优势互补，不同地域媒体联合行动，无论是同质，还是不同质，可以吸引注意力资源，形成在新闻报道方面和节目传播方面的规模效应

传媒联动多在不同介质的媒体进行，这是因为同质媒体竞争性强，合作性差，催动异质媒体联动的加强与升级。而传统媒体报纸、广播、电视多年来三足鼎立，各有自己的传播优势和特点，谁也代替不了谁，并且从受众角度来讲，传媒是兼容的，同一个受众，可能是既看报纸，是读者，又看电视，是观众，也听广播，是听众。在对不同介质的媒体既有市场份额瓜分的默契和认同的前提下，异质媒体间互补性强，合作空间大，潜力大，合作诚意多，利益冲突小，于是诱发媒体联动的产生。在网络加入传媒后，这种利用媒体不同介质的特点，增强新闻报道的规模集中度，就尤为突出。于是，广播转播报纸上的评论员文章，电视上可见有报天天读，报纸上可见来自电视的新闻调查的长篇叙述，同一则报道可在报纸上报道，而在报社的网站上，则实时滚动报道这一事件的最新进展。

至于不同地域之间，即使是同一介质的媒体，互相呼应，联合行动，受众覆盖面空前扩大，大大提升了媒体自身的竞争力和影响力。如山西电视台从2001年起，连续3年与全国十几个电视台合作，联合制作播出元旦戏曲晚会，

---

① 吴生华：《媒体合作时代的到来》，《声屏世界》1999年第4期。

取得了很大的成功，收视人数扩大几十倍。2004年，为了弘扬和拯救流传于山西、内蒙古、陕西和河北四省的民间传统艺术形式"二人台"，四省联动，推出"二人台"艺术电视大赛。他们还组织"二人台"艺术专场在全国政协礼堂演出，并通过央视一套、三套和四省的卫视频道在全国播出，在社会上引起强烈反响，并得到中央宣传部和电视观众的好评。[①]

2. 在传媒市场的压力下，媒体需要借助联动，巩固地位或淘汰弱者

一种情况是弱弱联合，特别是在小媒体应对大媒体的竞争中，小媒体之间的联动就更显出巨大的联合优势。如山西电视台与其他省市电视台联合举办元旦戏曲晚会，如果单靠自己的力量无论哪个省的电视台都无法在投资规模与覆盖人口上与中央电视台抗衡，但十几个省市电视台联合起来，则十几个省市电视台的经济力量和覆盖优势再加上省级台在本省区的地域传播优势，在综合竞争实力上就形成了可以与中央电视台抗衡的条件，实现了十几个省市电视台的互利和共赢。另一种情况是强强联合。在重大事件的报道中，电视以其形声兼具、现场直播的强大优势，形成了咄咄逼人的竞争优势，而在它的阴影之下，广播电台和报纸独家传媒难以与电视竞争，在这种情况下，广播和报纸，或者它们分别与网络联合形成足以与电视相抗衡的态势，从而获得新的媒体平衡。强强媒体联动实际上是对既有市场份额的默契和认同，这种默契与认同不仅是对竞争中处于劣势的媒体的一种警告与威胁，对于那些看好媒介这个大市场的新加入者也是一个壁垒。在众强媒体鼎立的局面下，新加入者如何能左冲右突地杀出自己的路，在强强联合的阴影下，确实是一个未知数。

3. 读者和观众对于新闻的需要，通过媒体的联动，扩大视野，增加厚度而得以满足

当今社会的读者和观众，对新闻事件的关注范围越来越广，例如广州读者具有开放的心态，他们不仅仅关注广州、珠三角乃至广东省的地域新闻，他们更关注国内新闻以及国家的大政方针，乃至异域省份的新闻。根据调查，广州读者对于《羊城晚报》新闻的关注度，国内新闻仅次于一、二版要闻，而《羊城晚报》与异域电视媒体的新闻联动无疑拓展了新闻空间，最大限度地满足了读者

---

① 李磊明：《新时期媒体的联动和互动探微》，《中国广播电视学刊》2004年第12期。

的新闻要求。① 同时,新闻事件通过在不同介质媒体的这种联动,适应各介质各地域媒体的传播特点而重新加工,从而得以再传播。这样,新闻背景加厚,新闻报道的影响面得以加大加宽,从而使有限的新闻得到最大限度的传播,而读者和受众得到极大的满足。

基于以上原因,传媒联动作为一种新闻实践,一经出现便得到业内人士的认可和欢迎。但是,从另一面来看,某些联动可以看出是传媒在竞争日益激烈状况下的无奈之举。传媒联动也可看作是媒体增加而新闻源不足的情况下对新闻来源缺乏的弥补。② 而且,媒体间的相互依赖,也会引起一些负面效应。

第一,传媒联动催生了媒体的同质化倾向,降低了新闻传播者的主动性。

传媒之间的联动使媒体之间形成二级传播关系,多次的重复可提高信息的到达率,但是过多的重复,会使受众产生逆反的心理,而且,联动的结果使很多新闻失去信息功能,同一内容占据更多的载体会造成浪费,在新闻竞争中,独家新闻自始至终都是媒体的追求。传媒联动则是多家媒体在对一个事件报道中采用别人的报道,在媒体上众口一词,失去了媒体本身的特点,无法为政府决策提供多方位的参考意见,又不能充分发现问题,解决问题。传媒联动可以使别家的报道成为自己的信息来源,可以使记者用低采访成本获得更多的信息,但是其中一些人的独立思考能力就得不到锻炼,甚至会造成一些媒体放弃自己的采访,将话语权完全交给它认为更有效的媒体。这样众口一词,大众传播不再是各种信息和思想的聚合之处。

第二,传媒联动容易制造轰动效应,干扰人们获知信息、表达和探求信息的自由。

同类信息充斥在整个信息空间,减少了其他信息在媒体曝光的可能性,可以使一些原本应当引起人们重视的问题被忽视,多媒体对同一话题的关注,容易形成议程,造成轰动效应,从而使社会充满着同一种声音,无法让受众了解社会上的各种思想,也就无法做出合理的价值判断。选择不同的媒体并不能得到不同的信息,受众生活在一个信息单调的世界里。"传播效果不管在社会的宏观层

---

① 孟颖、张向东:《报纸与电视的新闻联动》,《新闻战线》2000 年第 6 期。
② 刘湘萍:《媒体联动的负面影响》,《当代传播》2002 年第 4 期。

面,还是个人交往的微观层面,都凸显出媒体话题缘起的初衷,但同时使社会越来越沉浸于通过媒体所塑造的虚拟环境的感受中,而无法区分现实社会所应真正关注的焦点。"[1] 这样,受众获知的权利、表达的权利和探求信息的自由被干扰了。

三 传媒联动的趋向

传媒联动的出现,不仅开辟了同一类型不同地域媒介合作的局面,而且开拓了不同地域、不同类型媒介之间的合作领域。也就是说,传媒联动实践的是跨地域、跨媒介的传播。传媒联动这种"跨越"的精神,使得早期的研究者认为"可能催生新型的媒介集团"[2],或者认为"预示着媒体集团化转型期的到来"[3]。时至今日,这种预测已被从报业集团到传媒集团的转型所证实。不过传媒联动的这种跨越仍停留在业务合作的层次,多表现在新闻报道和节目制作方面。实际上,传媒在发行(落地)、广告、活动、资本、创办新媒体方面都能跨地域、跨媒介,合作共赢,这些合作多表现为临时性的合作,并没有结成联盟,又区别于一般意义上的联动。一些报业集团办外埠子报或者合作办报、办台,实际上是资源共享的一种方式。当然,传媒集团创办外埠子报,属于传媒整合的范畴,互不隶属的传媒之间合作办媒体有局部的,也有共同创办新的媒体。如省级党报与地市级党报的合作,新华日报报业集团吸纳《宿迁日报》加盟,《西江日报》加盟《南方日报》,主要是在新闻信息和广告经营方面的共享与合作,双方各自的法人身份是独立的,归口管理和人事管理是没有变化的。2005年,广东电台与广西梧州电台跨省合作,首次实现省市两级电台跨省合作,双方的合作也是节目制作和经营方面的。在2003~2004年之间,传媒集团合作异地创办新媒体使得传媒跨地区经营呈现出新的气象。

---

[1] 王文科、胡蓓蓓:《"话题时代"媒体联动传播效应分析》,《现代传播》2007年第2期。
[2] 苏华:《透视 媒介 联动》,《传媒观察》2000年第10期。
[3] 陈翔:《"媒介联动":预示媒体集团化转型期的到来》,《西南民族学院学报》(哲学社会科学版)2001年第2期。

跨地区合作办报是传媒集团实现"跨越式"扩张的积极努力，尤其是跨地区联合办报涉及股权的资本合作，被认为在传媒的区域发展上迈出了实质性的步伐，但是这种蓬勃发展的趋势在2004年底遭遇政策的变化。2004年11月，中共中央政治局委员、中央宣传部部长刘云山在深圳表示，鉴于跨地区办报过程中，属地管理问题尚未得到很好的解决，因此暂停审批新的报纸跨地区办报，已获准跨地区办报的可继续试点。此后，在中央宣传部召开的中央文化体制改革试点总结会上，深圳报业集团负责人再次提出要求办理该集团在沈阳接办《时代商报》的合法手续问题，中央宣传部有关负责同志态度坚决地表示，该问题不容讨论，因为中央宣传部有明确规定暂停跨地区办报。2005年末《新京报》高层发生人事变动，有专家分析认为，这个变动是在中央主管负责同志要求清理整顿跨地区办报，要求各地党报社和党报集团切实履行主管主办单位责任的背景下发生，《新京报》所秉持的办报风格，会使主管主办方——光明日报报业集团管理成本和管理风险加大。由此可见跨地区办报的政策风险。由于报纸的意识形态属性，跨地区办报会影响到地方党委的一元化的领导管理体制，再加上报业集团所属报纸的经济利益，使得相关政策原则上准许，而实际上无操作的办法。在对跨地区办报进行清理的过程中，由当地党报社、党报集团收购外来资金所占的股份，如华商报系在辽宁所办的《华商晨报》已经由辽宁报业集团参股经营。

2005年跨地区办报虽然停办下来，但是传媒跨地区扩张并未就此停止，传媒机构寻找其他可替代的办法，成为当务之急。在现行的政策下，传媒联盟是一种具操作性的良好合作模式。早在2001年，就有传媒联盟诞生，但直至2006年前后，传媒联盟如雨后春笋般地涌现，且多出现在报业，以至于2006年被称为"报业联盟年"①。时至今日，传媒联盟方兴未艾。

---

① 谢健：《2006：报业联盟年》，《中国报业》2007年第2期。

传媒整合：传媒集团内部的协同合作*

一 传媒整合的内涵

整合不论是在新闻传播学界还是业界，在业务层面还是经营层面，都是一个被广泛运用甚至泛滥的关键词。一般在运用时多采取宏观和中观的取向，这和整合本身是将不同的事物衔接的特征有关。在常见的运用中，人们一般把传媒整合视为一种合并，即两个或多个传媒实体合并为一个传媒实体，比如不同的报纸合在一起成立报业集团，不同的频率、频道合在一起成立广电集团，由之产生权力再分配。如果从经济学的视角考虑，会把整合看成是一种资源的配置，即不同的传媒将自己的可用资源进行重组以期更有效率地发挥资源增值效能。如果从社会学的视角来看，会把整合视为科技进步带来的社会格局变化的结果，即政治力量、经济利益、文化教育以及人们生活方式的博弈均衡。另外，在传媒从业人员看来，整合可以被看成是个人发展的好机会。这些对于整合的看法，多侧重某个方面，具有局部意义。周鸿铎针对国内外传媒出现的两种新现象，提出了自己的看法。

一种现象是不同的媒介机构之间的竞争、吞并与厮杀逐渐升级，并且日益扩大。另一种是所有媒介逐渐从各自为政的封闭状态中走出来，积极寻求与其他媒介各种形式的合作。不同的媒介希望借助其他媒介的力量，进行媒介之间的交叉传播与整合互动，从而扩大自己的宣传力度和经营效益。人们把这种现象称为跨媒介传播或整合传播。这两种现象一是经营层面的问题，一是形式层面的问题，但都在本质上涉及媒介整合这一有时代性的主题。周鸿铎认为，媒介整合的本质是迥然不同的媒介文化、不同媒介机构的产业文化和经营理念、

---

* 发表于《上海交通大学学报》（哲学社会科学版），2010 年第 2 期。本文第二作者是博士生黄晓军。

不同媒介的潜在规则和运作方式的磨合乃至融合。如果媒介整合没有做到这些因素的真正整合很有可能是失败的整合。因此，周鸿铎在《媒介组合策略》一书中，主要概括说明了媒介三个方面的整合，即媒介形态的整合、媒介机构的整合以及媒介资本的整合，而没有局限于一个角度。① 媒介形态的整合包括传统媒介之间的整合以及新媒介与传统媒介的整合。媒介机构的整合主要是关注媒介集团的组建与运营。媒介资本的整合，是从国内外资本进入传媒业的现状与问题展开，提出我国媒介资本市场的必备政策和条件以及资本整合对传媒产业产生的影响。可以看出，对于传媒整合，周鸿铎侧重形态、机构和资本三个方面，囊括了传媒经营和管理诸方面，比较全面。

蔡雯从新闻资源的统筹和优化的角度，提出新闻资源的整合是媒介主体根据多种或多项新闻资源之间的内在联系，进行统筹利用的一种行为，其目的是使这些资源发挥整体效果大于部分之和的系统效应。蔡雯认为，新闻资源的整合可以在多种层面上进行，大致上可以对新闻资源的整合做以下粗略的分类：一是在新闻报道活动范畴中的资源整合；二是在新闻媒介整体经营层面上的资源整合；三是在媒介集团化发展层面上的资源整合。② 这三个层面是由局部到整体，由微观到宏观的。蔡雯所说的第一类是微观业务层面的新闻资源的综合配置和利用，其目的是取得最佳传播效果。第二类经营层面上的整合，是说媒介产业化运营客观上要求媒介对自己所拥有的受众资源、信息资源、广告资源等相互之间的联系有一个清醒的认识，要通过这些资源的整合实现媒介产业的利润最大化。第三类媒介集团化发展层面上的整合，着眼点已经不是单一的媒介经营，而是作为利益团体存在的媒介集团的综合效益，这种整合是通过媒介集团中各个成员所拥有的新闻资源的统一配置和共享，实现成本最小化与效益最大化。

可见，蔡雯所指的整合主要是从新闻业务出发的，整合停留在传媒集团以下的层次。在喻国明、陆小华、丁和根等人的著作中，整合是个不需要解释的概念，被广泛地运用到传媒集团化的建构、传媒价值链的打造、传媒资本运营

---

① 周鸿铎：《媒介组合策略》，经济管理出版社，2005。
② 蔡雯：《新闻报道策划与新闻资源开发》，中国人民大学出版社，2004。

以及一体化、多元化发展战略等诸方面。① 这说明，学者们多数是对整合基本含义的运用，这使得传媒整合并无公认的特定的内涵。

本文从狭义的整合出发，仅将传媒整合定义在传媒集团内部的整合，这一方面包括在传媒集团形成过程中对各成员单位的整合，另一方面也包括在传媒集团成立后，对内部资源的整合，从而形成有价值的、有效率的统一体，当然还包括传媒在并购之后，对新的传媒集团的重新整合。总之，是关注集团内部的协同与合作，而不是传媒集团对社会其他资源的联合与合作。狭义的整合发生在传媒集团内部，其实是多方面的，包括业务层面、经营层面、组织管理层面。细分起来，内部财务、人才的统筹部署都属此列。本文着重探讨在传媒集团内部整合中比较突出的问题以及整合方面新的趋势和进展。其一是指提高资源利用效率，信息共享水平。其二是表现在组织层面，传媒整合的平台、机制与运作。

二 传媒集团内部的资源共享

在传媒集团内部，传媒集团与各成员组织之间的联结，有几种传递纽带，一是行政权力传递纽带，二是资产纽带，比较薄弱的是信息资源共享纽带。缺少信息资源共享纽带，集团成员间信息资源的共享和利用水平普遍比较低。与企业集团不同的是，传媒集团成员间仅仅有资产纽带是不够的，还必须有信息共享纽带，仅仅有资产纽带，并不能解决它运行中遇到的诸多问题，不能有效地提高资源利用效率。陆小华认为，在传媒内部或者传媒本身，传媒运作的核心问题，就是如何提高资源利用效率和信息共享水平。在新的历史与科技条件下，应确立这样的资产观：可共享的信息资源才是真正资产。② 就是说，只有传媒各成员能够便利利用并实现较高水平共享的信息资源，才可能在传媒整体层面实现较高资源利用效率，否则，资源就仅仅是账面资产、潜在资源，难以

---

① 喻国明：《变革传媒——解析中国传媒转型问题》，华夏出版社，2005；陆小华：《整合传媒——传媒竞争趋势与对策》，中信出版社，2002；丁和根：《传媒竞争力——中国媒体发展核心方略》，复旦大学出版社，2005。
② 陆小华：《传媒运作的核心问题》，《新闻记者》2005 年第 1 期。

为传媒增强竞争力,难以激发传媒集团的活力。

从发达国家报业集团化的历史和经验看,报业集团资源共享的范围很广,主要体现在新闻资源、管理资源、广告资源、采购资源、人力资源、培训资源、发行资源、印刷资源等方面。其中除了发行资源和印刷资源主要表现为本地共享外,其余都可以异地、全国甚至国际范围内共享,而且正是这样的共享,才使报业的集团化具备了扩大效益、节省成本的最大可能。下面以美国JRC报团旗下的《新不列颠报》为例,来谈谈传媒集团内部的资源共享情况。[①]

JRC(The Journal Register Company)报团,拥有23家日报和235家周报及杂志,还拥有150家独立的新闻网站,分别刊载日报和周报的新闻。这家报团在康涅狄格州拥有16家日报和周报,其中日报发行量15万,周报的读者25万。《新不列颠报》就在康涅狄格州,作为JRC报团旗下的报纸之一,这份报纸平日出24版,周日出36版。其新闻采编流程是:记者每天在规定的时间之前将所写稿件标题和内容或照片传到集团总部的内部网站上(该网站每天可以显示集团所有报纸包括康州的16家报纸记者的新闻稿件),供集团内各报特别是康州的兄弟报纸共享。因为这些报纸分布在不同的城市,拥有不同的读者群,所以不会形成兄弟报纸间无谓的竞争。然后是下午下班之前编辑部负责人将总部网站的新闻要目浏览之后选出自己报纸需要的稿件和选题。这些稿件可能是自己报社的记者写的,也可能是集团内兄弟报纸的记者采写的。如果需要采用兄弟报纸的稿件,只需标出兄弟报纸的名字,但不用付费,可以无偿采用,也不影响兄弟报纸采用,因为它们的读者不同,处理的方式、所放的版面也可能不同。如果在采用时有特殊的要求,比如配照片或资料等,就要事先与该记者联系,提出各报的特殊要求。这种新闻资源集团内共享的方式,可以大大减少记者采访的撞车与采访费用的支出。据《新不列颠报》的执行总编库珀说,尽管他们非常重视体育报道,每天有近6个版的体育版块,而且经常将体育报道在头版上刊发,但他们一般不派记者外出很远采访在其他地方举

---

① 王金龙:《报业集团内部媒体竞合——关于资源共享与差异化运作》,博士学位论文,山东大学新闻系,2006。

行的体育比赛，而是将自己想要的稿件要求提前告诉有体育赛事的集团内兄弟报纸所在城市的体育记者，由他们代为采访，及时将稿件发到集团的内部网上供他们采用。

和美国的报业集团几乎一城一报的格局比起来，中国一城多报比较普遍，一家报业集团内部各媒体同城竞争也大量存在。这就出现了美国报团所没有的一家媒体既要面对外部媒体竞争，同时又要面对同一集团内兄弟媒体竞争的双重竞争局面。集团内的每个媒体，无论是对内还是对外，都是独立承担经济指标的市场竞争主体，这就使得国内的报业集团难以采用像美国JRC报团那样单纯的新闻资源共享的方式。在实际操作中，率先得到新闻的媒体是没有与兄弟媒体共享的积极性的。资源共享是有前提的。要弄清哪些资源在集团内同城媒体可以共享，要先分清哪些资源是不可以共享的。如果某一资源是稀缺资源，如新闻信息和特殊的人才，给了集团内的兄弟媒体，自己就没有了或者自己的特色就没有了，这就意味着核心竞争力降低了，这样的资源就不具有共享性，就不宜进行共享，应视为自己的专利，暂时独占一段时间，从而使各媒体显示出差异性。拿新闻资源来说，如果与其他的媒体即使是兄弟媒体实现了共享，这条新闻就会因为这两家媒体读者群的一体化，而丧失了独家性，出现了媒体同质化的趋向。正如辜晓进所说：同一出版者在同一个本地市场拥有多种报纸时，必须使这些报纸在最大程度上实现差别化，才能为不同层次的读者所接受。如果这些报纸都采用相同的内容，就失去了作为一个集团办多种报纸的意义——重复愈多，弊端愈大，失败愈快。[1] 反之，如果某种资源既有独家性，又有无限可复制性，共享后不但不影响自己的核心竞争力，反而有利于提高传媒集团各媒体的整体竞争力，这样的资源应当实行集团内各媒体共享。因此，对传媒集团内资源是否共享，必须对资源的稀缺程度进行分析，看其关乎核心竞争力还是一般竞争力。关乎一般竞争力的资源可先共享，而关乎核心竞争力的资源可暂缓共享。

对于集团内部各媒体，包括同城媒体，哪些资源具有可共享性呢？有研究

---

[1] 辜晓进：《关注报业集团扩张中的资源共享》，《传媒观察》2005年第8期。

者从传媒现实情况出发，提出了以下共享性的资源。①

一是上级主管部门和新闻宣传政策及走向分析。这些可复制的信息在目前对办报具有一定的针对性和指导性，对报纸发展的战略和战术操作都有较大的作用。

二是国内外比较成熟的办报经验与做法。媒体共享，可以使各媒体根据各自定位，择善而从，有选择地吸收利用。

三是集团内某些方面有特长的办报专家的经验，比如新闻采写、图片处理、版式、检校等环节的专家的心得与经验。

以上这些共享的资源主要在业务层面，共享的范围可扩展到广告资源、人力资源、管理资源等方面。如果一个传媒集团所属的报纸分散在不同的城市，就可以共享除了本地新闻以外的大部分内容了。但在我国，一个传媒集团所属的媒体分散在不同的城市，是不多见的，更广泛的资源共享更多地体现在传媒集团异地办报方面。有研究者对我国传媒集团在异地新办报纸，在人员、广告、发行、内容、管理上做到全国化的平台、资源共享提出质疑，认为资源难以共享，尤其是都市类媒体。② 在传媒发展实践中，资源共享是传媒集团成立的一个必然动作，因为资源共享是缩减成本的重要策略。当前传媒集团内部资源共享是需要进一步解决的问题，对于资源共享经验的摸索可以异地办报为突破口。事实上，国内也有传媒集团在异地办报方面取得成功。地处广州的南方日报报业集团联合光明日报报业集团在北京创办《新京报》，在深圳创办《南方都市报》（深圳版），三地报纸就有很多内容实现共享。《南方都市报》和《新京报》的共享还扩展到言论领域。再如深圳报业集团收购沈阳《时代商报》，并委托《深圳商报》管理。两报内容共享，《深圳商报》在报上宣布，"给本版投稿，视同给辽宁《时代商报》投稿"③。

在广告资源共享方面，如果某广告商想在北京、上海、广州三地投放广告，在三地众多媒体中举棋不定时，便很可能选择在这三地都有媒体的传媒集团，这能够提供一揽子优惠以及免去前往三地的辛劳。异地传媒间的广告共享渠道可以表现在，通过制定统一而优惠的异地广告套餐，通过异地服务网络实

---

① 驿钊：《国内报业面临八大问题挑战》，《青年记者》2004年第12期。
② 《沈阳〈时代商报〉加盟深圳报业集团》，《传媒经济参考》2004年第24期。
③ 任琦：《一体化编辑部将成为报业范式》，《传媒》2009年第3期。

现统一标准的上门服务,从整体上加大对广告商的吸引力和与同行的竞争力。

异地办报实际上也是三种资源的输出,即人才输出、管理输出、资金输出。不论集团内的报纸是集中一地还是分散各地,采购资源的共享也是传媒集团的优势所在。集团只有在规模扩大、子报增加的情况下,才可能实现印刷设备、新闻纸、油墨、办公用品等物资的大宗采购,从而在与供应商的谈判中获取较大的折让。培训资源的共享也是不言而喻的。各报都有自己的独特人才,报纸在地理上距离愈远,人才互补的机会就愈多。在一个报业集团里,这些分散的人才可集中使用并构成较强的培训队伍,让各报员工获得高质量的培训机会。

异地办媒体需要实力和政策的支持,通过收购可以将外地媒体纳入集团旗下,或者通过与其他的媒体或企业组织等合作来创办。目前传媒集团采取了风险较小的异地延伸的方式,实际上就是创办外埠子报,对于很多传媒集团来说,这是一种切实可行的资源共享方式,也是一种合作模式。比如《铁岭晚报》在2008年5月4日改版为《辽沈晚报·铁岭版》,在内容产品生产上受辽宁日报传媒集团采编队伍的指导,其中50%的内容由辽报集团提供,包括国内新闻、国际新闻、体育新闻等,极大地提高了报纸的信息量和可读性。其发行和广告业务全部归辽报集团经营,其中,该报发行由辽沈晚报红马甲发行公司进行市场化运营,自办发行与邮发结合,发行量在报价提升的基础上增加了18%。

三 传媒整合的平台、机制与运作

目前,我国新闻媒体已经全面进入以融合求发展的新阶段,资源重新组合是传统媒体在新的历史条件下应对挑战的有效途径。各大媒体都比较注重平台建设。2009年7月1日,《人民日报》实现历史上的第4次扩版,同时,新华社组建多媒体中心,迈出国家通讯社向多媒体业态发展的第一步。新华社开辟多媒体中心的办公区域,架设24个多媒体工位,并与旁边的视频演播室联通;技术部门设计了一套可以同一界面编发文字、图片、视频、音频、网络稿件的发稿系统,以提供软件保障;多媒体中心的编辑来自不同的编辑部,尝试使用最新的传播技术，开发多媒体的产品形态。可以说，当今传媒对传媒整合平台的建设，是以多媒体乃至全媒体为路向的。

全媒体的概念并没有在学界被正式提出。它来自于传媒界的应用层面。媒体形式的不断出现和变化，媒体内容、渠道、功能层面的融合，使得人们在使用媒体的概念时需要意义涵盖更广阔的词语，至此，"全媒体"的概念开始广泛适用。

根据"全"的两个含义，全媒体有以下两种理解：其一是完备、全面，指所有单一形式媒介载体的总和，是包括众多媒体形式的"个体"概念；其二是整个，是一个集体概念，是随着信息技术和通信技术的发展、应用和普及从以前的"跨媒体"逐步衍生而成的，体现了不同形式和功能的媒体互相融合、互动的趋势。我们可以把"全媒体"理解为：综合运用各种表现形式，如文、图、声、光、电，来全方位、立体地展示传播内容，同时通过文字、声像、网络、通信等传播手段来传输的一种新的传播形态。

在我国，全媒体战略的尝试是从烟台日报传媒集团开始的。2008年8月，该集团主持研发的全媒体新闻采编发布系统通过新闻出版总署的验收。该系统包括9个功能模块，以及待编稿库、历史资料库和成品库3个数据库，实现了用户管理、内容管理、线索管理、选题管理、任务管理和数据库管理的统一。烟台日报传媒集团通过全媒体数字复合出版系统的研发以及机构、机制的调整，从集团层面再造了采编流程：全媒体新闻中心记者提供"初级新闻产品"，其中，特约稿件为特定媒体专供，除特约稿件外的所有稿件进入待编稿库；纸质报、手机报、电子纸移动报、网站、公共视频等媒体编辑部各取所需并进行深加工，生产出各种形态的终端新闻产品；多种媒体在逐级发布信息、满足不同受众多元信息诉求的同时，与读者展开互动、搜集信息，为数据库营销做好储备。

当然，全媒体平台的打造，对各种资源的整合不是一蹴而就的。国内其他媒体也尝试在部分领域内资源整合。如《嘉兴日报》及其子报《南湖晚报》，成立统一的视觉新闻中心；文汇新民联合报业集团建立集团层面的视觉中心，向集团内各媒体提供图片。2006年3月，中国证券网和《上海证券报》全面融合，实行一个班子，一套架构，不设立重叠机构，并对报网统一业务的生产流程进行统一考核。2008年10月，杭州日报报业集团成立网络中心。2009年

3月，杭州日报网正式开通上线，一个编辑部同时运行两个终端。

从国外的经验来看，有研究者指出，一体化编辑部将成为报业范式。全媒体平台的建设，必然在组织层面上表现出来，形成一体化编辑部，在发稿方面，形成稿库式发稿机制，在队伍建设上，则期待全媒体记者的出现。稿库式发稿的机制，在传媒集团提升信息化水平的时候，就有研究者倡导过。一些有条件的报业集团可合并利用各媒体网站，构建集团的新闻采编平台及其稿库式发稿机制，这是重新整合采编流程的捷径。[①] 所谓稿库，是指一种多媒体数据库，是稿件的集群概念，包括已发和未发稿件的集群，但主要是指待编稿库。待编稿库体现稿件从入库、编辑、播发到反馈的全貌，便于采写和营销互动。这种动态式监控体系就是稿库式发稿机制。高效率的稿库式发稿机制是新闻产品运销对路的保障，这样能合理调配新闻采集力量，避免报业集团内部各报或一个报多个部的记者过分集中，能够合理分流稿件去向，减少因版面容量限制而造成的稿件积压和浪费，能够合理兼顾报网联动，改变网站新闻相对滞后于报刊的现状，通过"先从网上得新闻，后从报刊得解释，再从网上得专题"的做法，整体培育、分步扩大报业集团内部各报和网站的影响力。

全媒体报道需要一支独立的全媒体记者报道队伍。尤其是报道视频新闻的记者队伍。在西方，视频全媒体记者也被形象地称为"背包记者"，可以采访新闻，可以做各种新闻业务，同时能够承担文字、图片、音频、视频等报道任务，为多种不同媒体提供新闻作品。近几年，国内多家报业集团开始拓展这一领域：2007年，南方都市报摄影部首次设置视频记者岗位，鼓励记者采访音视频新闻；2008年，杭州日报报业集团组建了由10人组成的全媒体记者队伍；2009年1月，宁波日报报业集团全媒体新闻部正式成立。但是总体来看，国内报业在全媒体发展上的步伐仍很缓慢，缺少适当的制度建设和技术投入，报纸网站的视频新闻个性化和原创性不足。在媒介融合的背景下，大陆传媒在打造全媒体平台，进行全媒体报道方面也进行了有益的探索。这种报道可分为两种类型：报网互动和结对联动。

[①] 李年华、牟丰京、周定泰：《报业集团如何提高新闻资源利用率》，《中国记者》2004年第12期。

（1）报网互动。以《华商晨报》的实践为例，表现为"全媒体24小时滚动报道策划实践"。① 2009年初，《华商晨报》在报社机构内成立滚动新闻部，对实践新闻媒体与传统媒体融合起了很重要的作用，报社抓住刘德华2009年4月22日在沈阳召开演唱会的机会，成立全媒体直播报道小组，确定"100小时滚动直播刘德华"的报道选题，从4月19日刘德华到达沈阳，到4月23日离开沈阳，100小时不间断文图视频全方位直播刘德华的动态和在沈消息，报纸和网络同时造势，收效良好。为了完成此次不间断的直播任务，100小时内，报社先后投入网络、文字、图片、视频等采编人员20余人。此前，网站编辑从来也没有操作过大型报道，而报纸记者也没经历过即时文图新闻、即采即发的操作模式，在稿件标准、事实把关、信息分类上也不适应，但经过摸索后，记者将各流程结合得非常好。此次刘德华在沈演唱会，报纸一周内共发报道20篇（包括报网互动报道），网络直播报道发布滚动新闻660余条，新闻图片350余张，视频新闻34条，这种操作模式和大量信息引起了报纸读者和网友的高度关注。

但严格地说，这次活动为了造势，号称全媒体直播，实际上只能称之为报网互动。报社只是将纸媒、网络、视频、移动电子屏整合起来，甚至还没有手机报，也没有户外LED屏，更没有电视台，所谓全媒体的实践才刚刚起步。从技术上看，沈阳虽然作为3G的试点城市，但是3G技术才刚刚起步，基站的不完善和信号的不稳定，使手机视频直播计划没有完成，只能进行视频录播滚动。从资源整合来看，这还是局部性的，带有点对点的操作，还没有形成系统工程。

（2）结对联动。以成都传媒集团为例，表现为"媒体结对运行，部分新闻联动"②。集团将旗下定位相似、形态不同的媒体进行组合。第一组包括《成都日报》、成都电视台新闻综合频道、成都人民广播电台新闻频道、成都电视台新闻网站，定位是时政要闻；第二组包括《成都商报》、成都电视台经济资讯服务频道、成都人民广播电台音乐频道，定位是前卫、时尚的都市媒

---

① 孙采石：《〈华商晨报〉全媒体24小时滚动报道策划实践》，《传媒经济参考》2009年第17期。

② 侯利强：《媒体结对运行 部分新闻联动——成都传媒集团全媒体运作探索》，《传媒》第2009年第6期。

体；第三组包括《成都晚报》、成都电视台公共频道、成都人民广播电台交通频道、电台网站，定位是民生化、大众化路线。联动新闻共分两类：A 类新闻，涉及党委政府中心工作宣传的新闻报道；B 类新闻，重大性、关联人群多的重大突发性事件新闻。联动基本流程是：一是指挥判断。由各单元体内主管新闻宣传的副总编辑或总监组成联动单元体指挥小组，每月轮流值班。集团编委会对指挥官充分授权，赋予其绝对的新闻价值判断、联动指令下达的权力。二是联动执行。对 A 类新闻，要实施联动的前期策划；对 B 类新闻，单元体内各媒体的信息中心在发现新闻线索后，第一时间向指挥人员报告。指挥人员做出判断后，下达对该新闻进行联动的指令。在组织保障上，集团确定一位副总编负责此项工作，联动小组内的各媒体确定一名领导专司此事；单元体每月将联动项目和指挥人员上报集团编委办备案，对成效突出的项目，年终给予专项鼓励。结对联动打破了媒体介质壁垒，实现了优势互补，又避免了内部的消耗与同质竞争。构建了联动的基本流程，建立了配套保障机制，使传媒集团渠道整合力得以提升，不同媒体形态的组合，实际上就是渠道的组合，渠道的组合给受众以整体冲击，从而实现从内容产品向形式产品的升级，强化了渠道的传播效率。内容呈现得以增强，集团的联动模式，遵循着"同一资讯，分段表达、形成联动、促进融合"的原则，在信息的获取、生产、组织和呈现等环节均有体现。对于采编人员而言，看到自己生产的精神产品在不同的介质上出现，对习惯于单一媒体采编的记者来说，思维创意被放大，策划空间被延伸，无疑会产生极大的成就感，有助于工作积极性的提高。

总之，国内媒体在全媒体报道的探索中，尚未形成稳定的、立体化的、全方位的运作机制，这跟技术因素、人才因素密切相关。随着传媒集团技术水平的提升，人才培训的完成，相信会有更高水平的全媒体运作出现。

新闻传媒与和谐社会经济发展的共生关系*

一 和谐社会经济发展的内涵与要素

一个经济落后、财富稀缺的社会,必定存在诸多社会问题与矛盾;同样,经济利益冲突频繁、公民经济权益得不到有效保障、经济的公平与活力机制保障不足的社会,也必定会损害社会的发展。和谐发展是构建和谐的根本前提,经济和谐发展是社会和谐的基础,没有和谐的经济发展就没有持续的经济效益,就会窒息经济活力,整个社会的运转就失去了必要的物质支撑,影响社会和谐的深层次矛盾和问题就无法破解。

坚持以人为本是和谐社会经济发展的核心,坚持以人为本,就是要以实现人的全面发展为目标,从民众的根本利益出发谋发展、促发展,切实保障民众的经济、政治和文化权益,使发展的成果惠及全体民众。一是以人为本的性质和含义是以民为本、执政为民;二是以人为本的基本要求是尊重人民主体地位,发挥民众首创精神,保障民众的利益,走共同富裕道路,促进人的全面发展;三是以人为本的目的是做到发展为了民众、发展依靠民众、发展成果由民众共享。以人为本的发展全面回答了为谁发展、靠谁发展、发展成果如何分配等根本问题,是科学发展观的核心,也是建构和谐社会经济发展的核心。

全面协调可持续发展是和谐社会经济发展的基本要求。全面发展,是指各个方面都要发展,是按照中国特色社会主义事业总体布局,全面推进经济建设、政治建设、文化建设、社会建设;在重视经济发展的同时,更加注重社会发展。其中,经济是基础,它强调的是处理好"中心"与"全面"的关系。

---

* 发表于《湖北大学学报》(哲学社会科学版)2010年第5期。本文第一作者是博士生、湖北大学文学院讲师张瑜烨。

协调发展，是指各个方面的发展要相互适应，促进现代化建设各个环节、各个方面相协调，促进生产关系与生产力、上层建筑与经济基础相协调，它强调的是处理好平衡与不平衡的关系，解决发展的均衡和协调的问题。可持续发展，就是要坚持生产发展、生活富裕、生态良好的文明发展道路，建设资源节约型、环境友好型社会，实现速度和结构、质量、效益相统一，经济发展与人口资源环境相协调，使人民在良好生态环境中生产生活，实现经济社会永续发展，它强调的是处理好"当前"与"未来"的关系。

二 现代传媒与现代经济的发展基于人类共同普适价值观念

作为现代社会系统的不同构成部分，作为一种制度性存在和社会构成要素，现代传媒和现代经济系统的发展都基于社会共同的普适价值观念。"尽管这样的价值在不同的社会中有不同的具体形式，但不管在什么文化当中，它们基本上得到了普遍的追求。这种基本价值的例子有自由、公正、和平、安全和繁荣。"[①] 无论是自由、公正和平等，还是安全、和平和繁荣，这些基本的普适价值观念，既是经济制度构建的基础，又是传媒运行专业理念和社会责任的基础，它们是整个社会结构和制度的根底。

从制度经济学的视野看，经济制度是经济行为的规则，并由此成为一种引导人们经济行为的手段。它们是广为人知的、由人创立的规则，它们的基本用途是抑制人类的可能的机会主义行为；它们总是带有某些针对违规行为的惩罚措施。而无论是依靠群体内由经验而演化的内在制度，还是有意识设计出来并靠政治行动自上而下地强加于经济组织的外在制度，它们都植根于人类社会的普适价值观念。表面看起来，经济是由技术、行为、市场、金融机构和工厂这些有形的和实体的东西构成的，但是在这些事物的背后，引导它们又被它们所引导的是人类的普适价值观，人类普适价值观念使经济的各个部分整合为一个整体。在一定意义上，它们是社会经济发展的 DNA。这些普适价值观念包括：

---

① 〔德〕柯武刚、史漫飞：《制度经济学》，韩朝华译，商务印书馆，2000。

自由，即一个人在其拥有的领域内自主地追求其自设目标的机会，个人免受恐惧和强制的威胁；公正，即个人和权力机关对相同的事物平等对待，以及对所有的人按统一标准（而不是根据个人的立场或所从属的特殊集团）施加管束；平等，即人人都应有权获得相似的机会；安全，即长期的自由，相信在未来不会遭受侵害；和平，即既没有源于共同体内部的暴力和冲突，也不存在来自外部的暴力和冲突；繁荣，即不仅确保了纯物质性满足，而且确保了文化和精神的充实，以及养老、保健和其他保证舒适生活的条件的具备。

从新闻传媒的发展来看，人类基本的普适价值观念也是新闻专业主义理念赖以存身的基础和新闻传播所追求的终极价值。新闻传播所突出的客观、及时、真实和平衡的报道，新闻传播所追求的对事实的敬畏与对真实的揭示，说到底就在于履行和谐社会建构过程中的传媒社会责任；就在于维护社会良序、推进民主法治、坚守社会良心、维护公平正义、传播社会良知、推进启蒙协商、传导社会"良俗"、倡导诚信友爱；就在于通过信息传播和观点沟通，促进社会的民主、自由、平等、公正、安全、和平和繁荣。

三 社会经济制约并引导着新闻传媒的发展

处于社会中介场域的新闻传媒的发展变化直接受到社会经济的制约和影响，对此我们至少可以从四个方面来把握。

第一，社会经济的发展为传媒的发展提供基本条件，并决定传媒业的整体水平。无论是新闻传播业的勃兴、大众传播时代的到来，还是今天中国正在发生的传媒的市场化转型，都与社会经济的发展及其提供的条件密不可分。尽管标志着大众传播产业时代到来的《纽约太阳报》是在1833年才问世的，但从16世纪开始的整个西方资本主义经济的繁荣和发展为其准备了丰厚的基础和条件。资本主义时代的到来，引发了当时社会的巨大转型。正是由于当时经济制度的巨大变革，引发社会规模的扩大、经济交往的发展、生产分工的细分化与生产部门之间联系的强化、阶级矛盾与冲突的激发，导致人们不得不关心社会环境的巨大变化和社会生活中的重要信息。尤其是社会经济的进一步发展和城市化、工业化进程的加快，促使社会的信息加工与采集条件大大改善，广告主的市场传播需求也得以逐步彰显出来。例如，资本主义经济的大工业生产，要求各企业之间紧密协作，以降低生产、交换和流通的成本，工厂就需要相对集中并靠近交通要道。这就促使城市大量兴起。城市的发展，交通工具和公路、铁路系统的发展，为物流、信息流的通畅创造了条件。这不仅为新闻传播业提供了受众规模群体，为新闻传播的采访、写作与编辑、发行以及广告经营提供了条件，更为传媒资本的加速集中创造了条件。因此，没有当时经济的繁荣与发展，就不可能产生新闻传播业，更不可能形成大众传播产业。而从中国的传媒产业化进程来看，在20世纪90年代后半期崛起的都市类报纸种群，实际上也是市场经济全面推进的产物。这类报纸的成功运行，依托于受众市场、资本市场、广告市场、新闻来源市场。恰恰是在社会经济得到比较充分发展的基础上形成的市民阶层，为都市报培养了广阔的读者市场。市场经济的繁荣为其培育了丰厚的广告市场；城市生活的多元丰富为其培育了取之不竭的社会新闻和文艺、体育、娱乐新闻来源市场；资本市场的发展和传媒产业的勃兴为其培育了投资市场。而从社会整体来看，经济发展总体水平与传媒业发展水平之间呈现正相关的关系：经济实力与生产力发展水平有直接的因果关系；新闻传媒业随着社会经济实力和生产力发展水平的提升而提升；经济实力的大小与生产力水平的高低直接影响新闻传媒业发展速度快慢和规模大小。

第二，社会经济的发展为传媒发展提供丰富的社会经济信息内容。作为社会信息的传播系统，传媒必然要传播社会经济系统的信息，而社会经济系统的变化为新闻传媒的发展提供丰富的内容。自从中国社会生活的重心转移到了以经济建设为中心以后，受众对于经济新闻的需要和兴趣与日俱增。有关方面的调查表明，20世纪80年代初期对经济信息感兴趣的人大约只有10%，而到了80年代中后期上升为20%～30%，进入90年代后期，则达到了68.5%。[①]无论是社会整体宏观经济运行，还是市场主体与企业的微观经济活动，或是国家的经济法规政策的调整变化；无论是生产资料市场的波动，消费资料市场的变化，还是资本市场的风吹草动，或是社会生产、流通、消费领域的发展变化；无论是机械、电子、纺织、制药、食品加工、汽车制造、钢铁、石油、煤炭、

---

① 宋守山：《传媒三十年》，南方日报出版社，2009。

建筑、核能等工业领域,还是农业、信息、传媒、文化、交通运输、金融、物流等产业领域;无论是社会经济的常态运行,还是经济危机的突现与消弭、股市的波动、物价的消长,社会经济的各个方面的任何变化,都可能成为不同范围的受众关注的重要内容。例如,仅仅从经济体制改革这样一个视角来审视我们的传媒,就可以发现,从20世纪80年代初期开始的以联产承包责任制为核心的农村经济体制改革,到80年代中期启动的建立试验区、实施增量改革的城市经济体制改革,再到90年代初期启动建立社会主义市场经济体制的新改革战略的实施,以及2001年底加入WTO之后的中国经济全球一体化进程的推进;从20世纪80年代初期建立深圳、珠海、厦门、汕头四个特区,到80年代中期14个沿江、沿海城市的对外开放,再到80年代末期海南省建立大特区,90年代初期浦东新区战略的实施,以及之后的天津滨海新区、成都重庆城乡一体化试验区、武汉城市圈与"长株潭"城市群两型社会建设试验区改革的推进,中国经济体制改革进程的每一个环节,都成为新闻传媒的重要传播内容。而从经济体制转型变革的视角来看,从对苏联计划经济体制弊端的反思与批判,到建设有中国特色的社会主义市场经济体制,以取代传统的僵化的社会主义经济体制,从改革原有的公有制经济,大力发展非公有制经济的现代产权制度改革,到按照市场经济原则,建立包括市场体系、市场机制、市场秩序在内的市场制度,并形成使用市场经济要求的收入分配体制、农业经济体制、区域经济体制、宏观经济体制,从打破"大锅饭""铁饭碗"到形成按要素贡献(包括资本贡献与劳动贡献)分配收入,实现效率与公平的有效结合的三次分配体制,以及全面改革政府管理经济的体制和财政、金融体制,形成国家通过货币、财政、国际收支等因素调控社会总需求与总供给的相互关系的宏观经济体制,中国新经济体制构建的每一个面,都为新闻传媒提供了取之不竭的传播内容。

第三,社会经济的发展促进传媒产业经济的繁荣。从产业的视角来看。新闻传媒业本身是一个重要的产业,也是社会经济的一个重要部门。社会经济的发展直接从社会民众的传媒产品消费与企业的广告支出提升等方面,促进传媒产业经济的发展。广告不仅是经济发展的晴雨表,更是传媒发展的血液。一般而言,广告经营总额的增长与国家GDP的增长之间,具有正相关性。改革开放以来，中国的 GDP 总量，平均呈现两位数的比例增长，广告经营总额也一直呈现高速增长的态势。

与此同时，社会经济的发展还创造了巨大的新闻市场和消费群体。新闻传媒产品需要在市场中进行交换才能获取经济利益，这是因为人们消费新闻信息产品不仅要有对信息产品的阅读和信息解读能力，还要有一定的购买能力。社会经济的发展能够极大地扩大传媒产品的消费群体，提升受众的新闻消费能力。仅从中国的实际来看，改革开放 30 年以来，伴随着报纸发行量的提升，广播、电视覆盖率的提高，传统传媒受众总量已经得到极大的扩展。而互联网络进入社会生活以后，也已经成长为重要的大众传媒，截至 2009 年 6 月底，中国的网民总量已经达到 3.38 亿人。不仅如此，国家整体经济实力与国民收入的提升，使人们的传媒产品消费能力逐步提高，也为传媒发行与收视费用的提高创造了条件。例如，都市类报纸产品的消费，其每份报纸的零售价格先后从 0.1 元，上升为 0.3 元、0.4 元，一直到 1 元，甚至在珠三角的广州、深圳等城市，提升到 2 元，也逐步为读者所接受。正是国民传媒产品消费能力的提升，使得 20 世纪 90 年代后半期的低价倾销的价格战逐步失去市场竞争力。社会经济的发展，企业经济实力和传媒受众群体的扩大，国民传媒产品消费能力的提升，推动传媒广告经营总额的高速增长和传媒产品销售总额的提升，促使中国传媒经济的总量极大地提升。截至 2008 年底，中国传媒经济总量已经达到 4220.82 亿元。

第四，社会经济的发展催生专业财经传媒的创生。如果说，在改革开放刚刚启动的、1979 年 10 月 1 日创刊的《市场报》是中国当代财经类传媒的开端的话，那么在 20 世纪 80 年代先后创刊的《经济参考》《经济日报》《世界经济导报》《中国经营报》《中华工商时报》等则是最早的一批适应经济体制改革和读者经济信息需要的财经传媒。20 世纪 90 年代先后问世的《财经》《中国证券报》《证券时报》《国际商报》《金融时报》《证券日报》以及一大批广播电视财经、证券的频率、频道，则是中国的第二批财经媒体。它们适应市场经济体制的构建与中国资本市场的发展而勃兴。2000 年后创办的《21 世纪经济报道》《经济观察报》《第一财经》以及伴随着互联网络的兴起而发展的大型门户网站、新闻网站的财经、证券频道是中国的第三批财经媒体。它们适应新世纪中国经济的国际化、全球化发展的需要。这三批财经类传媒的产生和发展与中国经济转型的启动、深化、全球化三个阶段同构对应。在一定意义上，可以说，正是中国经济发展的不同阶段，催生了中国财经类传媒的诞生和发展。

四 新闻传媒业影响并推动着社会经济的进步

从经济的层面看，尽管除了传媒经济的数量和规模可以度量之外，我们很难从社会的GDP总量中分离出属于传媒信息传播直接创造的经济价值，但新闻传媒业对于经济发展的促进，依旧是可以把握的。传媒对于社会经济发展的影响与推动，大体上可以分为三个方面。

第一，传媒通过信息沟通与流动来整合整个社会经济系统，顺应、协调并促进与社会经济系统的协同发展。新闻传媒全面公开传播各类经济信息，能够在经济领域发挥引导生产、分配、交换与消费的功能。现代经济生活中，信息就是财富，市场的形成和发展，在很大程度上取决于信息的有效传播。这里的"有效传播"，一是指新闻传媒的传播能积极、有效地引导社会经济热点和焦点。经济热点之所以热，主要是因为它牵动着市场的敏感神经，受到了社会的广泛关注。传媒的经济报道紧扣社会热点，就会形成传媒经济"舆论场"和社会经济"舆论场"的良性互动。例如，在经济危机蔓延与社会经济问题频发期，国家宏观调控政策以及"三农"问题、金融市场、房地产市场、收入分配等都会成为社会大众十分关注的热点，对此，只要新闻传媒敢说话、早说话、说准话、会说话、说新话，就能产生很好的传播效果。二是指新闻传媒的传播能发挥信息预警功能，预测经济活动的走向，助推经济的发展。例如，1988年中国经济形势的发展进入了一个十分敏感的时期，诸侯经济开始形成，地方保护主义愈演愈烈，已经危及了中央政府的权威。政治经济学专业出身的新华社记者王志纲撰写了《中国走势访谈录》，大胆提出"治理改革环境，整顿经济秩序"的主张。1988年8月28日中央高层会议讨论王志纲的报道所提出的问题。不久，中央工作会议就做出了"治理改革环境，整顿经济秩序"的重大决策，有效地拨正经济体制改革的航向。再如，1992年3月26日《深圳特区报》刊发了长篇通讯《东方风来满眼春》，它首次详细披露邓小平同志南方讲话，具有特殊的历史意义。当时，20世纪80年代末的中国经济与社会的改革开放正处于一个关键的历史时刻。对于中国改革，尤其是经济体制改革将向何处去等重大问题，人们没有统一认识。邓小平同志前往深圳、珠海、上海、武昌等地视察，并发表了一系列重要讲话，指出："特区姓社不姓资"，"社会主义的本质，是解放生产力，发展生产力，消灭剥削，消除两极分化，最终达到共同富裕。"三是指新闻媒体的传播能发挥舆论监督功能，揭示并监控经济运行中的问题。例如，由《人民日报》社、《人民日报》经济部与中华新闻文化促进会发起的，从1992年开始，并持续到2007年的"中国质量万里行"是中国新闻界发起的一场声势浩大的产品质量舆论监督活动。这一活动得到了众多传媒的积极响应，仅仅在北京市就有报纸、广播、电视等64家传媒参加该项活动。在"万里行"活动开始的前三个月，就发通稿70篇，中央级报纸还先后刊发了400多篇，加上地方报纸选用的稿件，一共有1000多篇；广播、电视播出了200多次。"中国质量万里行"取得了巨大的成功并成为当时最具有轰动效应的经济新闻报道活动和社会活动之一。①

第二，通过刊播广告，沟通消费者与生产者、流通者，刺激消费作为一种营销传播的工具，传媒广告对社会经济发展的推动作用是巨大的。社会经济的发展，不断拓展社会商品的生产者与消费者对广告的需求，反过来，广告的发展又不断推动着社会经济的进步。社会经济与广告处于不断的互动发展过程之中，由于广告具有沟通产销、刺激需求、引导消费的强大促销功能，人们更把广告视为社会经济发展的强大驱动力与润滑剂。新闻传媒为广告提供了一种最有效、最便捷的传播渠道。广告符号也使新闻传媒实现与受众的沟通，并成为传媒的重要经济来源，成为传媒经济的重要构成。在今天的媒介市场上，无论是党媒、公共传媒，还是商业传媒，无论是报纸、广播、电视，还是互联网等数字传媒，没有哪一类传媒不刊播广告。

第三，传媒产业嵌入地域社会经济系统，推动区域经济的整合与发展。传

---

① 王斌：《空间变革：嵌入地域发展的传媒产业集群》，《山西大学学报》（哲学社会科学版）2008年第6期。

媒产业作为文化创意产业的核心，它与文化创意产业的其他部分一起，嵌入区域经济体系而发展。在西方发达国家，传媒组织及其伴生的创意组织在大城市及周边地区的集群现象越来越显著，出现了报业、影视制作、广告业、展览、表演等多类型的传媒产业集群。如英国雪菲尔德市的文化产业区，以产业集聚的"簇群效果"为主。它包括了31栋文化类和创意类的建筑，如BCC电台、千禧年博物馆、大学科学区、图书馆、艺术家村、油画陈列馆、创业投资机构、版权中介公司、电影院和娱乐中心等，它们组合在一起，形成相互聚合、渗透激活的"引爆效果"。这种集群化的传媒产业空间形态，不同于一般工商行业的集群，是典型的创意组织和知识组织构成的簇群。它们不仅给其中的组织个体带来重大的影响，而且辐射到所在城市或区域的经济、文化、社会生活等诸多方面。现今中国，传媒集群也已经粗具一定规模，如北京呼家楼地带传媒集群、上海卢湾区广告业集群、武汉的黄鹂路传媒产业集群等，还有发展更为成熟的区域性的"长三角"媒介集群和"珠三角"传媒集群。传媒产业集群的形成，对于文化产业和传媒业而言，意味着产业创新的动力在于各种信息流、人才流、资金流和物资流的交叉、渗透和交融，必须形成以地缘为基础的信息、知识和创意要素的密集连接，构筑能把相关的创意和创新组织如大众传媒、研发机构、工作室、艺术家俱乐部、中介企业、政府服务机构、教育培训机构等组合在一起的社会空间，形成基于区域创新系统的传媒生产网络。与此同时，嵌入区域经济体系的传媒产业，其区域发展的产业化过程就是使区域内各产业相关要素不断互相作用和黏合的过程。这一发展要素的空间整合有利于那些在地理上紧密联系、文化上有共同渊源的区域形成更加协调的一体化实体。传媒产业与区域经济、社会和文化的整合，不仅会推动区域内传统的增长中心的转型、新增长中心的出现，还能提高区域空间的契合度，进而达到可持续发展。

五　结论

"共生"一词的概念源于生物学，它是指细胞或个体内外生物之间共生组合的普遍法则。"共生理论"认为，共生是自然界、人类社会的普遍现象；共生的本质是协商与合作，协同是自然与人类社会发展的基本动力之一；互惠共生是自然与人类社会共生现象的必然趋势。和谐共生是社会共生关系的最优化。运用共生现象普遍性的观点来看待新闻传媒与社会经济发展的关系，按照共生原理不断推进其向优化转变，从而实现社会的全面协调可持续发展。

"媒介并不是孤立存在的，它是一种社会学系统，是社会的有机组成部分，它的存在与发展与其他系统（诸如政治、经济、文化等）也存在着密切的关系。这种关系的总和即是媒介的生态环境。"它表明，传媒是在与社会的互联、互动、互补之中逐步成长和发展起来的，当然也包括传媒与社会经济发展的互联、互动、互补的良性关系。从社会系统论来看，传媒与社会经济系统的关系应该是交叉关系，传媒的社会属性应立于社会经济大系统之外，而传媒的产业属性则属于社会经济大系统的子系统。媒介作为社会大系统之中的子系统和作为社会经济系统的交叉系统，既要保持媒介系统与社会大系统的诸要素间的相互联系、相互依赖、相互作用的关系，又要保持媒介系统与社会经济系统的互联、互动、互补的发展关系。

传媒系统与社会经济系统的关系包括两个方面。其一，传媒作为社会公器通过信息沟通与流动来整合整个社会经济系统，顺应、协调并促进与社会经济系统的协同发展。其二，传媒作为产业，其自身运作的经济系统与整个社会经济系统的关系。无论哪个层面的关系，新闻传媒与社会经济发展必须共生共荣，和谐发展，才能有利于整个社会大系统的稳固与和谐。

2009年中国内地传媒经济研究概述*

——基于四种新闻传播类核心期刊的分析

一 选刊理由

中国内地有关传媒经济的研究论文多散见于新闻传播类期刊中,本研究选定《新闻与传播研究》《国际新闻界》《新闻大学》《现代传播》四种新闻传播类核心期刊为研究对象,这四家期刊均为研究所或大学主办,较部、署、局、协会、报社、电视台等主办的同类核心期刊学术性更强,更能代表中国传媒经济研究的学术制高点,新闻传播学界的主流话语、权威观点在这四本期刊中基本能够得到体现。

二 对四本核心期刊传媒经济类论文的分析

2009年,《新闻与传播研究》《国际新闻界》《新闻大学》《现代传播》四本期刊共发表传媒经济相关论文53篇,①论文基本是围绕传媒经济理论、传媒经营与广告、传媒市场、传媒产业结构、传媒集团战略、传媒政策与规制、国外传媒发展和个案研究等方面展开论述和探讨。本文在对这些研究论文梳理的基础之上,试图追溯和呈现一年来中国内地传媒经济研究的基本状况,着重于新视角、新观点、新方法及新问题的总结和提炼。

(一)宏观理论探讨:沉寂中不乏亮点

相比2008年,学界对传媒经济学学科归属不清、研究进路不确定、传媒

---

* 发表于《中国媒体发展研究报告》2010年媒体卷。本文第一作者是博士生刘建新。
① 《新闻大学》与《现代传播》均开设有"媒介经营管理"专栏,论文便于统计;而《新闻与传播研究》与《国际新闻界》则没有固定的"媒介经营管理"专栏,凡是涉及传媒经济宏观理论探讨、传媒经营与广告、传媒市场、传媒产业结构、传媒集团战略、传媒政策与规制、国外传媒发展的论文,笔者都将其纳入统计范畴。

经济本质存在争议等问题进行了积极总结和反思。① 2009 年关于传媒经济宏观理论探讨的论文很少。但个别研究者从引文分析切入，解剖中国传媒经济学术圈，进而检视中国传媒经济研究的不足，可谓是独具匠心、切中积弊。如丁汉青在对 1998～2007 年 10 年新闻传播类核心期刊所发表的传媒经济类论文做引文分析后发现，中国传媒经济学术圈，一未形成核心信息源；二未形成核心作者群。这种现实反映出传媒经济学吸引了不少研究者涉足其中，但大家的研究兴趣分散，在研究范式、研究对象等基本问题上缺乏共识，因此学术圈未能有效聚合起来。②

（二）经营与广告研究：深入省察不同业态媒介经营策略和媒介种群间广告资源竞争

近年来在我国媒介产业引入市场机制之后，地市党报面临的市场压力和竞争压力越来越大。有研究者提出地市党报营销的四大策略：产品策略（包括核心产品、形式产品及延伸产品）、价格策略、分销渠道策略、促销策略（包括广告促销、公关促销、人员促销）。③ 对于专业化报纸的生存和发展之路，多有论述。有研究者认为法制类专业报的经营贵在创新，经营创新要实现两个转变：第一个转变是从一般型经营向策划型经营转变，通过策划新项目、新栏目，吸引广告客户、增加广告收入；第二个转变就是引进资金，大胆实行股份制改造，在引入资金的同时也要引入市场。④ 关于专业体育类报纸经营模式，何斌等也提出了构想：与门户网站内容合作或版权销售；与海内外媒体建立长期而稳定的关系；把握突发事件带来的机遇；设立"球迷沙龙"，重视读者互动；尝试建立纸媒的手机版客户端等。⑤ 这些来自传媒一线的实践心得，平实而又中肯。

对于广播电视营销，卜希霆从中国当前全媒体竞合的数字化时代背景出发，

---

① 喻国明、李彪：《发展之困与"突围"之道——2008 年我国传媒经济学研究概述》，《国际新闻界》2009 年第 1 期。
② 丁汉青：《中国大陆传媒经济学术圈分析》，《国际新闻界》2009 年第 6 期。
③ 忻志伟：《地市党报营销策略研究》，《新闻与传播研究》2009 年第 1 期。
④ 潘炎：《思路决定出路 形成品牌经营——探析法制类专业报的生存和发展之路》，《新闻大学》2009 年第 3 期。
⑤ 何斌、荆烽：《国内专业体育报纸经营模式的初步构想——以〈东方体育日报〉为例》，《新闻大学》2009 年第 3 期。

探讨将商业智能、数据挖掘、管理驾驶舱、数字化管理和广播电视深度运营支撑系统导入广播电视数字化管理，通过建立健全全方位服务、满足受众全媒体需求的广播电视智能运营支撑系统，实现广播电视媒介对不同受众群体、不同价值需求的多维度精准营销。① 还有研究者从节目版权交易现状切入，讨论版权交易之于宏观经济发展、中观层面传媒价值链建构的意义，提出以交易进展这一微观层面作为版权交易的路径选择，从而带动版权交易其他环节的勾连与发展，从而构建完整的电视产业链。② 这些观点都为广播电视的运营开发提供了全新的视角。

强月新教授等引入生态位理论范式，对传媒产业（即种群）间广告资源的竞争进行考查，透视我国报纸、电视、广播、杂志和网络五大传媒产业的竞争态势及其变迁轨迹。这项研究对考察和理解我国传媒产业的演进具有独特的方法论价值。③

（三）传媒市场研究：聚焦于市场结构的嬗变和竞合战略的创新

关于传媒市场结构的探讨，肖赞军指出：原来壁垒森严的三大部门——电信、广播电视和出版业之间可以相互进入。融合对竞争的强化一直被津津乐道，但在产业融合进程中，未来传媒市场结构中垄断和竞争双双被强化，垄断和竞争共生，由此形成一个新的市场结构——竞争性垄断市场。同时，因传统传媒业的纵向市场结构日渐裂变为横向市场结构，未来传媒市场的合作与联盟成为必然，从另一个侧面看，未来传媒市场也是一个网络型寡占市场。④ 黄升民等研究者则引入平台理论，分析在"三网融合"的过程中，广电系统和电信系统的竞争将是基于平台的竞争。平台的竞争是替代性的竞争，是弱肉强食、赢家通吃，由此将形成寡头垄断的市场结构。⑤ 这些都是学界为市场结构把脉的新思维。

2009年对传媒市场竞合战略的研究成果比较丰富。唐俊借鉴迈克尔·波特的三种基本竞争战略理论（总成本领先战略、差异化战略、目标集聚战略），论

---

① 卜希霆：《全媒体竞合背景下的广播电视数字化管理初探》，《现代传播》2009 年第 5 期。
② 罗锋：《电视版权交易：可供深度开发的"厚利润区"——兼析电视版权交易路径选择》，《现代传播》2009 年第 1 期。
③ 强月新、张明新：《中国传媒产业间的广告资源竞争：基于生态位理论的实证分析》，《新闻与传播研究》2009 年第 5 期。
④ 肖赞军：《产业融合进程中传媒业市场结构的嬗变》，《新闻大学》2009 年第 3 期。
⑤ 黄升民、谷虹：《数字媒体时代的平台建构与竞争》，《现代传播》2009 年第 5 期。

述省级卫视的核心竞争力主要应有两个发展取向：一种是差异化取向，即通过较早的特色化、风格化形成优势，令其他媒体难以效仿；另一种是区域化取向。如果相关省级卫视能够充分发挥好自身的传播区位优势，整合相关资源，成为某一跨省区域的强势媒体，并在此基础上辐射全国，这同样形成了模仿壁垒。[①] 金洪申等提出省级卫视电视剧联播发展繁荣的必由之路在于变零和博弈为非零和博弈，摆脱囚徒困境，树立竞合理念，健全关系合约和专用性投资，建立稳固的战略联盟，使结盟博弈彻底化，在蓝海中共同开拓市场。[②] 还有研究者运用迈克尔·波特的"竞争五力"模型对当前电视产业的竞争环境进行了一般性的分析和全景式的勾勒，提出不断提升自身的资源占有和能力储备，对抗各种竞争力量，在竞争中占据有利地位，是电视媒体在制定战略的时候需要考虑的核心问题。[③]

（四）产业结构研究：对产业融合与产业空间运动规律的探讨不断深化

在传媒领域，技术的革新使得供需关系在生产、传输、消费三大环节恢复平衡状态，它不仅打破了资源瓶颈，也模糊了传媒与通信的产业边界，由此带来产业融合与博弈的讨论。黄升民等学者指出：数字技术、网络技术和现代通信技术是"裂变型"的技术，它们带来了媒体形态的革新和演进，更催生了新的业务领域、商业模式和用户市场。"三网融合"并非物理网络上的简单合一，而是业务上的交错进入、卡位并存、增量发展。[④] 肖赞军也认为，在数字化进程中，"0"和"1"几乎颠覆了传媒业的原有经济体系，传媒业的经济特征将出现四大变化趋势：资源禀赋从渠道稀缺向内容稀缺转化；盈利模式从单一渠道向多元收入渠道转变；产业格局从产业分立向产业融合演变；市场结构从高度垄断的市场向竞争性垄断市场演化。[⑤]

王斌则从价值链出发，探讨了媒介产业空间运动的两个并行现象——集聚

---

① 唐俊：《论省级卫视新闻节目的三种竞争战略》，《新闻大学》2009 年第 1 期。
② 金洪申、吴闻博：《省级卫视电视剧联播的竞合理念与策略》，《现代传播》2009 年第 5 期。
③ 罗霆：《基于"竞争五力"模型的电视产业环境分析》，《现代传播》2009 年第 3 期。
④ 黄升民、谷虹：《数字媒体时代的平台建构与竞争》，《现代传播》2009 年第 5 期。
⑤ 肖赞军：《数字化时代传媒产业的经济特征》，《国际新闻界》2009 年第 7 期。

与扩散,分析认为,产业集聚与扩散的动力源于产业的区位要求、规避规模不经济和追逐新的市场利益等方面。但传媒业并非单纯的营利性行业,它的资讯生产过程连着公共品属性、意识形态属性和公民文化权利属性等社会内涵,其空间运动的动力也不只是产业自身升级发展的需要。媒介产业集群和参与式生产网络是传媒业的两个典型的空间存在形态,分别对应着特定的政策话语、产业动力、市场条件、技术创新和权利纠葛。[①] 王斌对传媒产业空间运动规律的认识与把握是非常深刻和到位的。还有研究者研究传媒经济的增长极及其效应,认为传媒经济增长极是在地理空间中传媒业经济效益、总产值比周边高、对周边具有重要影响的地区;这些地区具有区位经济效益、规模经济效益和外部经济效益;传媒经济增长极在区域的传媒经济中具有支配效应、乘数效应、极化与扩散效应。从当前传媒经济增长极的效应看,应采取措施增强其扩散效应。[②]

(五)集团战略研究:新媒体作为战略转型中的宠儿被推上前台

经过十几年的狂飙突进,回头来看,传媒集团化表现未遂人愿,国家推动传媒集团的步伐已明显放缓。相比早些年围绕集团化讨论之热闹,2009年关于传媒集团的研究文章很少。但传媒集团如何实施战略转型,实在是绕不开的一个话题。CCTV、SMG和凤凰卫视近年来都致力于成长为跨媒体经营、跨行业合作、跨终端覆盖的多媒体产业集团。新华社也正处于面向现代多媒体新闻信息业态拓展和面向终端受众拓展的战略转型中。梁智勇从产业链角度入手,解析了媒介融合背景下中国四大主流传媒机构的新媒体战略:通过战略结盟,整合内容、技术、渠道和终端资源,突破"内容为王"理念的"路径依赖",避免沦为纯粹内容供应商的风险;引进外部资本,依靠资本化、市场化、公司化的手段整合产业链;品牌化主导,赢得市场竞争的主导权,创造多方共赢的市场新格局。[③]这为新形势下传媒集团发展提供了鲜活的标本和参照系。

---

① 王斌:《链与网:媒介竞争和媒介生产的视角切换》,《国际新闻界》2009年第8期。
② 张辉锋:《传媒经济增长极及其效应分析》,《国际新闻界》2009年第10期。
③ 梁智勇:《媒介融合背景下传媒集团新媒体战略比较——以CCTV、SMG、凤凰卫视与新华社为例的研究》,《新闻大学》2009年第1期。

（六）政策与规制研究：学界话语更为理性与务实

政策与规制的研究成果主要集中在对媒介融合规制、广播电视公商二元体制和制播分离的探讨上。复旦学者朱春阳对近年来兴起的媒介融合规制研究进行反思。他认为，鉴于中国的特殊国情和特殊的传播格局，对媒介融合规制研究的中国面向应该成为研究的重点。政策规制作为核心议题，其价值取向与目标应该体现中国的现实与未来发展要求。媒介融合作为传媒行业自身依托技术平台而衍生出的一种进化能力的自生产机制，将深刻展示传媒业所具有的自我运行和自我发展的内在规则。政策规制作为政治力量主导，政治、经济与专业协作方式的呈现，需要有足够的勇气善待媒介融合所表现出的行业自理的基本特征。[①] 这种反思体现了对媒介发展自身规律的尊重。

张丽等研究者在对英、美、法等国广播电视公商二元体制改革研究的基础上，指出当今世界各国越来越放松对公共媒体和商业媒体的结构性规制，积极调整对广播电视媒体的市场行为的规制。公共广播电视媒体所承担的社会公共服务职能不会因为受到来自数字时代的冲击而减弱，公商并存的二元体制下公共广播电视媒体与商业广播电视媒体的竞争会保证广播电视内容的多样性和公众选择的多样化，即使是在数字时代，二元体制的存在仍然非常现实而且非常必要。[②] 对广播电视二元体制的这种现实分析和趋势判断是审时度势的务实思考。

2009 年对制播分离的研究趋于冷静。顾宜凡对制播分离是否有利于实现广播电视服务的产业化提出质疑，认为如果频率稀缺的问题不解决，在以广告为资金机制的双边市场模式下，竞争性复制使得制播分离同样不能实现社会对多样化、高格调节目的公共需求；而且从广播电视服务的规模经济和范围经济这一产业属性来看，制播分离有人为割裂产业价值链的倾向。另外，从受众的需求来看，重要的不是制播分离，而是满足其需求的服务的提供方式，而制播分离与这种服务提供方式并没有必然的共生促进关系。因此政府在对制播分离进行规制设计时，必须弄清楚哪些规制内容是促进制播分离改革的过渡机制，哪些规制内容

[①] 朱春阳：《媒介融合规制研究的反思：中国面向与核心议题》，《国际新闻界》2009 年第 6 期。
[②] 张丽、刘飞飞：《数字时代广播电视公商二元体制改革现状》，《现代传播》2009 年第 3 期。

将是促进我国广播电视产业长远发展的长效法规，从而保证政府规制的科学性、针对性、稳定性、透明性和可操作性。① 学者的这种思考极富智慧和理性。

（七）国外传媒研究：侧重于欧美传播政策及管理模式他山之石的发掘

李兆丰从美国公共广播系统内、外部治理两个角度来审视公共广播系统的治理特点，认为公共广播系统具有相对独立（非集权化）与长期有效率运行（非官僚化）两个重要特征，这两个特征显然需要一个良好的治理结构。而这种结构正是源自有意无意的政治市场和结构性的要素市场的制度安排构建而成的分权化的竞争性治理体系。② 此种分权架构与市场取向的制度安排对于公共广播发展的意义不言而喻。

而张咏华则将视点聚焦于德国的广电传媒政策，指出德国似乎从未过度相信市场逻辑，即使是在广电私有化和传媒放松管制的浪潮席卷世界之时，德国也依然在双轨制下坚持强调公共广电的"支柱地位"，强调要保障公共广电的发展，以自身对"独立自主"的独特认识，形成了反映"去集中化"理念的规制框架，并且在对节目内容的管理上，坚持"多元化理论"。③ 德国模式对我国的启示显而易见。

刘建明、秦志希等从多维视野探究英美广播制度差异形成的根源，认为这种差异是由经济利益、文化传统和意识形态、英雄人物、技术地理、社会传统等因素合力作用决定的。④

还有学者全面探究了美国网络信息管理模式的特征，指出美国在尊重网络作为"信息交易平台"和"自由流动的观念市场"的基础上强调自律和以技术、法律协调为主的管理模式符合了网络信息管理应把握的适度性与合法性。⑤

（八）个案研究：对跨媒体集团的冷思考

支庭荣通过对我国3个地级市（牡丹江、佛山、红河）和1个中心城市

---

① 顾宜凡：《制播分离的政府规制》，《国际新闻界》2009年第5期。
② 李兆丰：《论美国公共广播的分权框架与市场逻辑》，《国际新闻界》2009年第4期。
③ 张咏华：《德国广电传媒政策的演进脉络、原则和特点》，《国际新闻界》2009年第5期。
④ 刘建明、秦志希：《多维视野下英美广播制度差异形成的根源》，《新闻与传播研究》2009年第1期。
⑤ 石萌萌：《美国网络信息管理模式探析》，《国际新闻界》2009年第7期。

（成都）跨媒体集团个案的考察，撰文指出，这些集团个案成立的动因主要是行政力的推动，其成立以来的经济绩效不甚明显，部分个案对舆论生态的平衡起破坏作用。跨媒体集团的尝试本身是积极的，但问题在于"怎么跨"。行政的第一推动力不全是坏事，但倘若不能体现在经济绩效上，则依然局限于行政的架构内。倘若集团化于舆论生态无益，则不如不去强行推动它而采取其他的改革路径。作者对4个个案的考察结论是，同一城市的报纸、广播、电视应避免并入同一家集团，同一城市的跨媒体集团应该缓行。① 这无疑对当前我国城市跨媒体整合和经营的热浪浇了一盆凉水。

三　小结

回溯2009年，我们发现这一年中国内地传媒经济研究的深度与广度进一步拓展，研究的视角更加新颖，研究的方法更为多样，研究的话语更趋理性，传媒经济研究的沃野里也结出了丰硕的成果。这些成果对当前波澜壮阔的传媒理论与实践进行了富有洞察力的探索和总结，为传媒经济健康快速发展提供了强有力的理论支撑。

但需要指出的是，国内传媒经济研究依然存在种种不足：一是传媒经济的研究还未形成系统的、完整的、科学的理论体系，研究范式不明确，很多研究者对经济学的理论囫囵吞枣，习惯于断章取义，截取经济学的部分理论，来解释传媒经济现象。二是传媒经济研究表面化，侧重对现象的描述和经验的介绍，深层次解读和探索不足，不少研究成果只是就现象而谈现象，就问题而谈问题，理论性不够，缺乏对媒介实践的前瞻和指导。三是传媒经济研究的主力军仍由新闻传播学研究者构成，经济学、管理学领域研究者则普遍缺席。

中国传媒经济正面临空前发展的历史机遇，我们有理由相信，中国传媒经济研究者必将把中国的传媒经济研究推向纵深发展，使之不断成熟和完善。

---

① 支庭荣：《我国报纸、广播、电视跨媒体集团的政治经济学分析——以牡丹江、佛山、红河、成都个案为例》，《国际新闻界》2009年第6期。

传媒竞合：动因、现状及问题[*]

我国传媒产业随着社会的不断发展和新技术革命的深入，已进入一个新的历史时期，其主要特点表现在以网络等新媒体崛起为代表的传播方式、技术的发展更新，社会阶层的分化流动带来的传播环境的多元变迁，以及由于国内外的传媒企业经营管理方式革新而带来的日益激烈的市场竞争。在这三股力量的影响下，中国传媒逐步进入竞合时代——竞争的同时，合作也在加强，传媒间不得不以资源共享、整合配置等合作来共同参与更大规模的竞争。

一 大众传媒竞合的理论依据

竞争与合作是一个永恒的主题，竞争中有合作、合作中蕴含着竞争，国外学者把这种基于双赢（win-win）基础上的经营模式称为合作性竞争（coopetition）。

1. 从人类生态学视域看传媒竞合

人类生态学理论作为城市社会学研究的基本角度和主要模式，首先在20世纪上半叶由芝加哥学派提出，它主要揭示人与自然环境和社会环境的关系，研究生命的演化与环境的关系、人种及人的体质形态的形成与环境的关系、健康与环境的关系、文化和文明与环境的关系、种群与环境的关系以及生态文化的内涵，主张用生态文化创造生态文明，实现可持续发展。

芝加哥学派借助生态学的基本原理和分析架构，研究了构建在人类生态学理念之上的城市有机体，认为城市是一种人类独具的生态秩序系统，其内部各个部分之间形成了共生与竞争的关系，在各种力量相互作用下共同推动城市生态组织的结构变迁。系统内各种组织被划分为三个向度：生物向度、空间向

---

[*] 发表于《新闻传播》2011年第7期。本文第二作者是硕士生刘莲莲。

度、文化向度，它们共同形成城市所特有的生态秩序形式，其核心概念是城市有机论以及由此衍生的共生与竞争的论述。其中，共生关系是指城市各个组成部分之间相互联系、相互依存，任何个体都无法脱离其他部分而单独存在，从而维持了城市均衡稳定的状态。然而，资源匮乏、环境承载力有限的情况难以避免，人类种群因其生物性本能必然会出现对立、冲突、竞争以争取更大的生存空间和更多的发展机会。竞争过程中，城市生态系统原有平衡被打破，资源重新配置以达到新平衡，城市系统的资源分配和空间布局在共生和竞争的交替往复作用下，被不断调整和重新安排。但竞争只是手段，在城市生态系统中，人与人的和谐共生才是目的，而彼此间紧密联系与合作又可以使人们对于资源的竞争更有效率，共生与竞争至此达到辩证统一。

从大众传媒自身来看，其作为组成城市有机体的不可或缺的部分，处于文化向度这一层面，与生物向度、空间向度上的各种因素有着密切联系，并在竞争和共生的双重关系中形成特有的地位，在生态系统中占据着应有的空间。大众传媒在城市环境中生长的同时，不可避免地卷入对整体城市空间资源的争夺中。[1] 从传媒实践来看，任何媒介的生存发展都不是孤立的，同类媒介之间有竞争，不同媒介之间也存在复杂的竞争关系，从这个意义上说，深度挖掘人类生态学理论内涵，拓展其共生竞争概念的理论边界，对于当今媒体产业的发展规划和战略选择具有十分重要的理论指导作用。

2. 从博弈论视域看传媒竞合

博弈是指利益存在冲突的决策主体（包括个人、企业、国家等），在相互对抗（或合作）中对抗双方（或多方）相互依存的一系列策略和行动的过程集合。所谓博弈论，则是专门研究博弈如何出现均衡的规律的科学，[2] 是研究具有斗争或竞争性质现象的数学理论和方法，它考虑游戏中的个体的预测行为和实际行为，并研究它们的优化策略，被称为社会科学的数学。目前，博弈论已经成为经济学的标准分析工具之一，在生物学、经济学、政治学、军事战略等其他很多学科都有广泛的应用。

---

[1] 白友涛、吴填：《从人类生态学视角看大众传媒的共生与竞争》，《南京理工大学学报》（社会科学版）2007年第5期。

[2] 姚国庆：《博弈论》，高等教育出版社，2007，第4~6页。

在博弈论中,一个著名例子是由塔克给出的"囚徒困境"博弈模型,该模型用一种特别的方式为我们讲述了一个警察与小偷的故事:假设有两个小偷A和B联合犯事,私入民宅被警察抓住,警方将两人分别置于不同的房间内进行审讯,对每一个犯罪嫌疑人,警方给出的政策是:如果两个犯罪嫌疑人都坦白了罪行、交出了赃物,于是证据确凿,两人都被判有罪,各被判刑8年;如果只有一个犯罪嫌疑人坦白,另一个人没有坦白而是抵赖,则以妨碍公务罪(因已有证据表明其有罪)再加刑2年,而坦白者有功被减刑8年,立即释放;如果两人都抵赖,则警方因证据不足不能判两人偷窃罪,但可以以私入民宅的罪名将两人各判入狱1年。从中不难看出,个人理性不一定会导致个人的自利行为,并不一定导致集体利益的最大化,一旦博弈开始陷入重复,合作将到来,未来的收益将左右目前的决策。重复的博弈,理论上导致了合作的产生,但合作是否继续很难确定,合作的代价是建立在损害个人利益基础之上的,如果个人放弃未来收益或当前背叛收益大于未来收益,合作破裂的风险仍然存在。

对传媒来说,博弈不是坏事,可以促使媒体在一定规章制度下通过竞合策略实现自己的利益最大化,摒弃以往对抗式的"我所得即为你所失"的博弈。进一步而言,博弈论对于传媒业发展的启示在于媒体竞争制胜的方法不是靠打击对手、彻底铲除其市场占有和资源优势,而是靠引导对方采取对双方都有利的行为,在激烈艰难的市场竞争中共同发展。

3. 从现代企业竞争合作理论视域看传媒竞合

传统意义上的竞争是一种高度对抗性、你死我活的竞争。随着经济全球化和社会信息化的深入,许多企业产品的同质性越来越高,销售力量和服务手段越来越雷同,企业经过多年的内部整合也越来越相似,因此那种高度对抗性的竞争很可能让自身陷入万劫不复的深渊,于是竞争过渡到了合作,出现了合作竞争。

企业传统经营理念遵循的就是水桶原理。所谓"水桶原理",即一个水桶所盛水的多少取决于最短的那块木板,这是因为企业间的竞争力往往取决于其价值链上最薄弱的环节,为了获得更多的利润,企业不断地根据市场要求加强自己的薄弱环节,人们形象地称之为企业在努力加高最短的那块木板。但如果要水盛到最高的那块木板,就必须使所有的木板同样高,此过程仅仅依靠企业自身的力量来完成，往往需要的周期比较长，效果也未必理想。尤其是当前复杂多变的市场环境和日趋激烈的竞争态势，要求企业不再仅仅考虑自己的"水桶"，而应按照价值链的观点，用自己价值链中的强势部分与其他企业的优势结合，即将自己水桶中最长的那块乃至几块木板拿出去和别人合作，去做一个更大的水桶，以便盛更多的水，进而从新的大水桶中得到自己的一份收获，这种思维方式体现的就是"新水桶原理"。据此我们认为，所谓企业合作性竞争，就是企业摒弃单纯竞争的运营观念，通过有意识的相互合作去求得单纯靠竞争所得不到的经营效果的方式。由于水桶的每一块板都是最长的，也就使容积有着比较明显的增加。[①] 简而言之，一切竞争最终都会趋向合作。知识经济时代的到来，传媒市场竞争日趋激烈，传媒之间相互依存的关系不断得到增强，传统的绝对竞争模式无法适应新时期传媒的发展要求，在此背景下，传媒间的竞合可谓是时代发展的必然产物，也是传媒市场竞争进入较高层次的必然结果，有助于传媒企业走向共赢。

至于什么是传媒竞合，它是一个复合的概念，是基于共同的愿景，两家或两家以上的传媒通过协议或契约的形式，以彼此间资源共享、整合配置、价值链接的合作，来共同参与的高层次、全方位的竞争；它是媒体应对竞争而进行的资源优化和战略调整。这里暗含的逻辑主旨在于"合"只是手段，"竞"才是它的目标，"合"是为了更好的"竞"，"竞"会带来更大范围、更深层次的"合"，以合作求竞争、以合作促竞争，力争共同将市场这个蛋糕做大，实现共赢。

二 大众传媒走向竞合的现实动因

目前我国传媒产业主要发展方式之一，在于内部资源的高度协调整合和集中配置。但随着市场竞争日益激烈、市场规模日益扩大，这种发展方式渐渐无法应付市场的惨烈竞争，同时以集团化的建构为主体形式的异质媒体间的合作、联合将成为我国媒介产业未来生存发展的主导模式。

---

① 付泳：《企业合作性竞争的理论分析》，《兰州大学学报》2006 年第 6 期。

1. 技术动因

随着技术的突飞猛进，当今世界已进入数字化信息时代，媒介融合即是一种基于数字化进程而产生的媒介形态的演变过程。有学者指出："媒介融合是指印刷的、音频的、视频的、互动性数字媒体组织之间的战略的、操作的、文化的联盟。"这一定义着重从技术层面指出介质之间交融的定义，指出数字技术是媒介融合得以出现的主要动力，而传媒的竞争和合作属于媒介经营管理范畴，在媒介融合背景下，传媒的合作体现出跨媒介生产与经营的特征，基于数字技术的媒介融合势必成为媒介下一步合作竞争的动力源泉。更进一步地说，媒介融合是以信息消费终端的需求为指向，由内容融合、网络融合和终端融合所构成的媒介形态的演化过程，它必然对传媒的生产、经营、管理乃至发展产生深远影响。从传媒生产来看，融合新闻是基于媒介融合之上的业务变革并由此对记者提出了更高的要求；从传媒管理来看，融合必然带来媒介组织结构和工作流程的变化；从传媒经营来看，媒介融合直接表现为跨媒介经营；从传媒集团的发展来看，媒介融合将带来产业融合，从而推动传媒集团的数字化转型和大传媒产业的出现。

2. 市场动因

经过二十几年的发展，我国媒体数量空前扩张，以至于媒体信息生产过剩、媒体市场生存压力加大，单个媒体势单力薄往往会湮没在传媒市场的汪洋大海之中。因此，面对规模化竞争的压力，媒体通过竞合的方式，积极寻求与其他媒体的合作，有助于降低传播生产的成本，形成传播影响力的规模优势。尤其在今天的市场经济条件下，在国际传媒业特别是东西方传媒业竞争日益激烈的新形势下，如果国内的媒体还局限于传统的狭义的竞争，将不利于我国媒体同国际传媒的竞争。趁着我国媒体市场还没有完全对外开放，国内媒体应该通过竞合突破限制、壮大自己，实现多种或多地媒体在国内乃至国际上的"竞合传播"，争夺国际话语权。同时，城市化进程的推进，导致城市社会结构以及新闻信息传播格局均发生变化，它一方面扩大了传统媒体的受众规模，另一方面也改变了受众的结构，单一媒体很难再满足受众碎片化及个性化的信息需求，这也要求媒体通过合作来生产出不同的内容，满足受众的不同需求，从而更好地参与市场竞争。

3. 政策动因

政策规制放松进一步推动了大众传媒的合作竞争，主要表现在实行优惠政策，放宽融资限制，允许一定程度的跨行业、跨区域的合作，加大对文化产业的扶持力度等，这些放松规制的政策有利于传媒企业进行有序竞争、加强合作。以 2010 年国家广电总局和新闻出版总署发布的有关政策法规为例，深化体制改革、完善行业管理、推进三网融合的发展、加大对文化产业的支持力度等，成为演绎我国媒介规制的四重奏，除了金融扶持、促进文化产业发展，还进一步启动报刊业退出机制，加快了报刊业转企改制；加强对电视节目的监管，加强对记者队伍的管制力度，促进传媒业的合作竞争趋于规范和理性。不能否认，很多政策的出台到落地，需要一个过程，有时候甚至政策开放了，却还要附加一系列限制。但无论如何，现实发展因素聚集的力量会在放松规制中慢慢释放，推动传媒合作竞争的长远、有序发展。

4. 传媒理念变革的推动

当前传媒理念的变革也推动着传媒竞合进一步深入。在全媒体背景下，部分传媒人开始思考如何才能实现信息传播效果的最大化，如在遇到有新闻价值的素材时，首先是想着在微博等即时通信工具上更新，然后在网站上发表简讯，紧接着随着采访的深入，加工成翔实的报道发回传媒中心。这种持续关注、即时更新，对传统的、单一的媒体提出更高的要求，传统媒体必须寻求与新媒体的合作，寻求多样化的信息发布平台，通过合作来应对当前激烈的市场竞争，实现传播效果的最大化。

三 我国大众传媒竞合的模式分析[①]

我国大众传媒竞争合作的实践随着合作竞争程度的深化，产生了种种模式。具体而言，主要有以下几种模式。

1. 传媒整合：传媒集团内部的协同合作

整合是一个在新闻传播学界乃至业界应用最广的关键词，通常人们将传媒

---

① 黄晓军：《我国大众传媒的合作竞争研究》，博士学位论文，武汉大学，2010。

整合理解为一种合并，即两个或多个传媒实体合并为一个传媒实体，例如不同的报纸合并成立报业集团，不同的频率、频道合作成立广电集团等。具体而言，传媒整合侧重在传媒集团内的资源整合，是通过共享使各种新闻资源进一步开发利用而得以增值。这种增值一般通过两种方式：一是以产业链的递进式的加工模式使新闻资源增值；二是以共享模式使新闻资源增值。其中，前者主要在传媒集团化的层面进行，传媒通过打造全媒体平台，使得同一信息资源经过不同介质的媒体，针对不同的受众要求进行加工，从而产生新的价值；后者可以在传媒集团化的层面上操作，也可以在不同集团甚至不同媒介之间实现，是以同一时间内多样化产品平铺式的加工整合完成的。

2. 传媒联动：传媒集团外部的业务合作

传媒联动又称新闻联动，与传媒整合都属于传媒合作竞争的初级模式，是指在一定时间内媒体个体之间为同一主题相互协作共同报道的活动。也有学者称其为传媒体的联动性传播，是不同介质的媒体采取联合行动，共同推出某一方面的新闻报道。① 需要说明的是，传媒联动是指不同传媒集团的媒体间的联合行动，这一点不同于传媒整合中隶属于同一传媒集团的媒体的协同与合作。当前，传媒联动涉及的媒体众多、联动形式多样。在王声平和赵士林合写的《新闻媒体联动传播的思考》一文中，其根据媒体介质、媒体地域的不同，将传媒联动分为以下几种运作形态。

（1）同一地域不同介质媒体的新闻联动：同一地域相同介质的媒体处于同一市场，竞争激烈，因此同一地域的媒体之间的合作往往发生在不同介质媒体之间。

（2）不同地域媒体的新闻联动，其中特别提到不同地域间媒体的新闻联动，既可以发生在相同介质媒体之间，又可以发生在不同介质媒体之间。

（3）不同层级媒体的新闻联动，我国媒体新闻宣传是根据各自的行政区域分级传播的，媒体有中央媒体、省级媒体、地（市）级媒体和县（市）级媒体的区分。

---

① 董天策：《媒体竞争与媒体合作笔谈 竞争格局中的跨媒体合作传播》，《西南民族大学学报》（哲学社会科学版）2001年第2期。

（4）宣传部门主导的新闻联动，与前三种形式都是自发组织的合作传播不同，这种形式的新闻联动一般是由当地党委、政府宣传主管部门出面实施的强制行为。

这种关于传媒联动运作形态的划分目前业界比较被认可，但笔者认为还有一种联动值得关注，那就是网络媒体与传统媒体的联动。这种联动多是由于所报道事件的争议性和冲突性，引起网络媒体、传统媒体不由自主地介入而形成的。从"躲猫猫"事件到"我爸是李刚"事件再到药家鑫杀人案，这一系列事件的共同点在于：都是由网络点燃，在强大的网络舆论压力下，传统媒体开始跟进报道，与网络媒体形成互动，共同引导舆论，推动社会进步。尤其是随着社会的发展，可以预见，网络媒体和传统媒体间的这种联动将会成为传媒联动的主要形态。

3. 传媒联盟：竞合战略的基本模式

对于传媒联盟，业内比较认同的是媒介市场的战略联盟，是指两个或两个以上的媒介之间，出于对整个媒介市场的预期和自身总体目标、经营风险的考虑，为达到共同拥有市场、共同使用资源和增强竞争优势等目的，通过多种协议而结成的优势相长、风险共担的松散型组织。[①]

目前，我国传媒联盟大多是非股权的合作联盟，多是松散型组织，聚散容易，而且各种介质联盟都存在，但是以报业联盟数量最多。究其原因，在于报媒受电子媒体和新媒体的挑战最大，其联合起来应对挑战的需求也更为强烈。综观传媒联盟的发展趋势，其合作多以经营性合作为主，而且从签订协议到发表联盟章程以及成立专门机构，结盟逐渐呈现正规化倾向。例如，广深报业联盟，其建立联盟联席会议制度，合作联盟联席会议下设战略合作办公室，具体负责协调与落实联席会议决定的项目与事项，并通过若干专业工作小组实施，这就从制度和机构上为联盟的实际运行打下基础。[②]

4. 传媒并购：传媒资本的竞合

传媒企业的资本合作，是伴随着政策的松动而逐步深入的，传媒并购需要

[①] 丁柏铨、张敬一：《联盟：报业跨地域合作的新形式》，《青年记者》2006年第9期。
[②] 赵金、郭全中等：《透视广深报业联盟》，《青年记者》2007年第11期。

大量的融资，这实际上是传媒资本竞合最集中的表现。从 19 世纪 60 年代起，伴随着现代企业制度的初现与逐步发展、完善，企业并购开始活跃起来，从那个时候起至今，全球爆发了五次并购浪潮，而传媒业将成为第六次并购浪潮的热点。①

在传媒并购浪潮中，技术、经济的发展和政策的作用是主要的推动力。从整体上看，传媒并购是追求规模经济乃至范围经济；从个性化动机来看，传媒并购是传媒企业意欲控制有价值的原创内容、分布广泛的渠道以及甚至比内容还稀缺的相关人才的举措。进一步说，传媒并购意味着资本的扩张、规模的扩大、经营的多元以及效率的提高，是传媒快速成长的捷径。

四 我国大众传媒竞合中存在的问题

通过分析我国大众传媒竞合的动因以及竞合的模式等，我们知道，大众传媒的竞合战略是时代发展的必然要求，但不可否认的是，传媒竞合过程中还存在诸多问题，并阻碍大众传媒竞合朝纵深方向发展。

首先，我国传媒管理体制限制了传媒合作竞争的发展。从中央一级来讲，中央宣传部负责舆论导向和宣传内容，新闻出版总署负责报刊和音像图书的出版管理，国家广电总局负责广播电视事业的管理，国务院新闻办负责对外宣传和互联网管理等。而省、地市、县基本上也按照上述模式按行政区域多头管理，分别在各自的行政区划内和系统内办报纸、电视、电台，实行封闭式管理。同时，国家在跨媒介经营方面限制比较严格，行业分割、部门分割、地域分割层出不穷，这种地区壁垒、行业壁垒乃至行政壁垒可谓是我国传媒合作竞争难以跨越的制度障碍。退一步说，近年来国家为增强传媒竞争活力，在政策层面有所放松，但这种放松也只是一定程度的放开，传媒的合作竞争还是面临诸多的限制。除了管理体制的束缚外，关于传媒合作竞争管理方面的政策法规几近空白。例如，在传媒并购导致的传媒企业产权归属不明晰的情况下，关于产权的归属问题在政策法规方面目前仍是空白。这种政策上的缺失直接影响了

---

① 董璐：《传媒并购新论》，复旦大学出版社，2006，第 5 页。

我国大众传媒合作竞争的步伐。

其次，竞合本身存在一定问题。主要表现在一些传媒合作仅局限于形式上的合作，传媒集团内部合作程度不高，这样不仅无法实现资源优化、共享，还有可能会增加传媒企业的成本，如一些基于传媒管理部门政策性要求的合作就是典型例子。我们不能否认传媒集团从成立之初到成熟运作，需要一个磨合的过程，但传媒集团真正形成内部的高度协作，还在于传媒集团内部发生化学反应，由量变到质变。

在当前媒介融合背景下，我国大众传媒集团致力于全媒体平台的打造，全媒体平台的建成能有效整合传媒集团的各种资源，提高内部合作程度。在这方面，我国烟台日报传媒集团和宁波日报报业集团走在了前列，其他的传媒集团可以借鉴学习。

最后，政府的服务监管功能在合作性竞争中起着举足轻重的作用，但我国大众传媒竞合的政府监管机制缺乏，部门的监督和服务功能均不完善。一方面，由于政府监管的缺位，可能会导致传媒企业在价格领域的合谋行为，导致"大鱼吃小鱼"的不良现象，最终形成垄断，使传媒市场竞争活力不足，甚至丧失竞争。这样不仅会损害受众的利益，长远看也不利于传媒企业自身的发展。

另一方面，传媒合作还可能伤害意见的多元化。传媒间通过合作进行新闻信息资源共享，这在给传媒企业带来便利的同时，也可能会导致媒体内容的同质化倾向，尤其对于同一地域的媒体来说，传媒内容的简单重复还会引起受众的厌烦。

值得注意的是，传媒的高度合作还可能会导致多元性意见的消失，使媒体的观点趋于统一和单一，这对于社会的进步发展而言无疑是灾难性的伤害。

图书在版编目(CIP)数据

传媒改革：观察与思考/强月新著.—北京：社会科学文献出版社，2015.5
（珞珈问道文丛）
ISBN 978-7-5097-7147-1

Ⅰ.①传… Ⅱ.①强… Ⅲ.①传播媒介-改革-研究-中国　Ⅳ.①G219.2

中国版本图书馆 CIP 数据核字（2015）第 032372 号

·珞珈问道文丛·

传媒改革：观察与思考

著　　者 / 强月新

出 版 人 / 谢寿光
项目统筹 / 祝得彬
责任编辑 / 刘　娟　李丽萍

出　　版 / 社会科学文献出版社·全球与地区问题出版中心（010）59367004 　　　　　　地址：北京市北三环中路甲29号院华龙大厦　邮编：100029 　　　　　　网址：www.ssap.com.cn
发　　行 / 市场营销中心（010）59367081　59367090 　　　　　　读者服务中心（010）59367028
印　　装 / 三河市尚艺印装有限公司
规　　格 / 开 本：787mm×1092mm　1/16 　　　　　　印 张：20.5　字 数：329千字
版　　次 / 2015年5月第1版　2015年5月第1次印刷
书　　号 / ISBN 978-7-5097-7147-1
定　　价 / 79.00元

本书如有破损、缺页、装订错误，请与本社读者服务中心联系更换

▲ 版权所有 翻印必究